推石的人

王文興追思紀念會暨文學展特刊

王文興 （1939～2023）

　　王文興，男，早期有筆名金聲、銅馬、無聊齋。1939年11月4日生，1946年來臺。2023年9月27日辭世，享壽84歲。

　　臺灣大學外文系畢業，美國愛荷華大學英文系藝術碩士，2007年獲臺灣大學頒授榮譽博士學位。曾任臺灣大學外文系與中文系合聘講師、臺灣大學外文系教授。1960年與白先勇、陳若曦、歐陽子等人創辦《現代文學》雜誌，積極參與編輯事務，1965年留美歸國後，繼續擔任該雜誌第26～35期的主編。2005年自教職退休，專事寫作。曾獲第13屆國家文藝獎、第六屆花踪世界華文文學獎，並於2011年4月受法國政府頒贈法國藝術暨文學騎士勳章。

　　王文興創作文類以小說為主，兼及詩、散文，大學時期為其寫作發展的重要階段。1958年發表第一篇短篇小說〈守夜〉於《臺大青年》；往後多發表作品於《文學雜誌》、《現代文學》與《中外文學》。其寫作風格依作品發表時序分為三個階段：1960年3月發表〈玩具手槍〉前為思索寫作技巧、探尋個人風格的時期；1960年5月《現代文學》第2期以後的作品，文字始脫離傳統散文文體，呈現詩體式的寫作傾向，為實驗創作階段。

其中〈龍天樓〉一篇堪稱是自短篇過渡至長篇小說的練筆之作；一九七〇～一九九〇年代的《家變》、《背海的人》則為落實理想風格的長篇小說創作，奠定了王文興於臺灣現代小說史的地位。作品基調呈現著洞察人生、探尋真諦的現代主義特徵，擅長藉描述人物的內心活動，刻畫生命以錯覺、誤解與殘缺構成的悲劇本質。形式、結構上，則與西方小說文類有著指涉關係，尤以語言特徵最為凸出。例如：自創的新字、文白夾雜的語句以及大量的標點使用等，皆為作家錘鍊語言以求貼近內在精神之美學觀點的展演，張漢良曾讚許：「更新了語言，恢復了已死的文字，使它產生新生命，進而充分發揮文字的力量。」顏元叔亦曾以「字裡行間都是真實生命，真實人生。」評析其小說措辭描繪精細之功。

　　自《家變》，到《背海的人》以至《剪翼史》，王文興不但在傳統與新時代，變與不變，現代主義與本土，寫實與前衛，美感，倫理以及宗教終極關懷之間試圖尋找新的平衡點，經由《神曲》式之三聯畫，對讀者不斷提出新的探問與挑戰。《家變》從詩意美感轉向現實理性，解剖倫常倫理，《背海的人》在棄絕現世典範的月

球背面，在聖與俗的海天原型劇場中，檢視其混沌地獄與無根理性與盲目自由之荒謬與無盡可笑之處，但人類與理性如何在有限中找到無限的立足之地？煉獄之所在為何？《剪翼史》回顧知識與理性傳授者之一生，同時也離開神話原型回歸寫實之家變，也替所有作品提出大哉之問：如何在堅持寫實與自由理性之唯一堅持下，從人生之有限，碰觸無限之宗教關懷。王文興作品在語言極限與絕望雙邊巨石間尋找出路或探詢入口，不斷自我探問剖析，在絕處之原點尋找曲徑之入處，有限中窺見無垠。王文興寫作與思考不輟，其創作軌跡及思想與其生活及其風範殊途同歸，其人如其文、入其文。從〈龍天樓〉，經《家變》，至《剪翼史》，手記，與讀書眉批，訪談，乃至講演，宛如夜空中星羅典型，給予眾多旅者之剌點，以便尋求各自之方向與終點。

散文創作上，王文興擅以手記形式書寫對世間物象的見解，舉凡文學作品、影音藝術、文化地景、神學宗教等皆是觀察對象。行文上著重自然與音樂性，曾言：「散文含一魂一魄，魂為音樂；魄為自然。」同時認為散文猶如書法，講究行氣不斷、即興而作與獨特風格等特性。此外，

王文興亦偏好讀詩，沉浸其中的音節與韻語，時而賦詩捻詞，從文學雜誌到作品集均可見其創作。

深受中國傳統與西方文藝薰陶的王文興，一生透過寫作與教學，開發當代對文學的想像與感受，在現代主義思潮轉譯至臺灣的傳播領域中，為一不可忽視的人物，陳芳明曾言：「（他）是臺灣『前衛』藝術的『後衛』，長期以來，為現代文學從事教學、闡釋與辯護的工作。」王文興筆耕逾五十年，綜觀其文學活動與創作，始終堅持「精讀」與「慢寫」的作風，並追求藝術性寫作；曾在一九七〇年代鄉土文學方興之際，表述「文學的目的就是『愉悅』——創作和閱讀文本的愉悅」的理念。他的審美理念打破陳規，提示當代對文字藝術性的重視，甚至其手稿文本緣此成為中、外學界的研究對象。2009 年第 13 屆國家文藝獎以「作品深具實驗性與創新性，每一部小說均引起廣泛注意，其文字肌理細緻，富於多重指涉，不僅建立個人美學風格，更將漢文之表達潛能推向一個高峰，對當代文壇深具影響力。」之讚評，為王文興的文學成就留下不可磨滅的紀錄。

（易鵬）

目次
CONTENTS

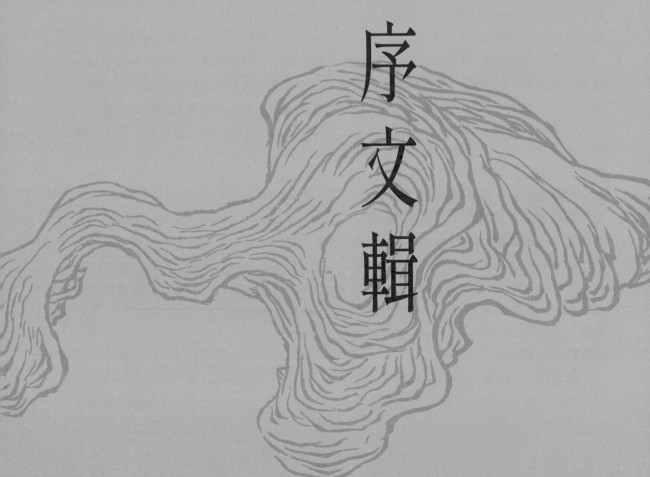

王文興序文輯

推石的人

王文興追思紀念會暨
文學展特刊

在一個同樂晚會裏，假如有人先在節目開始之前上臺發表演說的話，他一定不能享有聽眾。沒有人喜歡這類開場白。但是任何一個人如在一本書前面說幾句話，他卻能大受歡迎，其受歡迎的程度往往超過于這書本身，無論開場白寫得有多糟。基於一般讀者的這種厚愛，我遂感覺在這裏寫篇序言是件絕對安全之施。

這本書分兩部份。前面的一部是小說，後面的是手記。這九篇小說是我早期的作品，最早的在十年以前。但是沒有一篇不是我最近修改過的，甚至有的，近乎每三個字改動一個字，等於改寫。我對於小說的情節，甚至細節，都沒有多少改動，所改的主要在文字。我希望我的小說一律都是用最精省的文字寫成，這在目前我還沒有辦到，在未來不知辦不辦得到，在過去更是未辦到。我的努力就是在祈圖更改過去——像個卅的婦人更改她廿時代的衣裳，她要改得完全合身倒是不可能，然而雖不滿意，發現她的身材較過去十年苗條多了，卻未嘗不是快樂。

關於手記。好像 Steinbeck 說過：「我不記手記，因為我發現我從來沒把手記裏的寫進小說。」說得很對。手記雖沒用，但是我卻不能不寫，因為牠至少是我目前惟一能給我快樂的一種寫作格式。不是小說，哦，絕不是小說。也許有人暗示「寫信」，對別人也許是的，對我不是（除了情書）！寫信不能給我快樂，因為以後我看不到牠。

除去快樂，手記也有其它的重要特質。假如我一天不記手記，這一天我便好像沒活過，因為沒有留記錄。記手記彷如靈魂的照鏡子，要經常得照見靈魂的相貌，才覺得放心。普通一個人每日絕不能脫離開鏡子的，假如你一天不照，你一定覺得你的臉或許髒了，或許黃了，你不會心寧的。手記也是同個樣的道理。

這裏選的手記是我四年來的選輯，希望四年以前的手記將來也有機會選出。最後，我是否要說這本書的出版我要首先感謝某某先生的指導，某某女士的校對，某某長輩的敦促，某某兒童的鼓勵？

不。

王文興

一九七〇年三月　美國巴法洛城

《家變》新版序
洪範書店

「家變」出版已經五年了。這五年的時間，就一本書的出版史而言，真可以說是驚濤駭浪。「家變」的出版史，實可以說是一部「喫驚」的歷史。首先，「家變」變成暢銷書，我大吃一驚。老實說，我當初只想油印幾份，分贈「諸親友」就算了了。批評界對「家變」的「關懷」（美其名曰關懷），又使我甚感吃驚。什麼不道德了，背棄傳統了，文字不通了，——尤里席斯了——各展文才，壯思逸興，真好像是在舉辦徵文比賽。繼而，許多讀者說：「『家變』應該撇開文字不談，只要看……」又使我大吃一驚。三驚之下，我瞭解到為什麼會有這三度吃驚的發生：全在於讀者的特殊——第一次，買了書但未必讀的讀者；第二次，既未買書，更未閱讀的讀者（他們是聽眾，聽人說起過這本書）。第三次，買了書，也讀了，但是讀得太快的讀者。

可以想像的，我對第三類的讀者最是感激。但是，我多希望還有第四類的讀者：買了書，而肯慢慢閱讀的讀者。

因為，我有一個不近情的想法，我覺得：「『家變』可以撇開別的不談，只看文字……」我相信拿開了「家變」的文字，「家變」便不復是「家變」。就好像褫除掉紅玫瑰的紅色，玫瑰便不復是玫瑰了。小說所有的零件（components），主題，人物，思想，肌理（texture），一概由文字表達。Period。一個作家的成功與失敗盡在文字。PERIOD。

因為文字是作品的一切，所以徐徐跟讀文字纔算實實閱讀到了作品本體。一捲四個樂章的協奏曲，你不能儘快在十分鐘以內把牠聽完。理想的讀者應該像一個理想的古典樂聽眾，不放過每一個音符（文字），甚至休止符（標點符號）。任何文學作品的讀者，理想的速度應該在每小時一千字上下。一天不超過二小時。作者可能都是世界上最屬「橫征暴斂」的人，比情人還更「橫征暴斂」。不過，往往他們比情人還更可靠。

一小時一千字。你覺得吃驚嗎？——你也吃了一驚了！

王文興　一九七八年十月十六日

1981
《十五篇小説》序
洪範書店（四版）

　　我的一些舊書之遲遲未能再出，舊稿之遲遲未能出書，都是因為的我懶於校對的緣故。校對之無聊，世上可是罕有一事堪與相比的。校對是件標準的缺涵創作力的工作（創作力早在創作本身中已表現過）。尤有甚者，牠更是缺涵創作力工作中的最乏味者。其他種種，就説賣郵票吧，你説牠也缺少創作力（——除非一塊錢的郵票私自以一塊半賣出），但也都還有趣味，你可以看到形形色色的，芸芸眾生的人（至少形形色色的手）。工廠裏裝配線上的工作吧，——你一輩子，的確，只絞同樣的一顆螺絲釘——但是，你的腦筋還是自由的，你可以海闊天空，遨遊太虛，想得你不知所之。校對不然，當其時，你見不到任何人的臉，你連思想都無法自由——你只能全神貫注在一隻隻黑蜘蛛上，仔細檢查看是否隻隻相似。你變成一個真正的奴隸：——服勞役的奴隸，加上一無思想自由的奴隸。換句話，你是部機器，——一部每一句話喃喃讀兩遍的機器。

　　不懂為什麼，在連打蛋，刷牙，都已經有了機器的今天，竟無真正給人以方便的校對機器。由於沒有這種校對機，使得這本書——由於我不樂意權充機器人——一拖再拖，延遲了三個月才出書。

　　「十五篇小説」是我的兩本舊作，「玩具手鎗」和「龍天樓」，的合訂本。最早的一篇，「玩具手鎗」，寫成於廿年前。重看這十五篇舊作，首先令我驚嘆的是時間飛度之快。在我初寫頭幾篇時，我對文學生活充滿了綺想，以為「廿年後」，説什麼一定已經著作等身了。書也不知道讀完多少本了。總之，我那時把廿年，看成有「大半個人生」那麼長。真想不到，今天回首顧盼——這「大半個人生」已成過去了。我讀過的書，不到當時預期的五分之一，寫成的書，至多也只五分之一。對於數目之沒有到，我倒不後悔——我覺得我就該讀這麼少，就該寫這麼少。當年的估計，只是少年時期的非非之想而已。但是，對於當時所認為的「大半個人生」，——恐怕真的是「大半個人生」——而這「大半個人生」真的過去了，——真的過掉了。今天，要讓我來想一想以後的廿年的話，我自然會現實許多——大約我只會

想到要看過去廿年所看數量的書，出過去廿年所出數量的書。乃至，甚或更少些。我重讀舊作的另一個感歎是，我有幾分欽佩我當時的文學勇氣，我現在感覺頗為慚愧，我今天的「文學良心」大不如前，不及從前正直。「母親」，「草原底盛夏」──尤其「草原底盛夏」──是可以使我掛幾許微笑的篇作，管別人怎麼想，愛怎麼寫怎麼寫。凡故事，人物，心理，全部去牠的。我如今後悔自這兩篇以後，志節不堅，常顧慮到別人懂不懂，同不同意。我多多少少出賣了自己。無論如何，我以後的小說，顯得加重了故事的成份，那，不可否認的，都是「迎合大眾趣味」的一個軟弱缺點。

這十五篇小說，我各做了一些修改。多半在文字和標點的方面。但是，有兩處，在內容方面的，我願意在這裏先提一提。這兩處都是我十多年來一直縈繞於懷，想要把牠改過來的。一處是，「黑衣」中，秋秋初見黑衣人時，說的：她怕他，怕他穿的這一身黑衣服。改成：她不喜歡他穿的這一身黑衣服。理由在，假若真出於害

怕的話，秋秋以後便沒有勇氣同他相抗。最初寫這處時，我就已經陷入兩難中，但那時候覺得，害怕之後的對抗，不是不可能。害怕的程度若不大，仍舊是有可能對抗的。而，其時，我更注重「怕」一字的內在含義，我希望用這個「怕」字，可以隱喻靈魂對「邪惡」基本的畏懼意思。而如今，想想，覺得倒是平易近人些的好──由厭惡，轉為對抗，畢竟較因害怕而對抗要平易近人一些。是故寧可犧牲了較深一層的隱喻靈魂基本的涵義。

另一處，在「龍天樓」，最後一句，自「整座樓沒進暗影中」，改為「整個樓面落進暗影中」。當初也是過度注重內在的象徵一面的意思。仔細讀的話，都可讀出先前的語病，若要整座樓都沒入暗影中，除非還有一座更高的樓在牠的背後擋住。一旦修改過困擾了我十多年的問題，就像治好了十多年的痼疾一樣，頓然輕鬆許多。

但是，還有一件麻煩的事情要做，我還得等著去校對這一篇序文。

中華民國六十九年八月十日

11

《背海的人（上、下）》序
洪範書店

寫這一篇序言，其實比廿三年餘時間中，每日的書寫此書，猶要困難。因為我不知道該寫什麼好，相反，廿三年餘時間中，我倒確知我應寫些什麼。關於這本書，我要表呈的，我要隱喻的，都已寫在書裡了，我實在不覺得還有什麼話要補充。似乎再多說一句話，都是多餘的話了。所以，我想談點別的，我談點這本書以後的事，談點寫完這部書以後的一些什麼。

首先，今天我才覺得，猛喫一驚，寫完這本書，已經足足兩年了，或，更明白一點，我已經停筆了兩年了。這兩年的時間，都到哪兒去了？其實，都用在抄寫和校對上，的確前一年花在抄稿，後一年用在出版校對上。空白了兩年，可惜固可惜，但抄寫與校對，也是非辦不可的當務，就如每日的開門七件，日日的送往迎來一樣，所以抄寫與校對，應該是，天平下，創作的另一邊，非要不可的平衡，大概是。

其實，仔細再想，抄寫與校對以外，還做了點別的。我看了些書，雖然看得不多，而且看的多半是以前看過的舊書。倒是這件事，重看舊書這事，帶給我，不亞

於，驚覺休筆兩年，的驚覺，同樣駭懼的驚覺。我察覺：我重讀的印象，與以前的所讀，完全不一樣。也就是說，我發覺，我以前讀的，都讀錯了。這不但意味着我過去，半生，唸書時間的白費，也意味着，是否，將來如果再讀，是否又覺今之所讀復讀錯了？那樣的話，那真的我這一生，全白白浪費了。想到此，頓時覺到人生是一場空的感覺。

我寫完「背海的人」以來，也努力尋找下一部小說的故事，只是至今仍未尋找出來。我隨身帶著一本簿子，裡面寫下我可能選擇的人物，場面，風景，當然還有故事，蒐集得越來越多，可能性越來越多，但下部書的形影也愈來愈遠。兩年以來，我並無寫完書以後的富實感，反而覺得空洞，如上所云的空洞，但如果我尋到了下一部書的故事，假如我再度可以開始下一本書的工作了，那就會脫離兩年來的空洞感，說不定那時候我會感受到富實，說不定有這可能。

一九九九年八月九日

《家變》新版序
洪範書店

「背海的人」下冊寫完後，我幾無停息，在家校對了一年。纔剛付印，出版社葉先生又告訴我，「家變」的舊版已不能再用，擬重新刊排，希望緊接開始刊校，我聽了不禁長嘆，我又須禁足校對一年了。以後工作開始了，但發覺不是那麼難，甚至一點不以為苦，因為，我校對時，覺得我讀的是一本別人寫的書，時隔廿五年，內容細節我忘的約差不多了，我每讀一句，便很想知道下一句如何，這樣，我可以說讀興崢昂的把一本書讀完──校對完──事畢後，我還很高興有機會讀了這本書，這本「別人」寫的書。

那麼，今天我對「別人」寫的這本書，看法如何呢？我只能說，我樂意讀下去，而，書中的缺點，我也看得到，但是，要我改正，恐怕我仍改正不來，當時我盡力了，今天，若修正，我仍無能為力。我嘗試過，有幾句話，我讀來，並不滿意，於是展紙重寫，我在紙上塗塗抹抹，寫了幾個小時，仍不得要領，似乎仍不能勝過原來的那一句。其結果，我不滿意，我未找到可許的文句，也覺滿意，因為，在我的能力範圍，已不須遺憾矣。

但是，在過程中，我仍修改了約一百多字。然而這不是修改，反卻是「還原」。這只是還原為原稿的原字而已。我還原為原字（不是為了讓人多買一本），是因為原稿付印前就修改過，大概信心不夠，就下了修改，今天再看，覺得似乎原稿反而好些，沒有必要修改，所以都還原了過來。原稿的原字，理由都比修改更充足，所以就完全恢復了舊貌。

「家變」出版廿餘年後，猶能重排，是我初印時所不敢指望的，將來的銷路如何，我同樣不敢寄望，我其實沒有任何嚮望，一定說有，那就是，希望曾有一兩位讀者，他看過這本書，甚至一兩位讀者，他看過書中一句話，有所感喟，則於願良足矣。

王文興　二〇〇〇年七月十五日

2002
《小説墨餘》序
洪範書店

　　小説墨餘，實謂與小説不同的文類，或散文，或戲劇，厥無輕慢之意，猶詞曰詩餘，純言文類也者。今以卷內多為散文，願就散文一類略言之。

　　散文之成，非易事也，恐怕特別當注意兩點：1.散文主要就是音樂，除了音樂，內容見識等等，已成次要。音樂，或亦謂風格可也。2.散文又貴自然。自然者，如何，須要一點解釋，下文擬稍加解釋。總之，散文含一魂一魄，魂為音樂，魄為自然。

　　自然也者，首先，文義應如竹枝，須節節相生。我人多重修詞，自童蒙而至皓白，皆求文必通順，但往往顧此失彼，只求句內的文字通順，忘了句與句間亦當通順。致令西人嘗譏華人句皆 disjointed。此即字聯句不聯之病也。若文如竹枝，節節相生，則字聯句亦聯矣。

　　自然也，亦重即興之作。大凡散文，即興搖管，更見理想，水行坎止，想到那裏，寫到那裏，猶如寫信一般，最是理想，無怪書信常為散文類中的最高成就也。

　　既應即興，則事先之詳盡計劃，恐曰不宜。意在筆先，先有個大略的規劃是可以的，但不宜繁複詳盡，過度設計，束手縛足，步步機巧，勢必斲其天然也。

　　天然也如此，自不宜改寫，文成而後，若一再改寫，自傷原初從容之儀也。

　　散文既貴音樂，貴自然，則創造已轉為次要矣。人讀散文，其樂主要源之於聆聽悦耳的音樂，餘最多亦來自目讀一二知見之言，故曰創造者也，若如美學上的創意，哲理上的創獻，或應轉求於詩歌，戲劇，小説諸別類也。賦性有別，類有異同，亦無可如何之世法也夫。

　　散文者，其為自然，當如是。

　　賦秉如此，散文似與書法極近相似。書法亦尚自然，其中字字相隨，行氣不斷，亦近竹枝節節相生之理。其即興而作，計劃不宜繁盡，下筆不再改修，亦皆散文篤求天然之道也。至若書法特貴風神，風神者，亦風格也者，此與散文之貴音樂（前文已及，音樂即風格）亦相合也者。散文與書法至近也與。

2003

《星雨樓隨想》代序
〈書法是藝術的頂巔〉
洪範書店

《小說墨餘》序中，我曾略論散文，並謂散文與書法相類似，然於書法一道，未曾闡明。後適逢文建會「字在自在」活動，草寫一文，掠論書法，斯文似可補前書序文之不足。今《星》書付梓，爰借後文代序於此，俾二序可合而觀之，於散文，於書法，皆兼論矣，特志於此，殆亦「代序」中之小序也矣。

你如問哲學家或宗教家，什麼藝術等級最高？他們定回答，離神越近，不食人間煙火，擺脫眾象，既是太樸，亦是太素的藝術，等級最高。這是有道理的。只有這種太樸太素的藝術，才能觸撥人們高潔的情想，從而產滋純淨無玷的快愉。你如果問藝術家，得來的答案大約亦同，恐怕都認為由繁入簡是藝術的所趨，此不惟是藝術史走入現代藝術的容象，也是縱橫中外古今藝術傑作的共同，蓋由繁入簡，亦即抓執 "less is more"（「少即是多」）的條則也。「少即是多」，我想甚至可以譯成「少便是深」。「少」是創造者去蕪存菁，提練出來的，觀賞者亦因別無干涉，專神注志，故所受打擊至深，故言「少便

是深」。由繁入簡，既不是藝術史短暫的現代藝術現象，故由繁入簡的藝術不宜稱之為「現代藝術」，由繁入簡，這種縱橫古今的藝術我想稱其為 "elemental art"（「元太藝術」）。歷代「元太藝術」的傑出者比比皆是，如聖經，希臘悲劇，屈賦，陶詩，英詩如布雷克，弗洛斯特，戲劇如拉辛，莫里哀，貝克特，小說如萊蒙托夫，海明威，音樂如貝多芬的「歡樂頌」，史屈拉文斯基的「春之祭」，彫塑如亨利·穆爾，布蘭庫西，賈可邁迪，繪畫如馬諦斯剪貼，蒙德里安，馬克·洛斯可，弗蘭茲·克萊恩，建築如萊特，弗蘭克，蓋瑞，還有中國的書法。

書法，上文我將它與繪畫分開，只是想強調書法的重要爾，其實，管見以為，書法是應歸在繪畫類別中的。書法是繪畫中的一派，就如原有印象派，表現派，立體派，抽象派之外，還應有個書法派。

也許歸書法於繪畫，讀者未許同意。但「字為心畫」，書法的確是畫。畫早已不限寫實，但老實說，畫中的「實景」「實物」，也只是符號而已，畫家如不當它是符號，另有表意，那只是個畫匠，不足為

畫師;「實景」與「實物」只是符號,不錯,而書法的單字也是符號,畫家書家皆畫「符」者,書與畫有何不同?畫家如再簡筆,則竹葉,梅花,蘭花,菊花,筆筆都像書字,畫筆通字筆,所謂「書畫同源」,亦可謂「書畫同歸」者也。

書法,既即繪畫,則應居繪畫中的某大派別,——這一派別不單中國藝術家身入,邇來歐西藝術家參入者亦不為少,像 Henri Michaux(昂利·米蕭),Karel Appel（開瑞·亞佩）,他們不只受到影響,是正正堂堂的寫起書法來,故書法可目為世界繪畫的一派流派也。

書法,這一流派,因為它是如此精純的「元太」藝術,甚之可能是「元太」中的最精純者,似乎可能駕超其他繪畫之上,甚至所有藝術,諸如文學,音樂,戲劇,建築,之上。

書法何以勝過繪畫,原因就在於書法真正攀到「少便是深」的令律,它就減筆,減形,減色而云,超過任何繪畫,真正登到遺形取神,大象無形的高峰,其他繪畫恐難企及。再者,書法包有三「最」,曰最簡單,最和諧,最豐富。三者繪畫豈不夢寐亟求,而書法一舉得之。再者,書法行來易易,筆墨至其自然,蓋因書家自幼寫字,日常應用,兼加日課,終身管不離

手,自可熟而生巧,巧入自然,故揮毫隨意,斷無掏心搊肺,絞盡肚腸之楚,因而書法無不自然天然,一任天趣,若自然者,又非畫家夢寐以求之境域歟?由此,書法焉得不在繪畫之上也云?無怪八大山人,吳昌碩,黃賓虹,齊白石暮年皆工書法,勤事不已,殆書藝必有其至理也。又謂書法可能亦超乎其他藝術之上,亦緣「少便是深」一境,它藝術洵不逮也。即曰遺形取神,大象無形,音樂或差近之,然則時空上之減化,音樂亦不逮也;書法欣賞時間至多三秒鐘,空間白紙一頁而已,孰能勝之?孰能過之?

書法之高如此,篆,隸,楷,行,草中,歷代又以草書最為書家所好。蓋以草書于字形筆力上,最許自由,換言之,草書于遺形取神一事,最是自由。筆者並不以為草優於篆,草優於隸,草優於楷,但以自由言,草多於篆,多於隸,多於楷,雖然不自由也有獨己之貴,「帶著腳鐐跳舞」,難能可貴,因難見巧,篆,隸,楷未始弱於草書,但草書,因其自由,確為書家所樂事。草書者,於原字之形,姑名「字象」,多有修改,姑謂「改象」,終至鷟飛鳳舞,筆走龍蛇,其與西方之抽象畫亦云近矣。自兩晉以來,二王立之,張旭繼之,懷素揚之,兩宋山谷再繼,後有枝山,青藤,

果亭，乃至于公三原。以字形言，皆由「字象」，而至「改象」，此中眼界最高，膽力最強，走得最遠的，反而是唐間的懷素。蓋「自敘帖」末段，不惟已入「改象」，幾已無字可辨，直入「化象」矣。

草書一道，因其接近西洋抽象畫，故西方畫家嘗試者時曾有聞。但敝見以為，西方即有書法派畫家，終與中國書法有別，因1.中國「字象」原即圖象，代代相傳，縱變字體，篆隸楷草不同，究竟不離圖象之美，此美經過千年百代，億萬人眾的集體淘練，美感的程度相當高。緣此，中國書家單字的「字象」已具美感，不諳漢字的西方書法派畫家，缺少此一傳統依靠。西方書法派畫家只能憑空「造象」，此與抽象畫無異，只多一點中國漢字的暗示，勢不如漢字「字象」傳統淘練之美，此不及中國書法者一。2.欣賞書法，固可不讀字後的文義，但書法創作，勢須依賴文義，殆因文義可助書家固定淨化心中意念，循此揮毫，殆可淋漓盡致。西方書法派畫家無漢字文義之助，又少一富厚傳統之掖助也。3.中國書家終身管不離手，熟自生巧，巧生自然，前已述及，西方書法派畫家無此終身臨池之修，筆墨紙硯之間，勢難出神入化。綜上所云，西方書法派畫家非自幼研究漢學，歷經至少三十年，無法掌握書法藝術之樞鑰。

書法藝術，因此，可能只限中國書家方有材力從施，即日韓亦因中國文化了解不足，亦難從心順手。（但日本假名書法亦有高度價值，然亦僅熟諳日本文化者方可從事。假名書法實亦中國書法之一系也。）以是，中國書法家，獨負是一世界藝術重責，承擔之重，及自我期許之切，應當有所自覺。

書法一道，單就草書以言，懷素以來，當踏向何方？懷素「化象」之後復又如何？是中國書法家面臨的懸題。董陽孜女士，勤事書法五十年，楷書行草根柢深厚，近年更跨前一大步，破懷素之「化象」，將草書推入更為遺形取神之境，亦即，較懷素更見自由，更不可辨識，何啻「化象」，逕名「離象」可也。「離象」也，復萬變不離其宗，與「改象」「化象」同，仍不離原初之「字象」，遠離而已，離而不離，非西人之自立門戶，無中生有之「造象」也。陽孜女士「離象」之作，近200紙，敝見以為，成就輝煌，如「昂昂若千里之駒」，「嘯歌」，「如切如磋」，「花非花」，「行遠自邇」數作，咨意縱橫，雲霧閃電，倘循此以去，復寫百頁，女士非懷素之傳人而何？

2006
《書和影》新序
聯合文學

　　《書和影》出版近十九年了，在我個人的散文集中，此書較受我重視，——原因在這是我一本收集數量較他集為多的散文集。今「聯合文學」願意再予出版，我自然欣見其剞，同時也願意再增加幾篇進來，令他收容量更宏大一些。

　　我增加幾篇，皆《小說墨餘》結集以後的所述，我將他們收在新添的一類，即原劃的「書」「影」「其他」三種之外，另增「新稿」一類。

　　這類新稿中，有文論一篇，畫論一篇，宗教討論二篇，小說一篇，詩（所謂的詩）數首。

　　我先談談這幾首「所謂的詩」。我向來喜讀舊詩，自昇入大學以來，幾無日不讀，原因只在喜其音節，樂其韻語，可惜我欲缺寫舊詩的養訓，不然，我一定日日吟哦，寫他一堆五七絕律歌行詞曲。正因我不解音律，有時又亟欲邯鄲學步，故寫出了這些不合節拍的戲作來。倘無以名之，呼謂戲作可，呼謂俚歌亦可，呼謂打油，戲唱，亦無可無不可。

　　「新稿」類中，小說一篇，也有幾句話可補充。因我四十餘年未寫短篇，中間寫過一篇獨幕劇，「M和W」，接近短篇小說，後收在《小說墨餘》內，突寫此「明月夜」，是因受人之託，理難推辭。今年二月中，法國國家科學研究中心（CNRS）邀我寫一篇與數字有關的小說，與法國詩人雅各‧胡博（Jacques Roubaut）同一題旨的小說，六月間在巴黎共同提出，互相公開論討。我從未寫過這類命題的小說，尋忖中國舊詩人泰常皆命題之作，也就即刻答應下來，願意一試。後我構想了三個禮拜，下筆了一個禮拜，終在期限之前寄了出去。「明月夜」我首要的是關目（今謂情節，西語 plot-strategy），故能速寫，一日約八百字，此亦緣時限壓力，否則徒緣關目，亦不可能快疾似斯也。胡博先生提出的小說名「數字收藏家」，倒是不以情節為先，「數字收藏家」，是篇饒富詩意的小說，處處將數字的觀念詩哲化，有人說胥近普魯斯特的風格。

　　幾首俚謠，與「明月夜」皆非我素來意料所及，人生如夢，幻化玄變，非己所設，又一證也。

　　　　　　　　　　二〇〇六年九月十五日

《玩具屋九講》慢讀系列總序
麥田出版

　　麥田出版社這次系列出版的《家變六講》、《玩具屋九講》、《詩文慢讀十講》，及《背海的人九講》，中間進行的過程相當之長。《家變六講》是我二○○七年在中央大學的講演，《玩具屋九講》則是同年我在台大最後一門的上課紀錄，《詩文慢讀十講》又是我二○○八至二○○九年，為麥田舉辦的講授課程，《背海的人九講》則是二○一○至二○一一年，中央大學繼《家變六講》的延續活動。

　　「慢讀」一詞，其實絕非我一人首道，中國應該是普世要求慢讀最早的國家，只要我們看看古書上密密麻麻的圈點，及眉批，就知道了，這叫「評點學」，與英美二十世紀中葉的「新批評」是全盡相同的讀法。奈何「評點學」「新批評」都挫敗在瘋狂求速的現代文明「速讀法」手下，致所以我才覺有必要恢復此一真正不欺的常青讀法，以免無量古今中外文學遭到誤讀（或即等未讀）之浩劫。

　　中外之淪入浩劫元兇固是狂妄追速的現代文明，但往前推些，或有更早的緣因。

西方自古原無速讀的病灶，西方文學直是詩歌體文學，詩歌格律嚴密，押韻鏗鏘，沒人敢於囫圇吞棄；直到西方進入散文體文學的時代，方有一目十行，一掃而過的病象。記得十九世紀的尼采，已察覺此一悖謬，他是西方第一個提出慢讀主張的作者。中國，剛才已提過，向是慢讀，「評點學」可知，再說中國也是詩體為主的文學，焉可不慢讀，──中國的古體文實亦詩體，我向認為中國文言文即無韻詩（blank verse）故中國向無速讀的問題──直到──直到白話運動開始，白話文來了後，你不能説白話文就是詩──連無韻詩都不是──所以就冒萌「快讀」的現象出來了。白話文當是引發「速讀症」的誘因；白話文也有內容豐富，寫得好的，在「快讀一過」之下，就全篇倒地身亡了。

　　今天，要挽回文學的命運，要重炙古代文學的高熱，要瞭解一切文學的字字璣璠，非體踐慢讀不可，一定須跟隨尼采觝行「慢讀法」不可。

王文興

2011
《玩具屋九講》序
麥田出版

這本書是我台大最後一度上課的聽講筆記，該時我其實已退休二年，我的課也已改名為「小説探微」，更因我其時正投入其他的讀寫計畫，故這門課只排半年，且為隔週上課，一週二小時。

也因這等特殊的安排，我必須選一篇長短適合的小説。四十餘年來小説課我多用長篇小説，我的教法是慢讀法，故一年要讀完一本長篇，只有挑選段落詳讀，選段詳讀當然有顧此失彼，未窺全豹的缺點，故這最後半年的課，我就想名符其實，全文一字不漏，詳實教完一文，故特選了這篇〈玩具屋〉。果然，一學期隔週九堂課下來，最後剛好適時教完。

我剛才説這一課的慢讀，是一字不漏，字字求解，所言毫不誇張。我固一向都只信慢讀，但展進到一字不漏的慢讀，也是近數年纔有。總之，以往我的慢讀，尚未字字求解，後來我深信好的小説，定然字字都有道理，我不應説定當字字好，但一定字字有其各自的功能，不言他的效果好不好。總之，好的小説恐已到了數學的域圍，像數學一樣，字字有用——連標點都有用。這冊《玩具屋九講》是我在校的最後一門課，也最終的呈表了我歷年堅求的讀法，——恰又逢林國卿先生在課內記下詳實的筆記；故任此筆記出版，我認為是饒有意義的事。或許《玩具屋九講》可視為我在校內教授小説慢讀的一個表號。

《剪翼史》序
洪範書店

　　這本書寫了很久，甚至動筆之前三年，就開始編寫卡片，準備材料，考慮情節發展，以及骨架結構。

　　寫完之後，當然效果如何，自應置之度外，但終覺有一遺憾。就是二處原計劃列入的，臨案時，屢屢衡考，決定省闕。二處都在書末賀宗成離職時路經校園的最後所覲。一是本要寫蹼經時路邊草坪中紫色小小草花，此花一草的主莖上萌出，只有人的鞋面高爾。此是一小細節。另一處，則為濮大的細節，是路邊一座，興建中的，巨樓工地，所見是一個地下世界，彷如他生國寰一般，內中有無數機器，在黃土坑中，且有許多細小人類，俯首工作。此一小一大二處，都因有碍敘述的動力，不宜贅加，故棄去不入。

　　書中不用，今姑列於此，難免敝帚之譏，但竊盼亦有聊勝於無之補。惟望讀者諸君諒鑒。是為序。

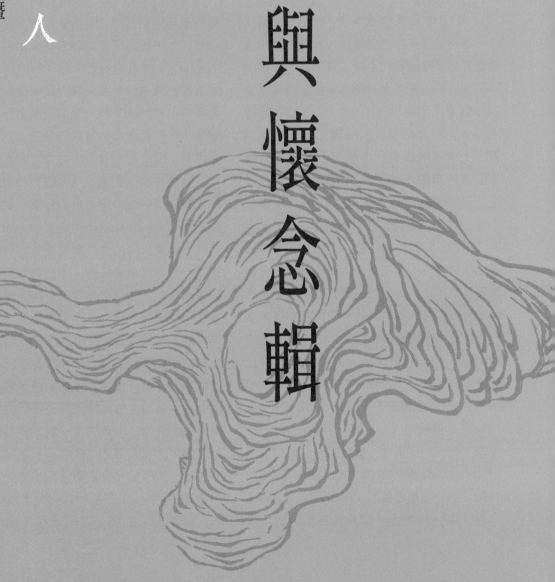

評論與懷念輯

推石的人

王文興追思紀念會暨文學展特刊

關於《家變》二三事
紀念王文興老師

◆ 李有成

　　1976年我考進臺大外文研究所碩士班，應該是二年級上學期時，我選修了王文興老師的「英國現代小說」這門課，修課的除研究生外，還有大學部的學生，課室爆滿不在話下。那時候《家變》（1973）已經出版多年，其所引發的爭議卻依然餘波蕩漾。王老師的課排在午後，上他的課其實是很大的享受。他一向講求精讀與慢讀，正如單德興在其編著的《王文興訪談集》（2022）一書的自序中提到的，王老師授課「不假文學術語或理論，直指文字本身，探究字與字、句與句之間的關係與作用，還原到最基本功」。由於是研究生，我們的課連上三個小時，同時要比大學部的同學多讀一些作品；事隔近半個世紀了，具體上了哪些小說，我已經無法一一記得，記憶中比較確定的是高汀（William Golding, 1911～1993）的《蒼蠅王》（Lord of the Flies, 1954）、勞倫斯（D. H. Lawrence, 1885～1930）的《兒子與情人》（Sons and Lovers, 1913），以及佛斯特（E. M. Forster, 1879～1970）的《印度之旅》（A Passage to India, 1924）等。而我至今印象最為深刻的，莫過於王老師對《兒子與情人》中某些段落的分析。他將這些段落喻為希臘悲劇中歌誦隊（chorus）吟唱的場景。到了研究所，我們對重要的希臘悲劇多半早已耳熟能詳，經王老師字斟句酌的分析，至少讓我對小說的理解多了一些體會，背後除仰賴龐大的文學傳統之外，還有對文字調度的深切敏感。

　　我當時早已細讀了《家變》，也讀過好幾篇有關《家變》的分析與評論。我之前就略知法國新小說和現代主義文學，因此王老師在《家變》中的文字實驗對我非但未構成問題，甚至還頗能知解；不過萌生要為文析論《家變》的念頭則是我上了博士班以後的事。現在細想起來，至少有兩個原因。其一是：我先前讀到民國63年（1974年）7月出版的《書評書目》第6期，發現這一期至少有六篇文章對《家變》極盡惡評，其中甚至還有以歪詩對之謾罵嘲諷。《書評書目》是我常讀的刊物，向來印象不錯，不解何以要以專輯的大篇幅圍剿《家變》。我對專輯中的作者一無所知，只是隱然覺得這個專輯似非事出偶然。其二是：有一次上侯健老師「比較小說」的課，忘了是在什麼情形之

1981年，王文興於臺灣大學講授小說課程。（臺灣大學圖書館提供）

下，侯老師提到中國國民黨文化工作會一度對《家變》很有意見。究竟他們有意見的是小說的內容或是文字，侯老師似乎並未說明。王老師離世後，《聯合報》（2023年10月19日）刊出他的一篇訪談，他回憶當年自己之所以備受攻擊，「重點不在文字不一樣，而是認為簡直侮辱、否認中國文化。」一九七〇年代初大陸仍然深陷文革之中，要破四舊，立四新；而在臺灣的中華民國，相對的官方則是大力推展中華文化復興運動。《家變》光看書名就有違當道的政策與意識形態，顯然政治並不正確，不為統治階級所喜可想而知。侯老師對當道的做法也深不以為然，他還因此出面替王老師辯解。《家變》出版當時臺灣仍處於戒嚴體制之下，政治氛圍依然相當嚴峻，侯老師的做法已經很不容易。

　　我撰文討論《家變》已是小說面世幾近十年之後，那是1982年，《背海的人》（上冊）甚至早在一年前已經出版。我初讀《家變》即認為這是難得一見的小說，王老師刻意經營的小說語言、形式、技巧，乃至於其情節結構所隱含的象徵意義，對臺灣當時的文學意識形態環境，難免構成不小的挑戰，有人視之為洪水猛獸，顯現的容或正是這個現象。我看得出這些人面對《家變》時的焦慮不安，既有文學的，也有政治的。

　　我於是想到，或許可以就此向自己比較熟知的西方文學傳統求取援助。就我當年有限的閱讀經驗而言，我知道有所謂的拉伯萊體小說（Rabelaisian novel），自法國文藝復興時期的拉伯萊（François Rabelais, 1494?～1553?）以降，西方就有不少作家始終努力不懈，為創作需要一再挑戰既存的體制性文學語言。拉伯萊自己的巨著《卡甘都阿與班達古魯》（*Gargantua and Pantagruel*, 1532～1564）即屬於這方面的經典。用批評家瓦瑟曼（Jerry Wasserman）的話說，「為了擁抱語言的自主性，打破句法、定義、意義、次序或方向等先入為主的局限，拉伯萊給予我們自由以及不斷的更新。語言對他來說畢竟是無窮盡的，新字彙可以發明，新的事物可以加入語言的世界。」瓦瑟曼這一段話不正是對《家變》最恰如其分的描述嗎？其後再如十八世紀英國的斯特恩（Laurence Sterne, 1717～1768），其《崔斯坦·單迪傳》（*Tristram Shandy*, 1759～1767）對小說語言與風格的實驗也令人耳目一新。到了二十世紀，喬哀思（James Joyce, 1882～1941）、福克

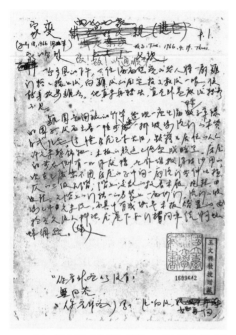

1966年，王文興《家變》手稿。（臺灣大學圖書館提供）

納（William Faulkner, 1897～1962）、貝克特（Samuel Beckett, 1906～1989）等人在語言、技巧與形式結構的探索更為小說藝術開發了諸多的可能性。他們都是廣為人知的世界級作家，很多人對他們的創作也不陌生，像喬哀思的《尤里西斯》（*Ulysses*, 1922）、福克納的《聲音與憤怒》（*The Sound and the Fury*, 1929）、《我彌留之際》（*As I Lay Dying*, 1930）、《八月之光》（*Light in August*, 1932）、《押沙龍，押沙龍！》（*Absalom, Absalom!*, 1936），以及貝克特的《墨菲》（*Murphy*, 1938）、《莫羅艾》（*Molloy*, 1955）等。我在一九六〇年代中期初識法國新小說時，即知新小說有所謂自由的間接語言（free indirect speech）一說，隱約紹續的正是長遠以來對

小說語言的錘鍊與實驗。

我那時正在研讀文類研究與影響研究方面的理論，對文類成規（generic convention）的概念已經相當清楚。剛好我在1978年洪範版《家變》中讀到王老師在新版序文中一段自剖式的話：「我有一個不近情的想法，我覺得：『《家變》可以撇開別的不談，只看文字……』。我相信拿開《家變》的文字，《家變》便不復是《家變》。就好像褫除掉紅玫瑰的紅色，玫瑰便不復是紅玫瑰。小說所有的零件（components），主題、人物、思想、肌理（texture），一概由文字表達。Period。一個作家的成功與失敗盡在文字。PERIOD。」這樣的自白非常重要。王老師所說的文字就是我一再提到的語言。綜上所述，我自信有充分的理由，可以將《家變》納入拉伯萊體小說的文類家族傳統來討論。

這個認知當然也得力於當時我已經相當瞭然的符號學的文本理論，尤其是現在已為大家所熟悉的互文性（intertextuality）概念，即文本之間互為指涉的關係。按法國符號學者克莉絲蒂娃（Julia Kristeva）的說法，文本的生產大抵為「其他文本的吸收與變型」的過程和結果。換言之，很少文本可以全然置身於其他文本之外。這個事實或現象並不妨礙文本生產的創意與特色。有誰能否定喬哀思、福克納、貝克特等人小說的獨創意義？我當時構思撰寫〈王文興與西方文類〉一文，立論即在於輸通或協調文類成規與互文性這兩個涉及文學生產的重要概念。這樣的論證其實也適用於閱讀文學作品。我猜想《家變》之所以讓某些讀者感到焦慮不

◎李有成　曾任中央研究院歐美研究所特聘研究員兼所長。其學術著作曾獲得國科會傑出研究獎（三次）與教育部學術獎。學術著作之外，另著有詩集《鳥及其他》、《時間》、《迷路蝴蝶》、《今年的夏天似乎少了蟬聲》及散文集《在甘地銅像前：我的倫敦札記》等。

安，甚至惡語嘲弄，很重要的原因是這些讀者對文本生產與文類成規之間的關係缺少基本的理解。因此我在論文裡特意引用布倫姆（Harold Bloom, 1930～2019）在其《影響的焦慮》（*The Anxiety of Influence*, 1973）書中的話說：「任何一首詩都是詩間之詩（inter-poem），而任何一次詩的閱讀都是閱讀間的閱讀（inter-reading）。」大約三十年後的2013年，易鵬好意將我這篇少作收入他所編選的《王文興》（臺灣現當代作家研究資料彙編48）一書，他在〈「盡在文字」：王文興研究觀察〉的長文評述中特別指出：「從李有成的觀點，唯有將王文興的作品放在特定文類家族的類型中，我們才能理解其不斷的革新與改變語言的理由與可能產生的焦慮。」易鵬這句話言簡意賅，卻也道盡我這篇少作的主要關懷。

〈王文興與西方文類〉初刊於《中外文學》第10卷第11期（1982年4月），儘管是少作，卻也標誌著我在文學學術上走過的痕跡，因此後來我願意敝屜自珍，將之改題為〈《家變》與文類成規〉，收入我於2006年出版的《在理論的年代》一書。我從未向王老師提起這篇論文，發表之初他自然也未對我表示任何看法。倒是有一次，我忘了是哪一位——可能是外文系擔任助教的一位同學——在不經意間跟我透露，王老師好像對我的論文有些意見。具體是什麼意見，這位助教點到為止，並未進一步說明。甚至王老師是否真的有些想法，我後來也沒有親自向老師求證。

2017年單德興在一次對我的訪談中曾經向我詢及此事，正好讓我回想起一件小事。應該是在2013年，臺大出版中心推出《慢讀王文興》套書，在那年或翌年的臺北國際書展有個新書推介活動，王老師自然是整個活動的重心，單德興曾經多次訪談王老師，對他了解甚多，也應邀擔任活動的與談者。活動結束後時值中午，出版中心安排到附近一家餐廳用餐，我也在受邀之列。忘了是飯前或是飯後，我和王老師不約而同起身要上洗手間，快到洗手間門口時，我自然稍停下腳步，準備先讓老師入內。不想王老師突然側過頭來對我說，「有成，你那篇論文很有道理！」我楞了一下，不過很快就回過神來，連忙向老師道謝。其實剎那間我也不知道該說些什麼。那是十年前，當時我雖然早已過了耳順之年，能親耳聽到舊日師長對自己少作的肯定，儘管只是短短一句話，心裡卻還是深感溫暖的。王老師當面對我表示他的看法，這是唯一的一次，距離《中外文學》發表我那篇論文可已是三十年後了！

這幾天我從書架上取下王老師的著作隨手翻閱，在《家變六講——寫作過程回顧》（2009）一書扉頁前的空白頁，我看到老師留下的幾個簽書文字：「有成：王文興」。這五個字加上冒號，分成兩行。我越看越感動。這樣的簽書並不多見：簡單、直接、淡雅、質樸、純粹，似乎象徵著數十年來我和王老師之間的師生情誼。我握著書，在書架前看著那五個字，心情一時很難平復。眼中映現著王老師簽書時的消瘦身影，淚水盈滿了我剛動過手術的眼睛。我會永遠懷念王老師。

2023年11月8日於臺北

懷念王文興老師：
微笑中的拈花者

◆ 廖咸浩

　　我的藝文青春有相當部分是與老師王氏風格的協商。我唸外文系，不只是對語言有興趣，而是真心對文學有著一種想要解謎的著迷。我的文學因緣起因小學三年級在重慶南路無意間翻到現代詩，而初次體驗因文學而產生的心室顫動。初中時讀了一些譯得不好的外國小說，矇矓未清的感覺竟意外讓我穿透重重的文字障、似有若無的瞥見了一般難以索求的文學之美，同時也產生了對文學之美源自何處的好奇。又因為當時的現代主義作家有不少出身臺大外文系，便毅然而然在建築與文學間做了艱困的選擇。

　　進了外文系最初受的是新批評的訓練，其方法只論文字表面，不涉深層奧義，讓我頗不滿足。文學之美跟它謎樣的氛圍有一定程度的關係。否則文字大家都會使，何以需要文學作品？正是因為文學與某種不可名狀、甚至原始的神聖，有著一絲說不清的瓜葛。有趣的是，王老師乍看屬於新批評脈絡的論點，卻因為他授課時有種作者自道的意味，反而指引了我朝向另一個方向的門徑。

　　記得在高一時第一次讀到王老師的小說〈命運的迹線〉，全身起了雞皮疙瘩。在輕描淡寫的敘述間，命運無情的在小孩的身上封印，讓我隱約感覺到王老師開始在回答我

的問題。大一的時候，遂慕名去旁聽王老師口耳相傳的「小說創作」課。這個課是外文系與中文系合開的課，要選課必須先交作品給王老師審核，通過才能選課。我自覺寫作方才入門未敢選課，但有幸獲准旁聽，卻在上課時受到極大的震撼。王老師以極為緩慢的速度，幾乎是逐字逐句的與學生討論。整節課下來，可能只讀了一兩個段落。對於當時我這個不知天高地厚、徒知自以為是的大一生而言，一時頗無法適應。但是隨後因自己也開始認真的投稿創作，才在這個過程中慢慢體會到在創作時，李白與杜甫或儒家的功夫論與禪宗的頓悟論必須兼備；天馬行空非人人能之，字句斟酌倒確實是基本功。再加上新批評的訓練，而突然悟到了王氏閱讀的奧妙。如果作者是如此斟酌字句，讀者如何能不？或者最起碼「認真的讀者」能不？反過來說，如果作者信筆寫來，讀者需要那麼認真嗎？當然必須強調的是，王老師所精讀的小說都是他精挑細選過的作品，也確實是值得如此字句斟酌。

　　王老師如此的閱讀乍看是出於純形式主義的關懷，而且以其現代主義風格（這類描述本身並不很精準）在鄉土文學論戰期間也難免受到波及。但很意外的是，王老師竟然

在那段時期毫不迴避這個議題，甚至敢於提出迴異於主流的看法。印象中他對於為什麼要寫作的回應是：為了「快樂」而寫（大意如此），對當時擔任校刊主編、且在校園裡也受到其他刊物質疑的我而言，一方面佩服王老師的勇氣，另一方面也未能完全體會箇中的奧義，而為他的率意發言有些耽心。若干年後在研究所期間開始大量接觸理論、並思考這些後設議題之際，才恍然大悟，王老師近乎禪風的回答有其禪境。

原來，他所言的「快樂」並非皮膚濫淫的流俗之樂（包括為文罵街之樂），而是形上之樂。在唸碩士班的時候，曾經有幸與王老師促膝長談他的寫作觀，說著說著他突然間表示，他並不是自己在寫作，而是上帝經他的手在寫。當時我再次受到震撼。我從高中開始對「純詩」及其背後的整套論述頗感興趣，其後又對「以禪喻詩」的中國傳統詩學著迷不已。這兩者間得以連綴的部分就是：詩到底本身即是一種本體之真？或說是本體透過詩來顯現？簡單講，莊子所言「道在屎溺」到底意味著道「是」屎溺，還是道「在」屎溺？

王老師的體驗，似乎指向後者。這種形上或本體之樂，才是王老師所說的「快樂」。此樂更接近王陽明所謂的「樂」，是心之本體。樂不是一般七情六欲的樂，但也並非外於七情。就好比，道非屎溺，但並不外於屎溺。因此，文學必須以七情六欲之呈現，來流露萬物的本質「樂」。一般人也可能有「孔顏之樂」的大樂，但常不自知，而在實踐上與本體有所乖離。如此看文學的功能，就是透過作品重新發現如何從生活（七

1961年夏天，王文興畢業於臺大外文系。（陳竺筠提供）

情六欲）回歸於樂。如此，則俗世中本有靈光，甚至說俗世即靈光亦說得過去。

在受教於王老師的過程中，另一個讓我受益良多的觀念是「慢」。王老師除了在上課時要求細讀慢思之外，他的生活實踐上亦是絕對的「慢活」。不但說話時不疾不徐，閱讀時字句推敲，寫作時更是嚴格遵守「慢」的戒律，記得他曾說每天只讀150字，寫75字。王老師這種慢活的情調，與時下具有強烈中產以上階級新富氣息的慢活時尚，有著天壤之別，而與王老師的另一種態度息息相關。他曾言及，他已經有足夠的生活經驗，毋需再進一步體驗人生。俗人乍聽往往錯愕，但顯然他深知欲望才是讓人汲汲營營奔走道途的最大驅力，因而對生活並不貪圖量多。於他，前半生的經驗已足夠後半生品嚐吟誦，並因此而能時時與真知相伴。

他在《書和影》所提出的美學觀念「慢」正是他生活風格的結晶，也是他又一死亦不休的驚人之語，但亦如前文中所言的

◎廖咸浩　史丹福大學文學博士，哈佛大學博士後研究。臺灣大學人文社會高等研究院院長、外文系特聘教授、中華民國筆會會長，曾任中華民國比較文學學會理事長、臺北市文化局局長。著有《迷蝶》、《愛與解構》、《美麗新世紀》、《紅樓夢的補天之恨》等。

2005年，城南水岸協會舉辦「文學與音樂相遇在紀州庵」邀請（右起）隱地、王榮文、余光中、王文興、廖咸浩（時任臺北市文化局長）、林貴真、葉步榮、劉可強等文化人、學者對話。（陳竺筠提供）

「快樂」乍看迂迴卻精準中的。他在該書中曾提到：「風格」就是「抒情風格」，而「抒情風格」就是「慢半拍」。這個節奏上加以延宕的意義，我在為該書寫的評論中曾闡述過，但若再以當代關於本體美學的理論來思考，則更能凸顯其見地的深沉，也最能彰顯王老師一貫堅持的本體之樂。

如果一切都按生活的節奏來展開，那就是「生活」，不是藝術。藝術必須脫離常識與成規的世界，也就是人云亦云的世界。脫離的方法很多，但把日常節奏打亂正是其中一種方法。當俗世的節奏一脫軌，另一個世界就出現了。但那個世界不是真的來自他方，而只是我們遭到蔽障的眼無法看到的俗世靈光。而且過快或過慢便都有類似的效果。

比如，之所以能放下屠刀，立地成佛，原因就在於當人的生活在瞬間慢了（或快了）半拍，視野便突然清晰起來，而瞥見

了平日所不能見。德勒茲談「時光意象」（time image）時，正是從這樣的基礎出發。以「時光意象」為主幹的電影因能自「運動意象」（流暢敘事）之綁架逸離，而能在瞬間進入「內佈原面」（Plane of immanence）與萬物並存，隨即能重新端凝人世並重投人世。而時光意象的核心概念便是「縫隙」（gap），在符號「拒絕表意」的剎那，讓人瞥見了過隙的白駒。也許王老師之所以會感受到是上帝透過他在寫作，正是因為他一貫慢活，而瞥見了靈光的一閃。而他持續的慢則有禪宗一悟再悟的美好。至於靈光到底來自上帝或其他的靈動，那就是另一種討論了。

有人說，王老師的一生有若苦行僧一般，但這位苦行僧顯然不苦反樂，因為他時時因時間的錯位而得以拈花微笑。如今他的時間與俗世已形成了終極的錯位，在我輩的想像中，他應已在微笑中永恆拈花。

關於王文興的記憶，他的書，他的影文

◆ 張錦忠

　　我最早讀的王文興作品，不是《十五篇小說》，而是文星叢刊的《龍天樓》，然後才是環宇版《家變》，彼時洪範書店還沒有成立。那是一九六〇年代末，七〇年代初。年少時我的臺灣文學知識，多來自文星叢刊與《皇冠》雜誌。不過，我看到的「文星叢刊」，其實是香港文藝書屋出版或翻版的；那些年星馬書店經銷的香港書刊遠遠多於臺灣書。

　　在《龍天樓》之前，我讀的另一本文星叢刊是葉維廉的《現象·經驗·表現》（臺灣版為《中國現代小說的風貌》）。這本書論聶華苓、白先勇、王文興、司馬中原、陳映真，旁及張愛玲、朱西甯、於梨華，等於勘繪了一個小說新世界，讀後視野大開，始知小說之奧妙，始知可以這樣讀小說，始知在魯迅、巴金、郁達夫、老舍、沈從文之外，還有這麼一批寫小說的人（當然，看《皇冠》時已經讀過一些司馬中原、張愛玲、朱西甯、於梨華的書）。《現象·經驗·表現》有篇〈水綠的年齡之冥想：論王文興《龍天樓》以前的作品〉析讀王文興小說，另一篇論小說結構與抒情模式，也以王文興的〈母親〉為例，並說那是「一個令人喜愛無比的小小的雕塑」。於是，在東海岸邊城某間書店買的《龍天樓》成為我的小說範本。沒收入集子的〈母親〉，其氛圍與人物關係，則因葉維廉的詮釋而印象深刻，「貓耳」也成為一個難忘的小說角色名字。

　　從此讀到關於王文興小說的文章都會格外留意，例如水晶的〈黑衣〉評文。不過，我一讀再讀的是李昂訪問王文興的〈長跑選手的孤寂：王文興訪問錄〉。訪問錄提到寫作、精讀等「寫作的職業」問題。日後王文興接受過許許多多訪問，但他談寫作習慣，閱讀節奏，書寫的理由，基本答案已在這篇訪問了。

　　七〇年代是動盪的時代，國事天下事風雨如晦，熱戰冷戰硝煙四起，臺灣也是多事之秋。王文興在1972年以《家變》震撼臺灣文壇，但南洋小城鎮的小讀者只能耳聞一二。若干年後，我才從香港

1967年6月，短篇小說集《龍天樓》由文星書店出版。（文訊·文藝資料研究及服務中心提供）

1998年夏，王文興與顏元叔（右）於新竹友人家庭院前合影。（臺灣大學圖書館提供）

文藝書屋郵購一本。我是在《明報月刊》讀了劉紹銘的〈十年來臺灣小說：一九六五～一九七五──兼論王文興的《家變》〉之後，「方知有漢」，當然非讀此奇書不可。不過，比起劉文，顏元叔的〈苦讀細品談《家變》〉更令人拍案驚奇。劉紹銘盛讚「王文興面對人心真相的勇氣」，顏元叔卻一句話講完：「《家變》，就是『真』」。

其實，更「真」的是顏元叔自己的告白。他在文章劈頭就說王文興作品給他的印象「十分之壞」，《龍天樓》「既無文采，更無真實感」。當初《家變》在《中外文學》連載，顏元叔忝為社長，居然「懶得去看，尤其是他〔王文興〕那種詰屈聱牙的文字，看了二、三面便不願意繼續下去」。當然，顏元叔的開場白是一種話術，以understatement為下文鋪路──他接下來就

說苦讀了四個夜晚之後，驚覺《家變》為現代中文小說結構，而且是「極少數的傑作之一」。顏元叔的文章氣勢磅礡，充滿洞見。《家變》當然是經典之作，簡直是臺灣文學版《變形記》，彷彿是王文興在編《現代文學》多年以後向雜誌創刊號的專題作家致意之作。

新潮叢書之四的《玩具手鎗》是之後到吉隆坡謀生，在寫詩的朋友沙禽租賃住處看到，借來補讀的。他說那是賴瑞和赴臺唸大學，託他保管的書。《玩具手鎗》裡頭第二部分的手記體散文（「第三研究室手記」）特別吸引我。1979年，《玩具手鎗》與《龍天樓》的小說合集《十五篇小說》出版；我去新加坡時，就在小坡的友聯書店買了一本。

一、兩年後我也到臺北唸大學了。1981年春，王文興再次驚動文林的《背海的人》（上冊）剛出版，我在興隆路的小書店買了一本。那年秋天，我進入師大英語系就讀。不過，可能對電影的興趣大於文學，經常流連學校電影社，以及中華路的電影圖書館放映室。那幾年，影圖開始舉辦金馬國際影展，我也每年深夜排隊購票。提起我的臺北觀影與留學歲月，主要是那些年在影圖的活動與金馬國際影展經常看到王文興；他總是在席位正襟危坐，很少有人敢去打擾他。影圖的刊物（《電影欣賞》及其前身）或影展場刊經常出現他的電影文章。這些影文──談布紐爾、伯格曼、杜魯福（楚浮）、杜哈斯、德萊葉、尚雷諾等導演的作品──後來收入《書和影》與《小說墨餘》。多年來論者談王文興，談其「書」者居多，很少有人

◎張錦忠　生於馬來西亞。臺灣大學外國文學博士，現為中山大學外文系退休教授兼約聘研究員。著有短篇小說集《壁虎》、詩集《像河那樣他是自己的靜默》、隨筆集《查爾斯河畔的雁聲：隨筆馬華文學二集》等。

談其「影文」。我讀這些影文時，有時想起，文章所寫影片映演（王文興的用詞）時，作者和我大概都在同一放映場所同時觀影。

王文興在影圖影展的觀影歲月，主要是八〇年代，之後影圖成為國家電影資料館，影展發展成臺北國際電影節，他可能專注於續寫《背海的人》，影文就少見了。但是他當年的〈電影就是文學：兼評世界名片大展四部影片〉一文發人深省。他寫道：「電影就是文學，其實，我還可以說得更肯定一點：電影就是小說。小說分三種：長篇小說，短篇小說，電影」。這裡的「小說」，是一種architext的概念。後來我衍用他的「電影就是文學論」寫了〈電影就是文學就是雷奈〉，算是向他致意。前幾天讀他在《文訊》九月號「星雨樓續抄」專欄的〈文學再好，都太乾，不如電影易食〉，還在想，王文興又寫電影了呢。那是他最後的影文了。

在師大唸書時，有幾個學期，我騎著腳踏車，穿過泰順街，溫州街，新生南路，到臺大文學院去旁聽幾門課，其中包括王文興的「小說選讀」。王文興是夏濟安的學生，五〇、六〇年代臺灣英美文學界（現在叫「外文學門」）的主流思潮是現代主義與新批評，儘管在「西潮的彼岸」，文學後浪新潮已搶灘登陸，風雲即將變色。而到了我的大學時代，結構與後結構、後現代與新馬已暗流湧動。不過，王文興上課，還是側重新批評的文本細讀策略，亦即後來大家常提到的「慢讀」。「小說選讀」上得極其緩慢，一本中篇或長篇上一學期也上不完。

「小說選讀」排在星期六下午，地點在文學院一樓側翼，可容納一百多人的演講廳。我是旁聽生，就靜靜坐在後面幾排。王文興會自備麥克風與擴音器，架設好後二話不說就開始上課。通常他會點名某位同學唸一句。同學唸完，老師意譯一遍，接著發問某詞用義，或該句於情節中的作用。同學或怯於回答，或沉吟良久，也有人勇於表達看法，有時想法與老師所見略同，最後老師釋義解答，然後請另一位同學唸下一句。這種對話錄式教學法，旨在貼近書寫者的可能想法；作者原意固然無從知曉，經過一番深思細究文本的用字遣詞或句子之後，人物心理思緒，說話者語氣，或細節意義乃得以彰顯。如此閱讀過程，有師生共同思索，有對話，往往整節課下來，才讀完幾句，或一小段，外面的天色就已暗下，華燈初上了。雖曰慢讀，時光消逝卻迅速如常。

我上王文興的課，上了兩個學期，分別讀了羅倫斯的《戀愛中的女人》（*Women in Love*）與亨利‧詹姆斯的《黛絲‧米勒》（*Daisy Miller*）。上課同學大概都用書林當年翻印的美國版，我的企鵝版《戀愛中的女人》若不是攜帶來臺的，就是購自中山北路的金山書店。當年帶去上課的《黛絲‧米勒》還在研究室，書眉的筆跡已褪色難辨，那是1983年深秋買的書。我上王文興小說課的時間也在1983年那個「深秋深深的秋天」（楊牧句）停格。

四十年後的秋天，小說家王文興辭世。最後一次看見王文興老師，是在五、六年前的臺北國際書展，我忘了當時有沒有跟他合影。

隨風潛入夜，潤物細無聲

追憶王文興老師

◆ 黃恕寧

認識王文興老師近三十年了，這三十寒暑一直蒙受王老師循循的善導和無私的支持，10月3日突獲他在教師節前夕悄然辭世的消息，錯愕不已，為頓失一位偉大的作家和令人崇敬的老師，緬懷追念，悲思萬千。

我私淑王老師之緣，先是受《十五篇小說》、《家變》和《背海的人》書香的吸引，正式的認識則是在我甫自多倫多大學畢業那年。我的畢業論文是研究王文興老師的語言文字，依多大老師建議，趁回臺之便，將論文一份送至臺大外文系辦公室托請轉交王文興老師。數日後，王老師慨然在臺大校園旁的一家書店，接見了我這位初生的王學研究者。自此，展開了三十年跟王老師豐美的學習過程。

由於旅居國外，每年藉暑期回臺省親之便，拜望求教於王文興和陳竺筠兩位老師，兩位老師總是慷慨允見並熱情接待。有時候，王老師會一併邀約幾位學界前賢和老師教過、現於各大學任教的學生，一同出席，

大家暢談學界研究和國內外現況的各種話題，我由此結識了許多學界友人，讓長年缺席臺灣的我，得到絕佳的補課機會。在這些愉悅的交流中，談古論今之外，也常能聽到王老師對世界變化的觀察和對社會問題的關懷，展現他見多識廣，謙謙儒者的風範。王老師與學生們侃侃而談，互敬互愛，溫暖無比。有時候，當我攜帶研究議題欲向王老師請益，他也一定排除萬難撥冗相見，給予明晰的指引和懇切的意見。記得2017年一個秋日午後，我和王老師約見在福華國際文教會館的風尚咖啡廳，我有一些關於王老師自創字的研究問題想請教他；不巧，那日風尚咖啡廳暫停營業，我建議另擇他地，但王老師認為就在福華會客大廳，隨便找個空座位即可。我們就在服務檯對面一個近門靠窗的沙發坐下，問談間，未注意時間的匆匆，談話結束時已是落日時分。我陪著王老師走到福華會館外，目送他的身影在夕陽餘暉金色的光芒中緩步離去，心中充滿無以言表的感

1969年，王文興與陳竺筠公證結婚，未披婚紗，此照代替結婚照。（臺灣大學圖書館提供）

It is with great pleasure that we announce our engagement. We wish to share our joy and happiness with you at a little celebration in honor of the occasion on Saturday, October 28, 1967, at Hotel China (8th floor), at 15:00 to 17:00 hours. We look forward to the pleasure of your company.

Cordially yours,
Wen-hsing Wang
Jeannette Chen

我們已於十月廿一日在台北訂婚，謹度於十月廿八日下午三一五時，在台北市館前街中國飯店八樓，粗備茶點，恭候

台端光臨為荷

王文興謹啟
陳竺筠

上：1968年王文興、陳竺筠的訂婚邀請卡，在中國飯店舉行下午茶，以資慶祝，這張卡片及卡片正面的玫瑰花，為王文興設計及繪圖。
下：訂婚下午茶邀請卡內頁，英文為陳竺筠手寫，中文為王文興手寫。

念。

王老師長年給學生和後進學子以無私的溫暖和鼓勵，備受學生後進的愛戴與尊敬。2009年2月我在加拿大卡加利大學主辦「中文敘事語言的藝術：王文興國際研討會」，王老師和陳老師雙雙受邀為會議主講人，他們不辭舟車勞頓之苦，在隆冬之際遠赴雪國出席會議，會議後他們向大會工作人員一一道謝，並致送謝禮，然而卻婉拒大會的旅遊招待，在會議結束第二日旋即整裝回國，不願給會議工作小組增添任何財務和人力負

擔。2010年6月康來新教授在中央大學舉辦盛大的「演繹現代主義：王文興國際研討會」，我和卡加利大學戲劇系劇團受邀出席，未料，家父於會議前因病入院，王老師和陳老師擔心我過度疲憊，於會議前一日，專程僱車接我同赴中央大學出席會議，關懷之切如父如母，至今難以忘懷。

35

◎黃恕寧

黃恕寧，加拿大多倫多大學東亞學系博士。加拿大卡加利大學語言、語言學、文學及文化學系榮退教授。合編作品包括 *Endless War: Fiction and Essays by Wang Wen-hsing*（2011）、《慢讀王文興》系列套書（2013）、*Reading Wang Wenxing: Critical Essays*（2015）、*Taiwan Literature: English Translation Series, Issue #39*（Special issue on Wang Wen-hsing）（2017）。

約1946年，七歲的王文興甫隨家人自福州遷臺，就讀屏東東港國民學校。（臺灣大學圖書館提供）

辭立其誠」禮讚王老師終其一生為「文字信仰聖戰」的獻身，並勾勒他的天主教信仰與寫作的關係是以誠相繫，耶儒會通。李歐梵譽之為「臺灣現代主義文學旗手」（1980），陳芳明則頌讚「他（王文興）對現代主義美學的堅持實踐，同輩作家……無出其右者」（2011），充分表現文學界對王老師正心誠意追求語言藝術的尊崇。

> 好雨知時節，當春乃發生，
> 隨風潛入夜，潤物細無聲。
> 野徑雲俱黑，江船火獨明。
> 曉看紅濕處，花重錦官城。
>
> （杜甫〈春夜喜雨〉）

對王老師的景仰，還有他對文字藝術的真誠和執著。我在編輯《偶開天眼覷紅塵──王文興傳記訪談集》（2013）時，有機會重讀自1971到2012橫跨四十多年間出版的25篇王文興訪談，我驚訝發現除了可期待的作家成長外，他的文學觀、對語言風格的理想和追求，數十年如一日，僅有的改變是，其一，閱讀範圍的擴大，從英文經典到中國古文經典，尤重文言詩詞和筆記小說；其二，對文學語言理論和文字實驗的內涵，有更具體明確的闡釋。單德興在他的訪談〈錘鍊文字的人〉（1991）中，表達了相同的觀察結果。康來新在〈譜讀神曲──王文興教授的新里程〉（1990）用了「修

春風細雨，師恩難忘。放眼今日中外學界，許多傑出學者都出自王老師的講堂，柯慶明曾以「初似微隱，其實長遠」形容王老師在臺大中文系任教留下的影響（2009），而史家論述臺灣現代小說經現代主義文學語言提煉的洗禮，邁步向前，成就輝煌。（陳芳明，2011）王老師提倡的「慢讀」，近年來也在社會發酵，必將普遍受惠於有心的讀者大眾。

我們為王老師的離去不捨，但他給我們留下了至真至善至美的禮物，他的精神將永遠與我們同在。在春夜微雨後的拂曉，王老師的花園定是重花伴新綠，滿庭自芬芳。

與時代的速度拔河

詩的小說家、寫實的現代主義者，王文興

◆ 鴻鴻

我讀小學的時候，是一九七〇年代之初，也就是王文興寫《家變》的年代。那時臺灣開始有人開設速讀班。我因為恨自己讀書不夠快，去上了幾堂速讀課，發現重點無非就是「略讀」。讀速沒增加多少，反而讀書的樂趣全沒了。然而，王文興就是從那時開始，推動他的「慢讀」理論。他在《家變》1978年洪範版序中聲稱：「任何文學作品的讀者」──請注意，是「任何」喔──「理想的速度應該在每小時一千字上下。一天不超過二小時。」

這種對讀者的「橫征暴斂」，其實對作者的要求比對讀者更苛──你的文字能不能經得起這樣細讀？恐怕許多作者都要捏把冷汗。慢，表現在王文興的創作時程上：一生伏案不輟，只完成了三部長篇小說；表現在他的美學上：用各種倒裝詞、錯別字、甚至造字、注音、記號、字體變化、重疊、反覆、逆反文法、空白，來製造閱讀的障礙，認為「流利是最大的敵人」；也表現在他的行為方式：他的演講和課堂，不論談別人或自己的作品，往往一堂課只能講幾行，一學期只能講幾頁。楊德昌在《一一》中說：「電影發明了以後，人類的生命，比起以前延長了至少三倍。」王文興的哲學剛好相反：「我一分一秒地感覺人生，便是延長人生。」他不是要把別人的人生據為己有，而是要用力地、認真地、分分秒秒把自己的人生嚼出滋味。

《家變》於1972年完成，隔年出版，旋即引起軒然大波。這道大波有其時代背景。1971年臺灣被迫退出聯合國，「正統中國」的代表性一夜潰散，舉國面臨信心危機。這時候居然有人出版一本小說，衝撞家庭的道德倫常，推翻中文傳統的標準，從內容到形式都顯得無比刺眼，活該被扣上「大逆不道」的帽子。可以說，這是第一本跟白話文運動以來文學家們苦心追尋建構的「優美中文」正面對決的小說。謾罵者不少，積極擁護者如楊牧、朱西甯、以及「新批評」的推動者顏元叔；也有些人持保留意見，如林海音：「《家變》中的怪文字有的地方是文不文，白不白，看到最彆扭的地方，我自然不免要停下來推敲推敲，後來我索性不管它文字的變化了，因為我急欲了解的，是它的人物，它的動作，這樣一來，這些怪文字對我來說就有些視若無睹。」這種看似寬待的接納，才導致王文興在洪範版序中幾乎是賭氣地說：「我相信拿開了《家變》的文字，《家變》便不復是《家變》。」

以及「一個作家的成功與失敗盡在文字。PERIOD。」

是什麼樣的「怪文字」?《家變》是這樣開頭的:

> 一個多風的下午,一位滿面愁容的老人將一扇籬門輕輕掩上後,向籬後的屋宅投了最後一眼,便轉身放步離去。他直未再轉頭,直走到巷底後轉彎不見。

短短幾句話,三個「後」、三個「轉」、兩個「直」,這看似疊沓的笨拙的中文,無形中道盡了老人向過去背身、強令生命轉彎、轉折的決心。文字不求精巧,卻結實地展現敘述的力量。

兩百多頁後,《家變》的結尾則是這樣展開的:

> 時間過去了有幾幾及兩年之久。是一個父親仍然是還沒有回來。然而在范曄的現在的家庭裏邊他和他之媽媽兩個人簡單的共相住在一起生活似乎是要比他們從前的生活較比起來髣髴還要更加愉快些。

沒有父親之後的敘述不但更少拘牽,舒暢直放,而且重複的「似乎」「髣髴」和比較級詞彙「要比」「較比起來」「更加」強調出人物內心不斷的對比衡量,而兩次「生活」,現在是動詞、過去是名詞,更顯現出了現在才是真正的生活。

這是王文興用「劣等中文」打造的「高

1973年4月長篇小說《家變》由環宇出版社出版。1978年11月改為洪範書店出版,2000年9月洪範書店出版新版《家變》,前有王文興〈新版序〉。(文訊·文藝資料研究及服務中心提供)

等文學」。我年輕初讀時恍然大悟:原來「文學」和「作文」不但不同,而且簡直是對立的。雖然《家變》中有許多真正令人低迴徜徉的詩意片段,但在他筆下,小說的每一筆都是詩,都需要是比詩人更一字字斟句酌的精準。用分行無法保證詩意,詩意可以在結結巴巴、詞不達意、乃至空白中求。王文興文字看似拙劣,但有聲音、有畫面,也不拘白話文言(例如「是一個父親」兼具文言「這」、白話「是」雙義)。

然而《家變》果真只注重文字技巧、文字聲韻?顯然並不。他曾在《家變》英譯本後序中強調,理想的小說,「技巧毫不重要,生活經驗的表呈才屬重要」。這一論點和「成功與失敗盡在文字」的宣言相互背反,卻一樣真實。《家變》來自作者的成長經驗,《背海的人》來自他服兵役時在南方澳待過的四個月冬季,《剪翼史》則源自他

◎鴻鴻　詩人，劇場及電影編導。著有詩集《暴民之歌》、《跳浪》等、散文《阿瓜日記──八〇年代文青記事》、評論《新世紀臺灣劇場》及小說、劇本。曾主編《衛生紙＋》詩刊。曾獲吳三連文藝獎、南特影展最佳導演獎等。

約1948年，9歲的王文興在同安街紀州庵的住家。（陳竺筠提供）

終身任職的校園。《家變》藉一個小孩眼光刻畫的臺灣一九五〇、六〇年代生活細節與時代情致，宛在眼前。無須訝異的是，王文興雖是現代主義領航人，但他的文學偶像莫泊桑、福樓拜、托爾斯泰、康拉德、海明威，幾乎全是寫實主義大師。

最早為《家變》辯護的顏元叔其實說得最好：「《家變》就是『真』。」道出了王文興之文字實驗，其實就是在追尋真實的語氣、情緒、甚至表情。尤其《背海的人》設定為一名醉漢的喜劇性獨白，揮灑空間更大。若說他的文字實驗師承喬伊斯，或許源於中文腔調的需要，王文興在節奏和符號的調度上，運用得更徹底，在視覺與聽覺同步的頓挫抑揚跳宕之間，更近似當代音樂。林靖傑導演的紀錄片《尋找背海的人》用近似密錄的方式，拍下王文興寫作時專心致志近乎癲狂的狀態，他以筆敲桌尋找節奏，文字敷應節奏而生，猶如先譜曲再填詞，可見他的文字不但被當成聽覺的附屬品，更像是被附身起乩的產物。這種全身心投入的創作方式，簡直如宗教獻祭。

《家變》以伊底帕斯的弒父情結為骨幹，然而主角范曄孤僻的成長心路，也令每一代讀者心有戚戚。發生於同一時代背景的《牯嶺街少年殺人事件》，小四受不了從警總歸來的父親對校方低聲下氣，轉而將不平發洩到背叛的情人；《家變》的范曄發現父親的怯懦猥瑣之後，則是用精神凌虐的方式將之逐出家門。認清世界殘酷的必經之路，都在於父親形象的幻滅。

王文興心目中的理想小說須具備「神話類式的故事」。我以為《家變》可以視為臺灣新世代取代失敗上一代的國族寓／預言，《背海的人》寫一個索居深坑澳的潦倒外省軍人，則像敗退來臺的國民黨軍的縮影，裡面還刻意安排了不同族群一一登場。王文興作品的寓言層次，還值得進一步開挖。

在這個資訊過剩、五光十色的年代，瀏覽手機，人人都天生成了速讀高手。電腦輸入的同音錯別字已成常態，AI也可以瞬間完成小說，歷史哪在乎那一個逗點、幾格空白的計較或殘留？慢讀一頁充滿留白與記號的小說，還能有多少啟發，或至少，樂趣？

或許，一如黑膠唱片在數位串流時代復甦，劇場在VR時代不死，王文興小說的「手感」，畢竟仍是無法取代的，人真正活過、一筆筆鑿刻過的證據。就像所有劇情片經歷時代淘洗，都成了紀錄片；王文興的現代主義美學或可能有一天顯得老土，他所留下的情感真實，卻越來越熠熠生輝。

文學使人快樂
閱讀王文興老師

◆ 郝譽翔

　　王文興老師在文學史上引起過的爭議和論戰不少，包括《家變》是否敗德，《背海的人》語言實驗是否走火入魔，然而我覺得最耐人深思的卻莫過於在七〇年代末鄉土文學論戰中，他曾經主張文學的目的無他，就是在使人「快樂」。這句話一度引起鄉土派的圍剿。然而，快樂究竟是什麼？快樂又何其稀少難得？若不是文學藝術所給予的光與熱，生命將會何等空洞？王文興老師這句話遭到的扭曲誤解，正如他的作品少人能讀一樣，先知者，總是得站在世界的另一端，默默承擔著寂寞。

　　但王文興老師應就是刻意選擇寂寞的了，他的眼神彷彿總是望向一個我們所無法企及的遙遠國度。我在臺大讀書時，偶爾走在文學院的長廊，遇見了王老師徐緩獨行的身影，他一身裝扮簡單，似乎多年未變，就連執教課堂時不急不躁的談吐，也是多年未變，如此溫文儒雅的優雅形象，似乎與他《家變》乃至《背海的人》中前衛大膽的語言風格，乃至叛逆獨行的思想精神，似乎是背道而馳的兩個極端，然而這看似矛盾的結合，或許也正是臺灣現代主義的特質——一

個屬於知識菁英的產物，以極端的個人主義和抽象思維，反抗六〇年代臺灣社會的戒嚴高壓，而拒絕與現實妥協和溝通。

　　然而當社會運動的激情都已隨時間煙消雲散之際，究竟誰才真正是臺灣文學史上一位永遠的反對者呢？想來想去，恐怕還是唯有王文興老師一人，以他對於文學的純粹信仰，以及對於文學一種近乎潔癖的堅持，徹底實踐了現代主義的反叛精神。正如同他在《家變》序中所說的名言：

> 任何文學作品的讀者，理想的速度應該在每小時一千字上下。一天不超過二小時。作者可能都是世界上最屬「橫征暴斂」的人，比情人還更「橫征暴斂」。

　　我曾經多次努力實踐這種閱讀的速度，但卻從來沒有成功過。每小時一千字，一天不超過二小時。這種把文字奉若神聖的態度，彷彿已將文學推到了「宗教」的境界，而不允許一般人去輕易地狎玩褻瀆。

　　換言之，語言文字在王老師小說中，已

1990年，時年51歲的王文興攝於臺大校園。（文訊‧文藝資料研究及服務中心提供）

換言之，不管讀者是否可以消化，如何不受任何外在因素的干擾，盡力打造語言的翻轉和實驗，才是王老師念茲在茲的所在，也無異於是一場忠於文字的，耐性、毅力與智力的嚴格考驗。

不過，這其實牽涉到小說的一個根本問題：如果小說是一項說故事的藝術，那麼二十世紀小說所面臨到的最大難題，並不在於故事（亦即內容）的好壞，而是在於怎麼說。也就是創作者普遍有感於寫實主義之不足，已無法承載人生荒謬歧異的面向，所以「形式」成為二十世紀藝術革命的軸心——也唯有透過形式的開發與翻新，務去陳言，避免陳腔濫調的窠臼，才能夠反過來賦予內容更多的意義。

不再是傳達信仰的媒介，而是成了「信仰」的本身，也是他殫精竭慮著力的所在，卻也往往成為他最受人爭議，甚至和讀者分裂的起源，這在他早期的《十五篇小説》就已見端倪。但王文興老師當然不會在意別人的看法，在《十五篇小説》他早就表明了自己「愛怎麼寫怎麼寫」的態度：

> 〈母親〉、〈草原底盛夏〉——尤其〈草原底盛夏〉——是可以使我掛幾許微笑的篇作，管別人怎麼想，愛怎麼寫怎麼寫。凡故事，人物，心理，全部去牠的。

《十五篇小説》可以説是王文興老師語言實驗的開端，而《家變》集其大成，至於《背海的人》則是越走險峰，甚至已到不可解讀的地步。「仄」字是王老師喜用的形容詞，譬如「仄巷」、「極仄的三級臺階」等等，但我們或許也可以如法炮製，用「仄」一字來概括他的語言風格：晦澀、不順、拗口，出乎意料的停頓和變奏。因為對於王文興老師而言，遷就讀者的品味，形同是一種出賣自己的行為，而如此純粹又虔誠的文學

◎郝譽翔　臺北教育大學語文與創作學系教授。曾獲金鼎獎圖書類文學獎、中山文藝創作獎、聯合文學小説新人獎、時報文學獎、中央日報文學獎、臺北文學獎、新聞局優良電影劇本獎等。著有多部小説、散文、評論文集。

信仰,更使得他的小説如同發光的晶鑽,獨具一種超越凡俗的色彩、音響以及氣味。

如此一來,《家變》既是一部小説,但我們也無妨把它視作為一部長詩。例如書中以阿拉伯數字2標示的一段:

> 風彎了樹。他在窗框密閉的室中,迎對窗子。背後響著父親與母親的動靜。房中一亮一晦,風把窗外遮護的桂花樹颳開的原故。枯葉讓颱風橫向吹刷。在桂樹深枝間,有頭文絲不動的鳥鵲兀止。

這一段既沒有故事,也沒有情節,與前後文也沒有關連,看似多餘,但實如項鍊上不可缺少的一粒珍珠,密實有光,與其他段落交相輝映,折射出迷離之美。

當然語言形式的開拓,也絕非一場文字遊戲,最終的目的乃是在為作品帶來更為豐富的意義。劉紹銘便曾以「驚心動魄」、「異端」、「離經叛道」來讚譽《家變》,這不僅指它的語言文字,更在於書中所揭示出來的人性之真實:「王文興面對人心真相之勇氣,為二十年來臺灣文學所僅見。」換言之,王老師的文學信仰其實更近乎真理的追求,而文字便是他逼近真理——一種近乎宗教超驗的、終極意義的方式。

正如廖咸浩〈微笑中的拈花者——懷念王文興老師〉一文以莊子之「道」,精闢分析王老師的小説美學,是如何以超越的方式去逼近「人性之真實」:「原來,他所言的『快樂』並非皮膚濫淫的流俗之樂(包括為文罵街之樂),而是形上之樂。」並又結合

王陽明「心學」詮釋之,指出:「此樂更接近王陽明所謂的『樂』,是心之本體,樂不是一般七情六欲的樂,但也並非外於七情。文學的功能,就是透過作品重新發現如何從生活(七情六欲)回歸於樂。如此,則俗世中本有靈光,甚至説俗世即靈光亦説得過去。」

我以為這正是王文興老師作品最動人的所在。他大膽迎向「俗世」,尤其「性」和「死亡」向來是他筆下重要的兩條旋律,彼此交織,互為反襯,而「死亡」是人類宿命的悲劇,顯示人之存在的可悲和可憫,至於「性」則是啟蒙的關鍵,卻也是人類走向墮落和沉淪的開始。《家變》中范曄趕走父親,並取而代之,無非是佛洛伊德弒父戀母的「伊底帕斯情結」的演練,然而,世人是否也要如同伊底帕斯挖掉自己的雙目,來為自己的愚蠢盲昧而贖罪呢?

王文興老師〈最快樂的事〉是一篇短短幾百字的作品,卻沉痛揭示了生命的孤寂與虛無:

> 他們都說,這是最快樂的事,but how loathsome and ugly it was!

然而若非如此大膽刺破現實的假面,我們又如何穿越世俗的綑綁,宿命的限制,臻至一種真正永恆的「形上之樂」,並且欣喜於:「俗世中本有靈光」,所以根本無須外求呢?誠如他所言:文學的目的就在使人快樂,而這種絕對的「快樂」,我以為,正是王文興老師留給臺灣文學界最重要的啟示。

王文興的微電影

◆ 徐明瀚

王文興先生曾經在1984年於《聯合報》撰文主張過「電影就是文學」，在1973～1993年間他寫過許多影評，其中密集書寫於1980年前面五年，這些文章後來大多收錄在《書和影》（1988）和《小說墨餘》（2002）書中。他認為電影與戲劇乃系出同源，都是從文學而來，更具體的說，是從小說而來。他說他可以更肯定地說：「電影就是小說」，而「電影作家」這個詞是恰如其分的稱呼。

作家有理想的讀者，在王文興那邊是「一小時只讀一千字上下」、「一天閱讀不超過二小時」的慢讀習慣。而他也曾在1973年提倡過臺灣應該要設立藝術電影中心，因為他認為「發展文學的捷徑」就是大眾可以透過去看藝術電影的捷徑來認識西洋文學。那麼，我便在想，這樣電影作家的電影，該怎麼讀呢？

本篇文章，將從王文興歷年影評對特定影片的褒揚，來整理他的好評片單以及評價其為好的理由，來猜想：王文興的片單會是什麼？而他推崇這些導演及其作品的排序有什麼原則？而他的心目中有沒有也有一個

「理想的觀眾」呢？王文興會怎麼建議他們看電影？我猜想，那可能是一間微電影院，一間見微識小的電影院。

如果作家也有十大片單：
王文興愛片的導演及其作家風格

王文興喜愛的電影首推柏格曼，他曾寫道：「從柏格曼以後，似乎就再沒有柏格曼過。」（《小說墨餘》頁156）他推崇柏格曼的理由一方面在於他的敬業態度，多次以「專志合一」（也就是「專題專論」、「用志合一」、「修辭立其誠」近乎此種專心致志之意）來誇讚這位導演。但推崇的原因更在於電影本身的細微處，他在看過二十多部柏格曼的電影後，首推《野草莓》，其次才是《芬尼與亞歷山大》，王文興認為柏氏的電影分有旅途和島嶼模式，前者總在路上，後者避居於世，而這兩者都符合了現代小說作品的常見模式。而作品價值中的核心判準，是現代小說對於寓言體的象徵經營，而柏格曼深諳此道，如死神出沒的種種意象。

王文興第二推崇的應該是奇士勞斯基，說他是「波蘭的英格瑪柏格曼」，他非常讚

1950年，就讀臺北國語實驗國民小學六年級的王文興與父母，在同安街的紀州庵住家前。（紀州庵文學森林提供）

賞《十誡》裡的《殺人影片》與《愛情影片》，其推崇原則不僅是因為導演如柏格曼一樣「專志合一」，更在於作品中足以讓觀眾「高度同情」、「感同身受的感染力」（empathy）的能力，他甚至會讓觀眾為殺人犯緊張。

王文興第三肯定的是高達具有詩人的氣質與專題專論的能力，他審慎評估過高達很有可能有到達柏格曼的境界之人，然而，高達作為內容過分雜多、五花八門的作家導演，在精一（專志合一）的程度上實不如柏格曼。所以我們可以看出來，高達雖然在內容上（而非形式）頗受王文興推崇，但真正要做到形式和內容兩者兼容並著（也就是他所謂「身兼內容的風格」）的，在他心目中只有柏格曼，和導演過《天堂的小孩們》的導演馬賽卡內（Marcel Carné）。而具詩人的氣質，在王文興眼中還有義大利的費里尼（他推薦新穎的《八又二分之一》與經典的《鬼迷茱麗葉》）以及他在九〇年代新進發

現的導演郭利斯馬基，他導演過《列寧格勒牛仔遊美國》。

王文興相當推崇的法國導演，在現代主義小說的意義上接近的人有幾位，一個是拍過《去年在馬倫巴》的亞倫雷奈的「砸碎」風格、和文學家導演阿蘭·羅伯-格里耶的「實驗剪貼」風格，而偏向抒情詩意的「剪貼」風格，則數莒哈絲，1989年王文興於《中國時報》發表〈瑪格麗·杜哈的書和影〉稱她的作品中《如歌的行板》最為成功，深具音樂性而不造作。但值得注意的一點是，抒情並不是王文興現代文學追求道路上的最後一哩路，亦非影評的核心要點，更重要的還有上述幾位導演的推崇因由。他甚至說過風格有百分之八十以上都是抒情式的，尤其是慢半拍或緩慢的那種處理。但他在《推巨石的人》紀錄片自道：曾經說過他寫《家變》的時候，還有一點抒情在，但在《背海的人》裡，則多半去除。

剪得斷理還亂：
從文學到電影的語言節奏簡（／剪）論

如果法國電影符號學家梅茲寫《電影：語言還是言語》是尋找電影——作為一種語言符號學對象——的最小單位，那麼王文興可能不僅在他的文學實踐上早已正在進行這種字即肉身、道取肉身式的追求，實際上也在電影中找尋那吉光片羽。王文興的電影筆記，就像是一本閱微筆記，既是筆記、小說、也是影評，見微識小，在小處著眼著手，看到最高段的象徵性。文學的最小單位是字，不是可以連貫成音樂構句的可歌可泣，而是隻言片語破碎剪輯化的可割可棄，

◎徐明瀚｜電影評論與藝術策展人，北藝大美術學系博士，曾任《Fa電影欣賞》執行主編，著有博論《重構華語文人電影圖像》、碩論《摩登生活的漫畫及其「無－意義」》，合著有《臺北城中故事》、《尤里西斯的狗》等書。

一天寫三十個字，是經過反覆的推敲與改寫乃至於棄絕不用的結果。

王文興在字與字之間，尋找字義與象形之間的書法，在字與句之間乃至於句與句之間，尋找「剪而不斷」的筆勢，他曾表示：書法是最高段的藝術。蘇聯的蒙太奇理論與電影大師艾森斯坦，也對象形文字及其詩性空間有著對他自己剪接與拍攝上莫大的啟發。從觀察百態的長篇小說巨構，逐步走到了微分程度的逐句逐字，這是小說（novel）何以為小、又何以為新的解釋。

所以王文興可以花25年寫一部書《背海的人》，又可以再花13年寫《剪翼史》，他自《家變》之後更為不重故事講述，走向去掉情節的更多文學可能。如果說短篇小說〈草原底盛夏〉是初試啼聲，由小說走向散文詩化的方向，那後兩本長篇小說則是持續的進展。但王文興在2010年《尋找背海的人》紀錄片中都自言第三本長篇小說是「寫到哪裡算到哪裡」，這種並非朝向一首詩的完成，而是一部小說的未完成，實則早已完成在每個字字斟酌之中。小說沒有完成完成沒有關係，所幸《剪翼史》還是在2016年出版了。

王文興曾經寫過〈如何接近文學〉一文，他主張可以先接近散文、再到詩、再到短篇小說、再到長篇小說。而在1973年9月，王文興便曾在《中央月刊》發表〈發展文學的捷徑〉一文，主張「成立藝術電影中心，可以加快西洋文學的認識。」似乎，看電影甚至會比看散文來得更為便捷。爾後1978年電影圖書館（現國家電影與視聽文化中心）成立，他也曾撰文欣喜這個圖書館的成立，他有許多經典電影就是在電影圖書館舉辦的影展（如：世界名片大展）看到的。

見微識小：
從王文興的現代影評，重新認識電影

微電影在這裡，不會是當代意義上的短片或廣告，微電影是一種凝縮的影像，像是柏格曼的魔術燈罩，也像是觀影主動或被動意味下的慢放影格，是人生的縮略語，其中不乏空白與毛邊，從中找到差距的對位位置。但電影圖書館在當年可能還不算是為理想觀眾打造的微電影院，因為據我印象所及，無論是在電影教室的放映廳或是影帶、LD或DVD播放方式，都是有專人從頭放映到尾，觀眾在電影院，如班雅明說的電影是幫你快速翻頁到下一個鏡頭的，觀眾某程度上是被動的，對羅蘭·巴特來說，這種無法凝神觀看的電影經驗更是一種暴力。我猜想，若要符合王文興的影片精讀和見微識小，在他的時代，要有莫大的影像記憶能力，這點不得不佩服他，而在當代可暫停、可倒帶、可以快轉的時代到來，從影像的微捲中看到微縮的象徵或意象，更有可能。

我本人只見過王文興先生一次，那次是在舊香居，我沒有上前打擾或自介，我們安靜沉潛在書海之中。這次榮幸受《文訊》之邀撰寫王文興先生的紀念文，因實無私交，我還是以評論與揣想片單重要性的方式，來接近他，來尋找再次沉潛的可能，在「電影就是文學」這片海洋的涓滴之中。

鄉野中的異鄉人
王文興與「鄉土文學」

◆ 陳柏言

我的書架上，始終擺著《背海的人》上下冊，扉頁有王文興老師的題簽，署時2011年8月。那一年，我準備升上大三，因緣際會讀了《家變》；初識現代小說滋味，擅自將王文興認作文學導師。那時，還愛看選秀節目，仍是追星年紀，凡有王老師出席的活動，我總要克服萬難前赴。聽他談小說，論古詩，都甘之如飴。

2011年4月，林靖傑導演應邀拍攝紀錄片《尋找背海的人》，以十餘個詞條為線索，探勘王文興其人其作。林靖傑嘗試在費解的字詞之間，追索活生生的「人」之影跡。攝影機帶領讀者，闖入江湖上傳言的，囚室般的寫作空間。只見王老師不斷敲擊桌面，撕毀稿紙，確如他所稱的「浴血戰爭」、「困獸之鬥」。放映會後，我克服社恐焦慮，抱著書給王老師簽名。我提出長久以來的困惑：「老師，您常常出面談論自己的作品，是因為您相信有『最好的詮釋』嗎？」我已無法還原王老師的原話，但他的意思是：這麼做的原因，並非為了詮釋；而是基於「創作論」的立場，分享作者的觀點。也就是：為什麼這樣寫？或者更微觀來說：為什麼選擇了這些字？

對王文興而言，這並不是一門文學導讀課，而是小說寫作課。

同一年夏天，我竟也開始了自己的小說寫作之途。6月，我以第一篇小說〈牙祭〉，獲得「第29屆全國學生文學獎」小說組二獎（首獎從缺）。在感言裡，我特別感謝了王文興老師，是他讓我看見了小說本身。回頭再看〈牙祭〉，那無疑是篇鄉土小說：寫魚塭，寫神明廳，卻以「詰屈聲牙」的文字鋪排，以意識流與夢之技法，重組失散的家屋……，這些元素，或許都能在《家變》中，找到一點線索。2013年9月，我以〈我們這裡也曾捕過鯨魚〉，獲得「第35屆聯合報文學獎」短篇小說組大獎。小說裡那位穿梭虛實，口若懸河的「爺」，致意的亦是《背海的人》，自稱「爺」的半仙單星子。我在得獎感言中寫著：「爺說他曾住過南方澳。那時我正在寫這篇小說，卻已不太相信他說的話……他反覆敘說，一個封閉的港鎮、幻象叢生的海、突來的雨……」那一年，我自政大畢業，進入臺大中文所。這個獎像是我的成年禮，未曾當過我的老師的王文興，則是隱密的護法，護持著我走上這條文學路。

受獎之前，我去了一趟南方澳。

那是《背海的人》的場景，在小說中被

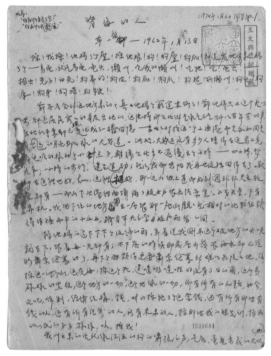

1974～1997年，王文興《背海的人》（上、下）手稿。（臺灣大學圖書館提供）

形容為「這兒不管怎麼樣說這都是一個沒有過去，沒有一屑屑歷史背景的地方」。我踏進南方澳的海，背對著天空與汪洋，拍一張照。那是我的畢業旅行，也是始業儀式。為了小說，路過此處的我，彷彿沒有過去，也沒有歷史。

王老師離開以後，我開始審視這一路以來，所有與他有關的閱讀與書寫史。我終於向圖書館申請調閱，查看我一直不願面對的書：《這樣的教授王文興》。1978年，王文興在耕莘文教院發表了〈鄉土文學的功與過〉。演講中，他大力批判「鄉土文學理論」的四大過失，包括服務社會、簡化、公式化和排他性。演講刊登在《夏潮》雜誌後，引發社會上不小的輿論震盪。王文興

長久背負罵名，直到2020年4月接受《聯合報》訪談時，他才為此提出「抗辯」，指稱是「被某方力量強要耕莘交出錄音帶，隨後講稿遭加灌攻擊鄉土文學字眼、改得面目全非，收入該方文集。」辯詞一出，再次引發議論。往昔已矣，若「錄音帶」從此匿蹤，〈鄉土文學的功與過〉有多少比例的真假，恐將成為無解公案。在這裡，我無意追索虛實，只想談談我的看法（或者困惑？）：關於王文興，關於鄉土文學，也許也關於我自己。

1975年，在發表〈鄉土文學的功與過〉的前三年，王文興接受李昂的採訪，即已談及「鄉土文學」：「對於鄉土文學，我一向只把它當文學來看——東西好就好，鄉

◎陳柏言 | 臺大中文所博士候選人。曾獲聯合報文學獎等,並入選「《聯合文學》二十位最受期待的青壯世代華文小說家」等。已出版小說《夕瀑雨》、《球形祖母》、《溫州街上有什麼?》。

土不鄉土無關緊要。」他又補充說道:

> 就像畫家,畫臺灣的房子,你絕不因為他選擇了臺灣的房子就說他好,當然是因為他的線條好,結構好,顏色好,才說他好。如果他畫教堂,只要畫得好,一樣有價值,鄉土不鄉土一點關係也沒有。

由此可見,王文興關切的並非「鄉土」,而是「文學」。這當然可歸類為現代主義的主張。不過,他或有意識地,標誌出「臺灣的房子」——,這無非也是一種,相當早熟的「臺灣意識」?2003年初版的《星雨樓隨想》,他甚至說:「假如你不喜歡臺灣,上帝不會同情你。」將這些話語跳接並置,或許更能夠複雜化「鄉土文學」的討論。在那篇充滿爭議的文章中,王文興即強調,他批評的並非鄉土文學,而是關於鄉土文學的「論調」。當然,我們仍要把握一個重要原則:文學,不等於作家對文學的談述。猶如亨利·詹姆斯(那也是王文興欣賞的作家)說過的:「我說的有關任何事情的話都不是我最後的話。」

從這個意義來說,我們發現王文興亦寫「鄉土文學」——而王文興此生最長篇的鉅著《背海的人》,就是不可輕忽的例證。王文興描述港鎮中的庶民眾生相,寫那些「一無所用」的鄉人,迷信的漁民;他寫「空空,空空,的灰霧海」,寫媽祖廟,猶如「教室」的茶室……這些故事,無疑就發生在南方澳,所謂「很鄉土」的時空之中。

學者曾珍珍老師,甚至直指此書為「另類鄉土文學巨構」。《背海的人》呈現的,不只是現代主義者的激進美學,更是小說家親身走進田野的珍貴紀錄,他眼底的人之際遇和港鎮風土。

這個另類的鄉土故事,來自王文興的年少經驗。1961年冬天,22歲的王文興自臺大畢業,在南方澳服役四個月。這四個月的港鎮經驗,後來竟蔓延為整部《背海的人》。事實上,早在《十五篇小說》中,就已出現《背海的人》的前傳〈海濱聖母節〉。這篇小說是王文興24歲所寫,已將南方澳描述為「一座灰色的漁港」,「灰得像風化中的古老城墟」。1999年,《背海的人》下冊出版;這一年,王文興60歲。距離他服役之年,已然過去38年之久。當時年輕氣盛的戎服少年,已成為步入晚年的文學教授。

南方澳的港鎮時光,糾纏了王文興大半輩子;他花費那麼長的歲月,既回顧又延伸了他在港鎮度過的時光。那使王文興筆下的「深坑澳」,轉化成猶如《百年孤寂》中「馬康多」般的地景。甚至,兩冊《背海的人》還沒說盡,他在2016年一次與林靖傑的對談中,提及他曾動念寫《背海的人》續集,描述單星子死後在天上流浪的故事。深坑澳/南方澳的故事彷彿是說不盡的,永遠將「未完待續」。在《背海的人》中,王文興寫活了讓人既愛又恨的「魯蛇」單星子,一個「鄉野中的異鄉人」——而那無非也是作者本人,在文學史上的自我寫照。

突圍乎？贈禮乎？
王文興教授與臺大中文系

◆ 張淑香

王文興老師走了，在中秋節的兩天前，但大家卻在中秋節數天連假後才得知。他走得靜悄悄的，依然是他一貫低調安靜的生活方式為人的風格，不想打擾大家，也不想被打擾。

人所周知王老師是著名的作家，是臺大外文系教授，很少人知道他年輕時從美國留學回來後有十年之久也曾是臺大中文系的老師，而且影響鉅遠難以估量，比之他對外文系學生的啟發有過之而無不及，因為在中文系，他是一枝獨秀。王老師從1965年到1975年在中文系開過三種課程：「現代文學」、「小說創作」與「中西近代文學選讀」。六〇年代的中文系，主要是老先生們主事的時代，先生們雖然都很開放通達，但整個學程設計訓練形成的學風，卻不可避免趨於傳統而保守，治學方法頗延續清代的學術餘緒，偏重考據小學史傳的研究。雖然也有詩詞曲小說戲劇的課，並不受到該有的重視。幸虧臺靜農老師英明有遠見，在王老師回國求職，而外文系沒有名額可聘的情況下，以中文系與外文系合作，各以半個名額請王老師在兩系開課，解決了王老師的求職問題。這樣的措施，對於保守的中文系來

說，可謂是一種出格、越界與突圍。試想在所有課程都集中在傳統古典領域範圍的情況下，突然有如空降般來了一個不到三十歲的年輕人王文興，而且是外文系的，本系的人教了十多年大一國文，尚不得在系裡獨立開課，而他一來就可以自由開課，教的又全是現代西洋文學，讀的是英文，此情此景，這不是突圍是什麼？怎不教那些維護舊學的人瞠目結舌，目為異類異端，但還是悶在心裡口難開，因為臺老師主張的事，必有他的道理，誰敢公開反對？據我的觀察，由此也埋下十年後保守人士當道、王老師回歸外文系的後事。不過，王老師在中文系開授現代文學課，對於拘困在傳統樊籠裡已久的很多喜愛文學的我輩學生來說，卻是天大的喜事，好不容易有了一門新鮮的課，豈非如久旱喜雨，又是另一種突圍之感。而這門課的影響，以我適逢其會，身歷其境者的所見證驗，確是直接關係到其後直到如今臺大甚至涵蓋其他大學中文系古典文學批評研究的發展途徑方向。這門課正是中文系邁向文學研究現代化的源頭。

六〇年代到七〇年代的臺灣尚未經濟起飛，卻可以說是文學起飛的時代。那時候

臺大先後陸續出現了學院定位的《文學雜誌》、《現代文學》、《中外文學》、與《文學評論》這些影響力很大的刊物,主要提倡文學的現代主義。《現代文學》就是白先勇與王老師等同班同學繼承他們的老師夏濟安教授主持《文學雜誌》之後而創辦的,是時校園社團刊物瀰滿各種論學的熱烈精神,文學方面又值學者紛紛引進新批評學風,於是這幾份刊物掀起了那個世代一種前所未有蓬勃發展的文學創作與文學討論的風潮,突破時代的迷霧,喚醒為文學而文學的創造精神。反觀當時中文系傳統往往注重內容實質而忽略形式技巧,也就是面對作品馬上反應為what甚於how的問題,缺乏純文學的藝術概念。即如詩話詞話或小說戲劇的評點,也頗有與新批評呼應的地方,但都是如蜻蜓點水,處處片語隻字的鱗爪,寫作態度視為個人閱讀意趣所至的靈思妙會,與西方之發為思維的理論系統大相逕庭。這當然是文化傳統差異所致。但在古典文學文化甚至是語言都轉入面臨現代學術的轉型門檻之際,既然學制已然確立,則重新建立對於文學的瞭解詮釋,學術度量評判的客觀規範基準,溝通傳統與現代,才是繼往開來的建制要務。只是中文界人顯然比王國維、梁啟超等人還要後知後覺,或者說不知如何因應時代突破自身的限制,這種狀態明顯缺乏現代意識求新求變的醒覺與行動。然而時代文化新生的鳴響,已經在呼喚年輕而敏感的學子,浸浸在那種為文學而文學的時代文化氣息的召喚鼓動中,中文系高班同學如柯慶明等人也風從而躍躍欲試,冀望將系刊《新潮》辦成一份前衛的文學刊物。就在此時,

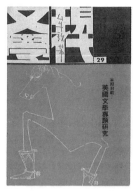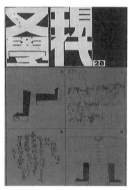

王文興於1965年留美歸國後,任《現代文學》第26~35期的主編,戮力為臺灣譯介西方近代藝術潮流與思想。(翻攝自《現文因緣》,現文出版社)

他們由於適時上了王老師的課,受到精粹實質的訓練與啟迪,視野開闊,登高望遠,果然就以《新潮》為演練的實踐基地,同樣在中文系掀起一場現代文學創作與研究的革命熱潮,自此與王老師結下深厚的終生情分。當時曾經受教於王老師的學生,即有多位或以創作或以評論文章出現於《現代文學》刊物上,俟後遂有開闢「中國古典文學研究」專號與專區的後事。在王老師主編的《現代文學》,從26到35期,其中有中文系「現代文學」課上學生翻譯的教材與筆記的分析,又有中國古典文學研究的文章,從此乃

開始擴展這個刊物，使之真正結合中西古今文學視野，這都是在王老師主編任內促成的。此後柯慶明有幸留在中文系幾十年，他無視保守的阻力，積極以著作與種種行動繼續倡導推廣催生文學研究的現代化，如在系裡組織師生的讀書會，定時討論文學作品，彼此激勵，扶植後進，舉辦演講，又時常參與外校同儕聯合交流研討活動。七〇年代更有不少海外學者如高友工、葉維廉等人先後到來講學，乃造成一時前所未見蒸蒸蔚蔚的局面，也看到了未來的路，開啟學界共識，確認了未來文學研究與時俱進發展的方向，直至今日，我明顯看到中文學界一直是走在這條延長線上。回顧起來，這個源頭委實就是由王老師在中文系開授異樣的現代文學課程始起的，領頭羊的柯慶明接了球，從臺大中文系的本壘傳播出去，眾人共相揚勵響應，才為中文學界文學研究開啟了一條活性力動的道路。這個已成歷史的過程，柯慶明在他的兩篇文章中有詳細的敘述：〈在中文系，遇見王文興老師〉一文（收入《沉思與行動》），與〈短暫的青春！永遠的文學？〉一文（收入《昔往的輝光》）。

在中文系遇見王文興老師，對柯慶明的文學閱歷與此後的發展固然有莫大的影響，但我認為王老師帶給中文系學生的影響是更普遍的。在囿範於古典傳統之下而有機會一度接受西方現代文學的洗禮開闊視野，對任何人都是一種突破限制的可貴經驗，但更重要的是，經由王老師精讀細讀的教學品質與方法，從此遂獲得一種深度閱讀任何作品的意識習性與能力。王老師講課的方式強調作品本身的精讀細讀，重視文本的字質造句、

肌理組識、結構張力、意象象徵、戲劇性音樂性……等這些質素與技巧，認為要先「瞭解」掌握作品的藝術性是如何構成的才能論及其他。這種對形式技巧的重視正是當年西方流行的新批評閱讀文學作品的方法。但是方法人人可用，智愚巧拙有素，不能移易，活用死用結果也必有句下死活很大的差異。我認為文學閱讀是一種能力，超越文類與國界，也決定閱讀經驗的豐腴與貧瘠。王老師對於中文系的影響與貢獻，提倡啟導文學精讀細讀，人人皆知，但這只是一種籠統的說法，我認為真正使他的教學方法發生重大作用影響力的實是來自他本人的特質。王老師特別具有敏銳精緻的審美感知能力，他分析作品，洞察幽微，深入字質詞句的毫釐肯綮，能穿透具體與抽象，鉤沉細節與結構的肌理，見人所未見。最奇特的是他誦讀講解作品的聲音，彷彿具有魔力，聲音本身就能直接使聽者對作品產生審美感受，我感覺到了小說中如音樂般的詩質詩意。誰說小說沒有或不是詩呢？一切真正的藝術作品靈魂中必潛隱著詩性詩質。王老師詮釋作品的詩性聲音，是聽過的人都無法忘記的，也是很多人所津津樂道的。如此難得一遇具有詩性靈視的老師，我認為就是源於他本人的這種特質透過教學給予學生的啟蒙、感動與影響，才是他對於中文系真正最重要的貢獻。如此看來，王老師當年入教中文系被目為越界突圍，對於我輩學子而言，這種突圍正是無比珍貴的贈禮。我確是在大三那年同時遇見王老師與葉嘉瑩老師才開始想寄心中文系的。

王老師雖是出身外文系，其實他對中國古典文學也極有興趣，並不陌生。曾聽說他

◎張淑香　國立臺灣大學中國文學碩士，美國哈佛大學文學博士，國立臺灣大學中國文學系退休教授。著有《李義山詩析論》、《元雜劇中的愛情與社會》、《抒情傳統的省思與探索》、*A Grammar of the T'ang Poetic Journey* 等。

1964年，王文興與白先勇（右）於美國愛荷華大學「國際作家工作坊」從事研究。（臺灣大學圖書館提供）

2000年12月7日，梅家玲教授於臺大圖書館國際會議廳。專題演講：家變不變？——從「性別閱讀」觀談王文興《家變》。（陳竺筠提供）

家中有長輩是女詩人，可見他是有舊學淵源的。白先勇老師曾提到他們班同學在學生時代，都跑到中文系來上課聽葉嘉瑩老師講解詩歌，甚至還聽過中國文學史的課，想王老師應該也在其中。我上王老師現代文學課的時候，下學期結束之前，老師還講了《紅樓夢》前幾回。後來康來新那班，就接下去講更多《紅樓夢》了。退休之後，王老師似乎更留心於中國古典文史的閱讀，在一些私人的聚會裡，我曾經聽他談到鄭和下西洋的事情，也曾經表達他對崑曲〈望鄉〉曲文的欣賞。而興之所至，曾與葉嘉瑩老師對談杜甫詩。王老師對書法也甚留意，常時有與董陽孜老師來往交流意見，曾以名家書法影本相贈柯慶明與我。最近我整理柯慶明來往書信，看到他與王老師之間有多件傳真信件

（王老師與外界聯繫都是採用傳真方式），其中最難得是有一親筆滿頁信函，開頭第一句就寫「我想替中國舊文學做點事」，接著就提出擬選清詞十首作為座談會的討論內容，看起來這似是對於邀請他演講一事的回函。由此可見王老師對中國古典文學的用心寄意。王老師過世之後，我從竺筠老師來電中也知道了王老師晚年喜讀的果然多是與舊文學相關的書籍。所以談到王老師與中文系的淵源，實不僅在於他在中文系教課十年，變越界突圍為珍貴贈禮，以及促成了《現代文學》刊物中外文學視域的融合，更應感念他始終深藏於內心這份親炙中國古典文學的深情。

（本文登載於2023年11月5日《聯合副刊》）

念吾師：
文字是有尊嚴的

◆ 童元方

就讀臺大中文系三年級時，聽說了四年級可以選修外文系的王文興老師在中文系開的「現代文學」，就開始期待上了。我七歲時古文與英文同時開蒙，當年一時沒買到《古文觀止》，媽媽暫用《古文古事》來代替，以白居易的〈凌霄花〉開篇，繼之以劉禹錫的〈陋室銘〉與韓愈的〈師說〉。而英文則是用她自己小時候用過的林語堂編的開明英文讀本，裡面好多可愛的小故事。之後斷斷續續追看英文小說，較多的是珍奧斯丁（Jane Austin）與歐威爾（George Orwell）的作品。讀中文系後，古文從《左傳》、《史記》以下日益精進，而英文書不在課內，自然是沒什麼機會讀，所以非常好奇王老師的現代文學會從哪個角度切入。

「現代文學」既然是開給中文系同學的，相信王老師定是想做比較全面的介紹，所以我們的教材居然是三本書，一本英文現代詩選集 Modern Verse，代表詩；一本 Platero and I，是英譯的西班牙大家的作品，代表散文；一本是英譯的沙特戲劇 No Exit；並沒有小說。那一年我剛好是老師15個導生之一，老師送我們每一個導生一本英文小說，是瑪拉末（Bernard Malamud）1957年的作品 The Assistant，亦可視為這門課的補充教材。

這一學期的課讓我逐漸理解了老師對閱讀即精讀的要求與看法。精讀是英文的close reading。多仔細、多靠近文本算精讀？是緩慢的節奏才不辜負作者創造的艱難。我對浪漫派英詩細膩幽微的感受，完全來自文興師的啟發。比如雪萊的 "Ode to the West Wind"（〈西風頌〉），比如濟慈的 "Ode on a Grecian Urn"（〈希臘古甕頌〉），後來我在哈佛修讀 Barbara Johnson 所開的英詩選，從不同的視點詮釋詩。她用〈西風頌〉來說明詩是寫給誰的，用〈希臘古甕頌〉來講解「物件」之為詩的對象。前者讓我想起中國的「寄」，後者則是「詠物」。後來跟同學隨意聊天，竟聊到靜態古甕上所描畫的人之動態，這動靜之間產生出奇特的張力。詩的內涵經由不斷地演繹，詩的生命也因此而延續下去。這討論的基礎是在王師的教室裡一點一點打下的。

至於撥動我心弦讓我迷戀不已的浪漫主義英詩中所表達的愛情，當屬羅塞蒂（Christina Rossetti, 1830～1894）的一首詩，詩題就是一個「歌」字。這首詩不長，只有兩節。我至少得抄出一節來：

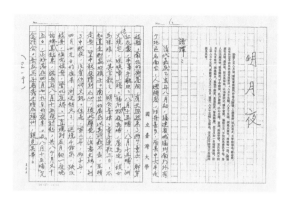

2006年，王文興〈明月夜〉手稿。（臺灣大學圖書館提供）

2010年6月，中央大學主辦「演繹現代主義：王文興國際研討會」，加拿大卡加利大學於會中演出王文興獨幕劇劇作《M和W》，謝幕時以象徵卡加利市「城市之友」的白牛仔帽一頂，向劇作者王文興致意。左起：Aleksander Ristic、Samantha Ykema、王文興、Ajay Badoni。（易鵬提供）

"Song"

When I am dead, my dearest,

Sing no sad songs for me;

Plant thou no roses at my head,

Nor shady cypress tree:

Be the green grass above me

With showers and dewdrops wet;

And if thou wilt, remember,

And if thou wilt, forget.

　　老師喜歡先唸一遍，然後講解。誰知他一開口，天地為之震動。這是第一次聽老師在課堂上唸詩，他是輕輕朗讀出來的：聲口的抑揚頓挫之外，還有微微的顫音；情感豐沛飽滿卻又同時節制而內斂。我對朗讀、對聲演非常著迷，老師的朗讀全是戲，是我聽過最好聽的。隨著一字字的音符往下落時，我沉湎於那純粹、那真實、那獨一無二的情感境界。那時剛隨清徽師讀完《牡丹亭》，「裊晴絲，飛來閒庭院，搖漾春如線」，東方的一往而深的情網罩住了西方的決絕與灑脫，美好的聽書瞬間，讓我永誌不忘。半個

世紀過去了，滄海桑田之後，我慶幸自己曾有過那樣的少女情懷，韶華不負，青春無悔。

　　Platero and I 是西班牙現代詩人、1956年的諾貝爾文學獎得主希美內思（Juan Ramon Jimenez）的散文小品，原文是西班牙文，我們讀的是英譯。在能以原文直接理解希美內思之前，可以透過譯文來認識這頭南歐小毛驢。雖說是散文，讀來卻如詩一樣。

　　1956年的諾貝爾文學獎得主是希美內思，1964年的得主是沙特。沙特的書我們讀的是劇本，也是我第一次讀正式的劇本。不是法文原書，而是英譯的 No Exit。這獨幕之劇在關著的門後客廳裡上演，老師從屋中的傢俱、擺設開始講，再由一句句對話琢磨出三個無處可逃的囚徒的心靈困境。我若對法國的存在主義有任何心領神會之處，亦皆來自王師的點撥。班上最活潑的可能是來新與我，我可能還要調皮些。也許是戲劇的本色，也許是對白的性質，我們在課堂上與老師的互動頻繁而熱鬧，任由想像的野馬馳騁至無人之境。是否因為如此，老師居然在期

◎童元方　哈佛大學東亞語言與文明系博士。現為大渡山學會榮譽講座兼東海大學教授。著有《選擇與創造：文學翻譯論叢》、《譯心與譯藝：文學翻譯的究竟》等；譯有《愛因斯坦的夢》、《情書：愛因斯坦與米列娃》等，並有多本散文作品。

末考出了一道題，問：我們若是導演，會如何給角色設計服裝。這樣歡快的教室場景在那個年代是少見的。

再說說瑪拉末的The Assistant。老師當時特別介紹說是美國的猶太作家，我心想：美國作家就美國作家，為什麼要強調猶太呢？原來瑪拉末自己是出身於紐約布魯克林的猶太人，他一生探索猶太認同，筆調沉重陰森，但我慢慢也咀嚼出滋味來了。不過當時年少，一幕浴室偷窺的場景又查字典又東猜西猜的，還曾把我嚇得夠嗆。

老師對我和來新說，他下學期想開《紅樓夢》，問問我們的意見，我們兩個興奮極了，吵著說，一定要開，一定要開。我小學已讀《紅樓夢》，太想知道外文系出身的老師如何看《紅樓夢》，又如何帶著我們讀。每一堂課我都是趕著去上的，深怕錯過了一星半點。

說到老師靈感時時、機鋒處處的教學，為了免於不計晨昏、只想奔走相告的勁頭與癮頭，暫舉三個例子罷。一說晴雯。既有熬夜病補孔雀裘的勇敢剛烈，也有撕扇子作千金一笑的任性狂野；兩者皆屬極端。寶玉說只要生氣時不拿物來出氣，即是愛物；老師則說晴雯作賤物質，不惜物。反轉又反轉，令人深思。二說作詩。從海棠開社到夜詠菊花，我們都沒有跳過詩的討論。曹雪芹根據才情、個性、成長經驗的不同為每個人作的詩都恰如其分，而香菱學作詩也看得見最後得手的軌跡。但是對長詩老師有微詞。他說〈葬花詞〉還是在套路裡，不免俗了點兒。好像有些危言聳聽，其實是精闢之論。三說凸碧凹晶黛玉與湘雲中秋聯詩。老師說到水

天皆月、笛聲悠揚的遼闊空間中，兩個正在年華的少女數欄杆的直棍以定韻，有如歐洲電影的畫面。我當下感覺到一種說不出的悲涼，幾乎落淚。同時也捕捉到老師對視覺美感的敏銳反應。

至於什麼時候什麼課，老師把文言筆記小說的語言之美扎進我的耳朵，又駐在我的心頭，我完全想不起來。只是上世紀七〇年代曾經迷迷糊糊在西門町參加過兩場宋存壽導演的電影試映會。一是《窗外》，一是《古鏡幽魂》。這部鏡子片我連聽都沒有聽說過。當片中林青霞說自己「姓敬、名元穎、字素素」時，我已經知道她就是一面鏡子，而這故事的來源一定是筆記小說。青春是用來奮鬥的。在沒有互聯網的年代，我坐在圖書館裡從西晉張華的《博物志》查起，一直查到唐人傳奇的《博異志》。「敬元穎」，還真是查到了。

我修老師的課時，他正寫《家變》，每天為幾十個字嘔心而瀝血。他提過有些是福州話，也舉例連男主的尿落在石頭上有幾聲都甚講究。他對文字的要求是詩的「精鍊」，卻能有劇場的演出效果。白話文太貧乏、太蒼白了。《家變》出版後很多人說小說的文字又破碎、又彆扭。當然不是表面上看見的那樣。王文興老師的文字底氣來自文言，範本是最古典的《聊齋誌異》。他說：「文字是有尊嚴的」，所以他真誠相待，與之角力，務必使每一個吐出的字都能符合他在美學上的要求，因此要打爛了重塑。也因為他文言的基底深厚，所以不怕天翻地覆的折騰，我們也有了一部又一部的文學傑作。

2023年11月15日於東海

追念王文興老師
兼談《家變》

◆ 劉亮雅

「老師，大學長走了，妳知道嗎？」上課時研究生突然發問，讓我愣了一下才回答「知道，他是我的老師。」然後我講了一下從前王老師的上課方式，但心裡還在想「大學長」這個親暱的稱呼好像對年輕人是非常自然的。的確是大學長，只是我們的世代不會這樣說。後來我得知王老師是因為打疫苗產生不良反應以及在家中跌倒，造成情況惡化。原以為王老師沒有打疫苗。去年在文學院巧遇陳竺筠老師，她說他們倆都沒打疫苗，王老師抱怨疫情讓他們躲在家裡像坐牢。言猶在耳，不勝唏噓。

我很少寫追思文字，第一次寫是為了父親的葬禮，這是第二次。然而當我開始回憶與王老師交往的過往，卻發現自己也老了，過去的記憶被後來家裡發生的太多事情覆蓋，以至於有些模糊、不確定。回想起來，由於二哥是文青，家裡有不少文學書，包括現代主義和鄉土小說。因此高中時，我就讀過王老師的《家變》，也熟悉他與白先勇、歐陽子、陳若曦創辦《現代文學》的過程。大學聯考我以臺大外文系為第一志願，多少是仰慕這樣的文學氛圍。當時王老師風靡臺大，文學院演講廳的課座無虛席。王老師上小說課一句一句地討論，詢問不同的同學如

何解讀，再提出他的看法，以此方式培養同學的解讀能力。我大三、大四修了兩門王老師的小說課，獲益良多，奠定了文學分析的基礎。王老師也曾提攜我。可能是大四暑假，王老師介紹我幫康乃爾大學東亞系耿德華（Edward Gunn）教授短期工作，找出一些臺灣現代主義小說裡的歐化語句子，我也陪同耿教授夫婦去通霄拜訪作家七等生先生。

對我而言，王老師代表純文學的黃金年代。不論是他教我們慢讀，或是他主張一天只寫三十字的慢寫，都凸顯純文學的藝術性。慢讀是奉行新批評（New Criticism）對文學形式的講究，但他其實也很在意我們是否瞭解字裡行間的隱含意義。猶記得在上海明威的《戰地春夢》（A Farewell to Arms）的其中一段，他突然說這裡有同性戀的暗示，我心裡「啊」了一下，想著為什麼我沒看出來。他教美國猶太裔作家瑪拉莫德（Bernard Malamud）的《助手》（The Assistant），則讓我注意貧窮老邁的第一代移民以及舊式雜貨店被超市取代的問題。王老師自己的現代主義強調文字實驗，字斟句酌，破除俗語套語，重新熔接字詞句構，刻意讓讀者無法快讀，必須細細品味，在小說

1955～1957年代，王文興就讀臺灣師範學院附屬中學高中部時的大頭照。（臺灣大學圖書館提供）

章節的安排上更是別出心裁，讓人耳目一新。然而這不代表他的小說沒有社會性，或不回應文化議題。反之，《家變》引發爭議，甚至成為暢銷書，就在於它描寫的父子關係所帶來的衝擊。

2007年王老師獲頒臺大榮譽博士，正值我是外文系系主任，躬逢其盛，與有榮焉。不論在創作或教學上，王老師始終如一地以文學為志業，他對文學的熱情、堅持與精深研究啟迪了無數莘莘學子，他的文學成就更享譽國際。以下我謹以對《家變》的閱讀追懷王老師。

重讀《家變》，感受與年輕時大不相同。年輕時因種種因素，也可能有點誤讀《家變》，因此站在兒子這方，現在則同情父親。《家變》的父子衝突當然是伊迪帕斯情結，但它又針對傳統孝道文化，它的激烈性也在於此。《家變》的寫法深具電影感，它以父親離家出走，范曄與母親的反應開始，再倒敘范曄的成長記憶。成長記憶按時間順序，由小到大，與尋父的過程互相穿插，形成參差對照。范曄自承父親不堪其虐待而離家，讓人好奇父親是否為惡父？然而

范曄幼時，父親卻是會請假回家照顧兒子的慈父，范曄喜歡爸爸勝於媽媽，令人好奇父子關係為何生變。這個懸疑隨著情節的發展一直盤繞。

范曄還是「毛毛」的時候，是個幸福的孩子，備受父母寵愛。他也依賴父母，擔心他們如果離世，將無人照顧他。小說細膩描寫他對周遭事物充滿童真的探索和觀察，有如一幀幀詩畫，拼貼成生活即景。父親總是努力滿足他的願望，這讓他擁有強烈的自我意識。父親吟唱古詩、鼓勵他讀書、瞎掰歐美的機器如何神奇，都對他產生正面影響。

父親並不很父權，他和藹可親，只是過度保護范曄。他最顯出父權的時候是當他極力反對范曄的同父異母二哥與當過酒家女的臺籍女子結婚，揚言斷絕父子關係，並痛罵他不幫忙養家。二哥則怒批父親囿於地域和階級觀念，在激烈衝突後憤而離家，讓范曄看到父權失效。二哥不再挹注薪水後，家裡生活不再寬裕，逐漸陷入困境。

范曄父子關係生變與他長成憤怒青年有關。他的憤怒來自於對貧窮的厭棄和羞恥，他將之投射在事業不順的父親身上。父親有時被解職失業，有時被減薪，讓家中靠借貸度日。父親典當母親首飾，向親戚借錢不還，父親窮到衣服鞋子日漸襤褸，愁容滿面，為了省電不開電扇，家中牆壁長滿綠霉，家具破舊，父親寫信請美國遠親寄錢，在在令他感到羞恥。

當父親愈來愈衰老失能，范曄的暴怒更加失控。父親形象的進一步破滅是當范曄發現父親身形矮小且有一隻瘸腿，謊稱曾去法國留學，沒學問且無能力處理工作問題，在

◎劉亮雅　德州大學奧斯汀校區英美文學博士。國立臺大外文系特聘教授,曾任臺文所合聘教授。獲得 2014 年度國科會傑出研究獎,臺灣文學學會第一屆傑出專書獎。著有《後殖民與日治記憶:二十一世紀臺灣小說》、《遲來的後殖民:再論解嚴以來臺灣小說》、《後現代與後殖民:解嚴以來臺灣小說專論》等書。

1965年,左起白先勇、歐陽子、王文興於愛荷華大學。(陳竺筠提供)

職場遭排擠,甚至集體霸凌。身為隨國民黨政府遷臺的小公務員,父親被發現沒有文憑。但長年窮困讓他心生幻想,例如他相信朋友說有華僑將來臺設公司以高薪延攬他,讓范曄也寄予厚望。但延宕多時,有錢華僑始終未出現,朋友被發現有妄想症,這段歷程甚至有點《等待果陀》裡的荒謬感。

范曄成了高級知識分子後,下意識地加入霸凌,鄙視父親的老弱窮。反諷的是,父親曾數度以說反話的方式預言他將忤逆不孝,暗示他應反哺父母,他長大果然嫌父親老醜、蠢笨、拖累。他對待父親的方式只能以暴虐形容。在《家變》的時空背景,尚未注意失智症。現在讀來,父親的老糊塗與老化有關,可能輕微失智。但范曄不願照顧父親,下意識地將父親妖魔化為惡父,以合理化自己的暴虐。在他的惡夢裡,父親變得暴力、猙獰、酗酒,向他亮刀子挑釁,與他扭打,他為了自衛而弒父。事實卻是,范曄宛如惡父,嚴懲因老化而行為如小孩的父親。

范曄曾在日記裡痛批家庭制度,痛罵儒家孝道觀念只是養兒防老,但有時他也對虐待父親極度懊悔,承認父親是好人,不過懊悔都很短暫。父親離家兩年後,他幾乎忘了尋父的計畫,愉快地與母親一起生活,甚至紅光滿面。

《家變》是一部歷久彌新的文學巨作,它的殘酷與日本片《楢山節考》裡為了解決糧食不足而驅逐老人不相上下。它的細節超乎想像地逼真;小說前半的詩意抒情,對照後半的破敗猥瑣。透過范曄的自私逆倫,《家變》逼視養兒無法防老的現象,但也提出了貧窮、霸凌、家庭崩解、老人照顧、老人被遺棄等問題,發人深省。

奇書背後
編者葉步榮憶作者王文興

◆ 楊宗翰

　　我跟洪範書店同一年誕生於世，並且從中學起就持續購買他們家的書，算得上是一名忠實讀者。猶記得2016年8月洪範40歲生日，未見張揚、不事鋪張，僅推出四本書作為紀念：王文興長篇小說《剪翼史》、楊牧譯敘事詩《甲溫與綠騎俠傳奇》、西西散文集《試寫室》與陳育虹詩集《閃神》。今年我卻是在飄著小雨的雙十國慶午後，請編輯葉步榮回憶9月底往生的作家王文興，心中感受，甚為複雜。我向他提到40歲生日的四本書作者，2020年先是楊牧辭世、2022年底西西大去，今年王文興又走了……再加上林文月和林泠，這幾年間洪範仙逝的作者實在太多。葉先生跟他們每一位都往來多年，我是多麼希望他能撥出時間，寫下一部屬於自己的回憶錄。

　　身為長期在幕後為作者服務的編者，葉步榮文字好、又能寫（「洪範體例」中著名的書耳文案，若非楊牧親撰，就是由他操刀）；但他實在太忙，年逾八旬仍在家替

《楊牧全集》等書勞心勞力，從不言苦。這次迫於時間壓力，只能採用訪問形式，期盼未來能讓葉先生提筆寫下像〈空山不見人──懷念楊牧〉（2020年5月31日《自由副刊》）這般文章，好好回憶他跟王文興之間的編者／作者多年情誼。

　　若加上重排改版，洪範書店總共出了王文興十本書，可以分為長篇小說、短篇小說、散文隨筆及早期未結集作。三部長篇小說，從《家變》、《背海的人》到《剪翼史》各有故事，僅就排版一事來看，三部長篇就經歷了三個時期。《家變》（1978）、《背海的人》上冊（1981）採活字印刷；《背海的人》下冊（1999）採照相打字，意即先將字打在相紙上，再以平版印刷處理。如此雖沒有凸版的立體感，但仍能保留鉛字的秀麗。到了《剪翼史》（2016）則為電腦排版──其實1997年《徐志摩散文選》問世後，葉先生便忍痛結束使用鉛字印刷，之後洪範的書都改為電腦

《十五篇小説》，臺北：洪範書店，1979年9月。（文訊‧文藝資料研究及服務中心提供）

1999年9月，《背海的人》上下集由洪範書店出版。前後費時24年。（文訊‧文藝資料研究及服務中心提供）

排版。

　　無論採用哪種方式，將王文興的小説製版都是巨大的挑戰。譬如耗時七年所撰之長篇小説《家變》，1972年首次發表於臺大外文系發行之《中外文學》月刊第1卷第1期，1973年由環宇出版社出版。當初環宇版就是照著《中外文學》刊出時的版型製作，因後者為王文興逐字細校，故環宇版並未做調整。待五年合約結束，轉由洪範出版時，葉步榮原本有意重排，衡量到作者校對時間等因素，最後只能放棄，繼續沿用。但《中外文學》雜誌開本跟洪範書籍的32開有別，當時編輯想必費了好大一番功夫。後來的《家變（精裝新版）》（2009）乃作者耗時一年重新校訂，經洪範隆重推出，於今連改動處都已成為學界關注、研究的議題。《背海的人》原本也在《中外文學》上刊登，唯連載一段時間後不幸被腰斬。後面

待刊之部分，葉步榮索性拿回來，由洪範自己處理編排事宜。從《家變》到《背海的人》，葉步榮在洪範創業初期便跟王文興在編輯過程裡，建立起密切的合作關係，作者要求嚴格，編者認真配合。

　　這位作者態度慎重，對文字堪稱一步不讓，已臻傳奇之境。他寫好一本書後，通常都要校對與抄寫一整年。所以他交給洪範的並非原稿，而是抄寫稿，交稿後便不會再作改動。王文興的抄寫稿充滿了小説文字的拆解或結合、標點符號的創新和取捨、特意留白或字體加粗等，編者葉步榮從不假手他人，都是親自跟作者配合。當然葉先生仍會在必要時提供作者某些建議或提醒。有些地方，作家堅持不改；也有一部分，作者會聽從編者所言。我問葉先生，王文興跟楊牧在校稿上是否恰為對比？他說：「王文興他是先寫，慢慢修改，改到最後定稿了，以後他絕

◎楊宗翰　現為國立臺北教育大學語文與創作學系副教授、中華民國筆會祕書長、《臺灣詩學學刊》主編。著有詩集《隱於詩》、論集《有疑：對話當代文學心靈》等七部，主編《話說文學編輯》等八部，另與孟樊合著《臺灣新詩史》。

對不改。楊牧則是一直改，到最後要印了，他都還會再改。兩位作家確實很不一樣。」

當我拿出2020年8月《文訊》雜誌上所刊，占兩個半頁的〈王文興《剪翼史》勘誤表〉時，葉步榮立刻說，那是他跟王文興一起找出的——發現這12處勘誤，距離出版日期已滿四年，可見作者與編者對作品的慎重、對讀者的負責，在在令人敬佩不已。關於王文興小說的出版，還有過虛驚一場的逸事；某日合作印刷廠遍尋不著王文興的印版，只好向葉步榮據實以告。葉先生說，那只能請作者重新校對了，通常要花一年時間，你們廠得準備負擔教授一年的薪水。印刷廠聞言大驚，或許就是在此刺激與驅動力下，最後竟還是找到那些印版了。

洪範總共替王文興出版過兩部短篇小說集：《十五篇小說》（1979）與《草原底盛夏》（1996）。前者為《玩具手鎗》與《龍天樓》兩書集結，作者重新修改了其中的文字與標點符號。全書收錄15篇作品，我特別喜歡說它是：書名直白，霸氣外露。而《草原底盛夏》屬於洪範「二十年隨身讀系列」之一，原為作者發表於《現代文學》第2、4、5、6、8期的五篇小說，率皆著重詞句創新，講究文字形體，頗富實驗性格和詩化語言特質。葉步榮說「隨身讀」系列是1996恰逢洪範創立20周年，先是迪茂出版社老闆向他建議（後來才知道原來是顏擇雅的點子），後來鄭樹森也跟他說此事，葉先生才去公館的外文書店，找到他們口中那套企鵝出版社60周年的低價位迷你書。鄭樹森教授隨後便接受洪範託付，主編這套隨身讀

系列出版品，其中就選擇了王文興《草原底盛夏》。葉步榮說跟長篇小說相比，兩本短篇小說集（有部分內容重複）編印起來容易多了。

散文隨筆《小說墨餘》（2002）和《星雨樓隨想》（2003）亦復如此。無論是懷舊憶往、宗教體會或探索觀察，筆下文字都沒有像寫小說時那般緊密逼仄，而在替讀者留下睿智雋永的晶瑩話語。早期未結集作《新舊十二文》（2019）是王文興最後一本書，收錄他早期發表後尚未結集出版的十篇作品以及〈M和W〉（1988）、〈明月夜〉（2006）二篇。這本書在編輯上特殊之處，為作者王文興把校對工作交給學生輩的洪珊慧等人全權處理，而葉步榮仍然擔任洪範編輯事務的對應窗口。

從1978年的《家變》，到2019年的《新舊十二文》，作者王文興40年來在洪範的十本書，都由編者葉步榮親自處理，不畏細瑣，無一例外。奇書背後故事多，但我想能夠支撐起長達40年的出版因緣，除了兩人間深厚的情誼，應該還得有相同的信念吧？訪問結束前，我唸出一段過往葉步榮受訪時的談話：「洪範從一開始，就很清楚，想提供讀者的是文字，我們出書盡量不用插圖和附錄書評，書眉也省略，也不希望在封面或封底放上宣傳廣告。」（李金蓮訪葉步榮、葉雲平父子，《文訊》第370期，頁98）還記得王文興在《家變》序中所言：「『家變』可以撇開別的不談，只看文字……」。我始終相信：只要信念相同，編者與作者自然就會綁在一起，長久相伴。

奇書背後

61

記王文興老師二三事

◆ 周昭翡

　　王文興老師曾説：「我每日和文字浴血奮戰，拼殺得你死我活。」寫作對王老師來講是一場戰爭，戰爭唯一的敵人是文字。1973年他的代表作《家變》出版，討論者眾。我高中時讀到這部小説，其中表達父子關係的緊張和文字節奏的掌握，均大大開啟了我閱讀的視野。於是後來也追讀了《背海的人》和《十五篇小説》。2013年《家變》出版40年，臺大出版中心推出「慢讀王文興」一套七冊叢書向他致敬。我出席了系列活動之一由康來新和鄭恆雄兩位教授對談《背海的人》，王老師親自出席，才驚覺到40年倏忽而過，回想起來，我在編輯閱讀王文興中不自覺受到許多啟發。

　　和王文興老師結緣始於1998年他完成《背海的人（下）》（按：《背海的人（上）》，1981年出版發行），17年後推出下集，1999年1月下集在我主編的《聯合文學》雜誌上刊載，作為世紀末的文學獻禮，堪稱是文壇大事，故事以一人遭逢的困頓失意，指涉了更深的人性與社會關係。那還是電腦化開始不久、部分文稿仍以手工貼版的年代，對作為編輯的我是一次重要考驗，王老師的寫法，空格、畫線等各種特殊的標點符號用法，都必須一次又一次「慢讀」校閱確認，也因為慢讀，才能感受到文字聲韻的輕重緩急。開始並不明白老師的小説為何堅持這樣寫，好幾年前看了林靖傑導演拍攝王文興文學電影《尋找背海的人》，聽到一段王老師自己的朗誦，才更能體會到這種寫法的用意。

　　編輯文稿時，王老師已説過他的小説必須唸出來，才能感覺鏗鏘的聲響。找尋適合而夠分量的圖片搭配是個挑戰，最後以陳景容老師的畫作穿插在小説中。王老師很喜歡這次配圖，説陳景容的畫特別適用在他的文字，這讓作為編輯的我們很有成就感。陳景容老師為國家音樂廳製作的濕壁畫相當知

書和影，臺北：聯合文學出版社，2006年11月。（文訊・文藝資料研究及服務中心提供）

1981年4月，《背海的人》由洪範書店出版。（文訊・文藝資料研究及服務中心提供）

名，這幅鉅作以東方音樂為主題，細膩描繪出東方音樂演奏者的神情與姿態，奇妙傳達了音樂圍繞四周的氛圍，卻又彷彿透露出「靜寂」與「哀愁」的內心世界。多年後我在一次宴席上遇見陳景容老師，聊起畫作搭配王文興小說這段往事，深深感受到兩位老師彼此仰慕，文字與畫作同樣具備了稀有而嶙峋的聲音感，可謂「英雄惜英雄」，不禁讓人會心一笑。

王文興老師推敲式的創作，也發揮在他對文學作品的解讀，每一個階段帶給我不同的衝撞。譬如他在1988年由聯合文學出版的《書和影》，是他第一本散文集，張寶琴發行人為此書撰寫序文，述及出版原委。全書以書評、影評為主，另有幾篇雜文、一首詩和一篇與遠藤周作的對話。2006年再版書增補了若干篇章。他大篇幅解讀《聊齋》，充分表現出慢讀細讀下的文本脈絡，獨到的見解又再度讓我印象深刻。他對《聊齋》評價甚高，以文本逐一說明，認為其藝術成就超過《紅樓夢》的緣由，一在所運用的精省文字乃詩之語言，二在豐富的想像力，三在於形式體制變化萬千；因對於《聊齋》的景仰，他曾用過「無聊齋」這個筆名，自認沒有《聊齋》那種超人的文采。王文興的解讀，成為研究《聊齋》的重要里程碑。

對於《書和影》，廖咸浩教授曾有書評提到這是喜愛王文興的讀者和研究王文興的專家學者「不可多得的資財」，「本書使王文興從他的小說背後走了出來，變成了一個表情豐富的、活生生的人。」

有一次，我訪問王文興老師談《慾望街車》，這部田納西・威廉斯名劇，在2005年才首度正式中文授權在臺灣上演，王文興的高足也是作家、學者的郭強生翻譯、製作、執導。靈魂人物白蘭琪由作家吳淡如飾演，另有林煒、唐立淇、蕭言中等人分飾劇

◎周昭翡

現為聯合文學出版社總編輯。曾任《中央日報》副刊編輯、《聯合文學》雜誌主編及副總編輯、《印刻文學生活誌》副總編輯，兩度獲金鼎獎最佳主編獎。著有短篇小說集《等待漲潮的人》、學人採訪錄《開拓人文視野》等書。

一九七〇年代後期，王文興與高中老師金承藝（右）。
（臺灣大學圖書館提供）

中要角，十分轟動。老師看了戲，從劇本結構、角色分析、演員表現、舞臺設計、語言翻譯到當前的戲劇教育，一一提出見解，在戲劇演出少見經典作品的當代臺灣來說，實在彌足珍貴。他在文中再度談到對聲音的看法。他認為，舞臺上，演員的聲音是第一要求，面部表情是次要，你會表達聲音，臉部表情隨之而來。所有好的舞臺劇演員首先都要是一個聲音的演員，最好的莎劇演員的演出，都是聲音的藝術。他又強調戲劇教育應以讀劇本、了解劇本為主，「戲劇系的學生唸一百個劇本都不夠。」

又有一次，我編輯了王文興與單德興兩位老師對話〈宗教與文學〉一文，後來收錄在單德興的《卻顧所來徑》一書，該書對王文興有多次訪談，篇幅占了全書的三分之一，用力甚深。是一部理解王文興的重要著作。

在〈宗教與文學〉這篇訪談中，他們討論的是宗教與文學，文學與宗教。由於王文興是天主教徒，單德興是佛教徒，不同宗教背景卻從文學專業激發出燦爛的火花。這也必須兩人都具備開闊的胸襟，願意互相聆聽融匯不同宗教的看法。我首次在這樣的激盪中，看到以「慢讀」著名的王文興老師怎樣讀《聖經》。譬如耶穌被出賣的前一晚，與門徒共進最後的晚餐，祂知道自己要離開了，拿水替每一個門徒洗腳。這個段落的解讀我通常的聽聞都指耶穌的謙卑，強調為人服務無論貴賤的精神。王文興的解釋不僅如此，更把它當作一種洗禮。臨別時給予二次施洗的祝福。洗腳的意義不同。因為把門徒看做樹，希望樹能高大強壯，所以從根部澆灌，給予他們弘揚教義的能力。有著比「謙卑」更為豐富的象徵意義。

在宗教與文學的互動中，表現心靈飛躍的力量。我在像王文興老師這樣的創作者身上，看到才情和苦修如此並行。

聯繫王文興老師，都是透過傳真機，每看到他傳來的信件與文稿，彷彿還散發著手寫字的溫度。聞老師遠行，雖知文學作品不因人離世而失其光華，但卻也感到一個寫字年代的消逝而令人微微悵然了。

謎與神奇
記與王文興老師、「星雨樓續抄」的一段緣分

◆ 蘇筱雯

去看剛才那許多健壯底雲，在不知不覺間，遽然化為烏有，令人不禁對生命底存在和消失（或者不妨說毀滅），感到瞠然驚異。

——〈草原底盛夏〉

作為與王老師年歲相差逾半世紀的後輩，註定是先以作品來認識他。一開始是《家變》，再來是《十五篇小說》……而在《尋找背海的人》紀錄片才明白他寫作的狀態與模樣，現代主義信徒，文字的苦行僧與煉金術師。然後我就到了地下室。

地下室aka《文訊》產地，臺灣文學神奇之地，自當遇合許多神仙人物。我2020年年中到編輯部，專題、專欄文章的工事外，被交待的特別欄目，需花點心思但說來也並不麻煩的，便是銀光副刊中的王文興專欄「星雨樓續抄」。據前人說法，「文訊・文藝資料研究及服務中心」與王老師商談手稿捐贈，遂得知老師已累積一批「手記」，剛好《文訊》是既有發表園地，原稿順勢捐贈資料中心，兩全其美。專欄名呼應舊作《星雨樓隨想》，定為「星雨樓續抄」，也是延續那樣的手記體的意思。2019年3月號（401期）〈人的身體是一座箜篌〉為首篇，兩個月刊一次，至2020年改為每月刊登，2023年9月號（455期）〈文學再好，都太乾，不如電影易食〉是最後一篇。

我從2020年7月號接手，每個月在王老師沒有上萬也有數千則的手記中，自行訂定主題、挑選適切的句子並加上篇名，傳真給王老師校對後，再依指示修訂。從手書到傳

王文興為《文訊》撰寫「星雨樓續抄」專欄的手稿，右上角為王文興自己手編的頁碼。（文訊‧文藝資料研究及服務中心提供）

真，乃至於行文與思維方式，往往把我拉回古典時刻。

　　手記裡，王老師日常的觀察和聯想，近乎童真，最常令我忍俊不禁，故而接編的首篇便名為「童趣與老境之間」。我後來體會，手記是老師思考瞬間的捕捉，是小說苦行的間隙，但剛接手時，常疑惑於其中的矛盾性，例如某一則看來遭遇信仰危機，下一則又表達對天主的無比虔敬。而評論有時顯得不政治正確，好似處在一個極其單純的真空狀態。讀得出王老師的生活在於全心全意閱讀、聆樂、觀影與思索，但若說不問世事嘛，字裡行間又有遠方的戰事、政經的發展，他接收訊息的管道對我來說一直是非常謎樣的。

　　我想直接在標題上呈現這種反差感，王老師自是臺灣文學神仙人物，但他永遠客氣謙和且完全包容我這小毛頭的「半創作」，對我常帶點惡趣味的標題皆欣然同意（頂多要求加註以免諧音哏使讀者誤會），例如「動物方城市」、「對不起了錢錢」、「文字藝術大師」……。幾年前，編輯部曾接手

◎蘇筱雯 ┃ 國立成功大學臺文所畢業，曾任《文訊》雜誌主編。合撰有《不義遺址：轉型正義的空間實踐》。

《星雨樓隨想》2003年7月，王文興將發表於1970～1999年的散文作品，以手記形式表現交給洪範書店出版。（文訊·文藝資料研究及服務中心提供）

臉書粉專部分發文，我們想在社群呈現嚴謹小說家生活化的一面，特地作圖、幫老師拍「反差萌」的照片（老師也超級配合），發文後果真被某些KOL注意，還鬧出了些輿論風波。

每當手記累積了一批，老師便通知我面交，地點曾是新生南路某座公車站，或臺大門口第幾個長椅，所幸老師手書的改稿指示或面交位置，我都堪能領會。也是前人傳下來，說老師喜歡黃色包裝的「北田蒟蒻糙米捲」，我在首次見面時帶上，他還傳真讚美一番：「謝謝贈送蒟蒻米捲，非常美好。東方的米餅常勝過西方的餅乾。希望大家繼續防疫，長持臺灣的美好聲譽。」重讀這張傳真才發覺，我與老師的緣分幾乎起滅於瘟疫蔓延時。臺灣疫情升溫後，我們幾乎沒再見過面，側面得知其施打疫苗後身體不適、直

到前陣子都還維持超嚴密防疫。王老師的久未露面令總編封老師記掛，今年七月他約了久違的手稿面交，我還答應封老師屆時拍個照片以報告其現況。只能以傳真和家用電話聯繫的王老師，久候未至，我輾轉打師母手機才知他們已在路上。但最後出現的只有師母，她說王老師走到一半太累，不想走了。那次終究是沒有見到面。

不久後的八月下旬，看過九月的校對稿，老師回傳：「校對非常好。無一處修正。」那時還開心的向同事說「第一次不用改稿耶」。現在想來也慚愧，老師明明在舊作中說過校對是世上最無聊的工作（雖則也敘述過校對的美好），但我在「星雨樓續抄」的校對上一直沒花太多心思，因為無從置喙他的文字煉金宇宙，對每一個符號標記、間隔喘息的「橫征暴斂」，他真的只能自己來。

到了九月中旬正要處理十月號的時候，老師傳真說體力不支想停止專欄。我回傳問候，並請老師別有壓力，往後若想重啟，隨時告知即可。事實上，我九月後便離開《文訊》編輯檯，想著真巧，與老師共進退。沒想到在我離開《文訊》的隔日，老師是真正的離開我們，那封傳真也不會再有人回應了。

王老師的作品本充滿不知所蹤的人物、無有頭尾的生命斷片，待識得他本人，他的行走坐臥、書寫與思索明明那樣純粹，卻帶給我更多未解之謎。他同時帶給我閱讀時的快樂，待人接物的和煦，我將永遠珍惜。謹記這一段淺緣，平凡卻又有著點點神奇。

未竟的訪談
紀念王文興老師

◆ 單德興

　　教師節當天，我發了一封傳真給王文興老師，祝賀老師與師母教師節快樂，中秋節吉祥如意。因為剛接到的十月號《文訊》上沒看到老師的「星雨樓續抄」專欄，所以順帶詢問每月刊出的隨筆是否已告一段落，可有計畫結集出版？結尾時再度請示與老師進行訪談的可能性。以往我與老師傳真都使用新細明體，這次不知為何心血來潮，臨列印前把字體改為端凝厚重的標楷體。

　　傳真是王老師與外界聯繫的管道，老師則是我唯一以傳真聯繫的人。三天連假期間，我不時在想老師會不會迅速回音，還特地到所裡查看，直到星期一上班，依然沒接到，便忙著處理手邊的文稿。

　　中午12點多手機響起，我停下工作，一看是《文訊》封德屏總編輯來電。她語帶哀戚地告訴我，王老師已於27日「走了」，師母非常低調，為免打擾大家的連假，直到上班日才告訴她，並要她轉告接到我的傳真。

德屏哽咽地說，王老師多年來在各方面都很支持《文訊》，是不折不扣的「大恩人」，如今驟然離世，讓她非常感傷。

　　乍聞惡耗，我只能婉言寬慰。放下話筒後，我定定神，算算日子，才發覺啟蒙我閱讀與訪談的王老師，已在我向他請安前一天遠行了。

　　我在臺大外文系碩士班時閱讀《巴黎評論》（*Paris Review*）作家訪談錄，深深喜愛上這種兼具生命故事、文學藝術與歷史價值的文類。1983年第4屆國際比較文學會議在淡江大學舉行，我除了撰寫論文，並趁此機緣與王老師進行我此生第一次訪談，至2021年總共累積了五篇當面訪談與一篇書面訪談，2022年5月由文訊雜誌社出版《王文興訪談集》，這是有關老師的唯一一本訪談集。

　　因新冠疫情之故，臺北國際書展在睽違兩年後，終於在2022年6月恢復舉行，文訊

2012年4月20日，王文興應邀出席紀州庵文學森林「文人、水岸，我的生活我的家：紀州庵暨城南文學脈流展」開幕春茶會。左起：封德屏、鄒士根、綠蒂、王文興、隱地、徐松齡。（紀州庵文學森林提供）

出版社在黃沙龍舉辦《王文興訪談集》新書會，由小說家郝譽翔與我對談。事後我向老師報告新書會情形。他在9月8日傳真中，除了感謝在書展討論《訪談集》之外，並提到「關於我恩師的訪談，且等疫情過後進行。他們共有12人。計曾昭偉，金承藝，吳協曼，郭軔及師母蔣章，潘光晟，何欣，黎烈文，張心漪，張蘭熙，余光中，夏濟安。」

這是未曾披露的訊息，若能順利進行，當可讓我們從「學生」的角度，來了解「青年王文興」如何受益於前輩，因此我非常期待。然而大疫當前，不便催促，也不願過於

打擾老師，於是每隔一段時間藉由傳真請安，報告近況，並表示只要老師願意進行訪談，不論任何方式、時間、地點，我都完全配合。這種情形類似先前那次書面訪談，當時我提出三個選項：當面訪談；根據題綱電話訪談或由老師錄音；書面訪談。後來老師決定採取書面方式。然而這回雖多次詢問，卻都未得到答覆。

第31屆臺北國際書展於今年1月31日至2月5日舉行，疫情尚未平息，文訊雜誌社不便邀請國寶級的老師出席《王文興訪談集》座談會，我事先透過傳真詢問老師有什麼特

王文興與高中同學建築師李祖原（右）。（陳竺筠提供）

別要向現場來賓傳達的訊息，1月21日接獲回音：

> 德興同學，
> 謝謝籌辦書展對談，祝順利成功。
> 我願贈送聽眾一句話，請代轉達。
> ◎閱讀要訣：
> 你須是每一句的作文老師，替每一句打分數。

信末並說明，「很抱歉因為我AZ疫苗反應惡劣，故未再續繼，惟以避免人多場所消極防疫，請代向〔與談的〕葉步榮先生致歉。」

會後我依例向老師稟報，他在2月8日傳真中表示，「十分謝謝你座談節目的主持，聽眾如此之多，足證座談之成功無疑。」意外的是，老師竟然稱讚起我的文筆：「近年來，我益覺你在文筆上的重大進展，你能既精簡，又音聲和諧，且此一音聲是低沉雄健的音聲。祝你堅執此一成就，繼續更遠更昇的追求。」我自己對此毫無覺知，便請老師進一步提點，但未接到回覆，看來已成為個人必須參悟的功課。

老師給我的最後兩封傳真都涉及桃園縣內壢高中，這與他晚年念茲在茲的文學普及工作有關。身為文學教授的他，退休後一反前例，頻繁接受各方演講邀約，內容多為中國古典詩詞與筆記小說，或自己的作品，也有英美文學作品，藉著帶領聽眾細讀文本，示範閱讀方法，目標在於「文普」。我曾以「自家現身自說法，欲將金針度與人」來形容，深獲老師首肯。

此事緣起於內壢高中國文科申請到教育部計畫，譚靜梅老師與我聯繫，「希望能就『從文學家身邊的發現與體悟』此一主題與同學們分享您的見解與看法」，邀我向高一、二學生介紹余光中老師與王文興老師，並帶領討論《家變》。我循例請示老師有什麼要我轉達給學生的。2月25日傳真回覆，「這樣的中學真了不起」，並說：「我有兩句話轉述學生。1.如果少年入文學，必能終身事文學。2.文學是至寶，豪富是干草。」對於第二點還特別說明，「我認為此處『干』字勝於『乾』字。」

當天演講我在PPT上秀出老師的手跡，校長與師生都深受鼓舞。之後，我向老師報告當天情形，3月9日接到回音：

> 德興同學：
> 謝謝你詳盡記述內壢中學的活動。
> 可知非常成功。今天高中已有往日大學的程度了。希望大學水準亦也提昇。然則話說回來，文學不靠學

◎單德興　國立臺灣大學外文研究所博士（比較文學），中央研究院歐美研究所特聘研究員，曾任歐美研究所所長，著有專書與譯作各十餘本，獲頒國家科學委員會外文學門傑出研究獎、教育部學術獎、政治大學傑出校友，編著《王文興訪談集》等。

2012年12月7日，王文興應邀出席紀州庵文學森林「我們的文學夢」系列講座，主講「《家變》的場景」。（文訊·文藝資料研究及服務中心提供）

校，仍應端靠個人。中學也好，大學也好，研究所也好，往後的人生也好，文學盡靠個人，端靠個人的閱讀也。希望普世都閱讀不歇。

　　　　　　　　　　文興　3. 9.

　　當時渾然不知，這竟是老師給我的最後一封傳真！

　　老師是天主教徒，我是佛教徒，2011年曾兩度針對文學與宗教進行訪談。我問已逾七十歲的老師：「以你現在的年紀與視野，再加上多年的宗教修持，你對生死大事抱持什麼樣的看法？」他答道：「我是愈來愈相信有來世、有永生，這個信念，conviction，是基於我對神的存在的確信。……我對於身後時空的看法是比較肯定的，因為我既然肯定神的存在，也信任神所說的話，就知道將來也有神的時空。我先把神的那個時空肯定了，就不難肯定人也可以到那邊去。」（〈文學與宗教〉，《王文興訪談集》，頁123）。

　　在另一次〈宗教與文學〉訪談結束前，我詢問老師有無補充或強調，他表示：「我只想再強調一下，就是，信仰除日日對自己有利之外，最重要的還是能夠一天比一天更體認到神的存在。這是有生之年信仰的目標。這個目標完成之後，就可以進到下一步，能夠更堅定地相信永生之存在。從體認神的存在，才能夠跨到體認靈魂不滅，永生的存在，這是我目前所追求的。」（《王文興訪談集》，頁180）。

　　距離那兩次訪談已12年，老師的靈修更為精進，對神的存在以及靈魂與永生的體認更加深切，如今已超脫人世的軀殼，進入身後的時空，安息主懷。只可惜，由於內、外在因素之限，加上我出於尊師而未積極爭取，以致失去機緣繼續向老師請益靈修之道，並依其恩師名單逐一就教，為他的師承與感恩留下紀錄。既然因緣未能具足，只能將缺憾還諸天地，徒留未竟的訪談之歎！

　　　　　　2023年10月12日　臺北南港

崎嶇的聲響

精神永恆史
致王文興老師

◆ 陳美桂

閱讀王文興老師《家變》，是上個世紀八〇年代，在文學院「新文藝」小說課堂上，與奚淞《封神榜裡的哪吒》同時衝撞現代的心靈。直到將王文興老師散文《書和影》、《小說墨餘》、《星雨樓隨想》持續伴讀下，甚至翻轉時間，拿到洪範書店《十五篇小說》相互驗證後，才確立自己是王文興的讀者。多年來，他諄諄的提醒，耐性的引導，發出創作者真切的心聲說：

> 《家變》出版廿餘年後，猶能重排，是我初印時所不敢指望的，將來的銷路如何，我同樣不敢寄望，我其實沒有任何嚮望，一定說有，那就是，希望有一兩位讀者，他看過這本書，甚至一兩位讀者，他看過書中一句話，有所感喟，則於願良足矣。

小說風格的確立

曾為臺北國際書展《文訊》所主辦的沙龍講座，與王文興老師相約，記得是大年初六在紀州庵展開兩小時的晤談。在茶席等候時，持續慢讀王老師的《家變》。

第63節：

> 於夏天時經常下午一陣熱帶巨雨畢盡，空氣顯得極其沁清。他媽媽在房中徐舒的整理四處的衣裳和瑣雜。夜晚放置月光牌蚊香裊裊淡煙。深夜時他聆及螯蟲的響顫像耳鳴。

第64節：

> 秋時他們靠東的臥室向東的窗戶外大體榕樹，樹上滲入無數的鵝黃片葉兒，像中年人的頭髮纏繞幾根白髮根一樣──風刮過黃葉墮下，若一弦弦的琴線縴下。

接著是65節的冬底夜晚，及66節的初春之始。

我跟王老師說，我讀這幾個章節，有閱讀谷崎潤一郎小說《細雪》的感覺，尤其是我看過的電影畫面，四時的風情流轉，文字及筆法詩意，我問王老師，早年也寫詩嗎？他說，寫過，登在《藍星詩刊》。《家變》是否曾像《細雪》一般，有人想改編成電

2014年5月24、25日，臺北市市定古蹟紀州庵開館暨初夏市集系列活動，王文興於開幕典禮致詞。（紀州庵文學森林提供）

影？老師説，有的。最早，也就是《家變》出版的隔年，拍攝《董夫人》享譽國際的導演唐書璇想拍，但那時資金不到位。後來但漢章導演也提過，認為書中分鏡都已經做好了，非常適合以影像呈現。可惜但漢章導演故去，《家變》的電影版因而未完成。

曾問王老師是從何時開始立定以「小説」作為創作的主要文體？他説，小學時最喜歡的課是作文課。認為惟此才能放任自我表達。入初中後，尤喜閱讀小説，尤其西洋翻譯小説，故決定以小説創作為終身職志。又是如何找到或確立自己的文字風格，從《新舊十二文》、《十五篇小説》、《家變》中，有沒有一些線索或軌跡？他説，大一時漸覺自己的文筆雞飛狗跳、雞零狗碎，後閱讀Hemingway，深體又簡單、又從容之美，故決定效仿跟隨。他自承個性原本輕躁，故先從個性改起。開始改變行走速度、

説話速度、應對速度，總之，是重新做人、改頭換面，將近花了一年。真正的文字改變是從〈母親〉一作開始，〈母親〉一文至今只有葉維廉稱可過，瞭解過。

問老師在青年小説家寫作時期，是否有意帶入「個人的心靈成長史」或「相關的時代背景」？老師點頭説，「個人的心靈成長史」應就是西方小説的autobiographical interest，「相關的時代背景」即social background。前者求深度，後者求廣度。前者內、後者外。皆為求得truth（真相）。又，在青年時期的創作，是否嘗試將「戲劇」或「電影」的相關手法帶入小説中？他一直認定電影和文學的密切關係，影劇的分幕、分景及分鏡，可以改善小説的傳統寫法。當年他景仰Ingmar Bergman，不下於Hemingway。

慢、再慢，慢成經典

老師還示範了小說真正的讀法：「他出門衣著已穿畢，但未出發，蹲坐於紗門處。」「他不安地等待晨報。」真的不騙你，當王文興老師第一個「他」字唸出來，停頓，揚眉，真教人有想哭的感覺。所謂的慢讀，是心裡時間經歷了延緩，曲折，甚至血脈的跳動，跟著聲音文字，做流量的控制，咆哮，辯說，沉默，窒息，這個家庭，彼此，「怎麼走下去！」老師又處理了一段看似簡短的對話，但一行行電話交談文字中，卻有著複雜的聽覺空間，此端，彼端，彼端的彼端，遠近大小，事件，情緒，真的讓人有「漂露激湍」的感覺！像一場聲音的幻境，留下精裝的小說，在記憶的匣子裡。

後來，臺北文學季，大師登場，邀請王老師與大家一起閱讀城南。那天濛濛煙雨中，依然座無虛席，年輕人慕名前來者還真不少。老師講述的是《家變》第79節，開始先一行破折號，一個刪節號，之後才展開一段敘述。老師說，這在節奏上是必要的，避免太粗暴，太猛烈，太倉促草率上場：「他走下微有晨露之艸堤，停止於似長戟般的艸莖與羊齒葉之內，遠矚遙遙的青草廣場。」這一段步行的過程，就在紀州庵，我們都緩緩跟上王文興老師的節奏，在字裡行間低速低速地慢行，三句話，二十分鐘，嚼草似的反芻再反芻，體會書中那位青年美感教育在大自然中的自我養成。「晨霧似草地上發冒的氄氄白毛。」一句，王文興老師說這是遙看，近看則霧景未能構成氄氄白毛的發冒狀，且跟下文來做比較，這是文中那位青年今天的新收穫。（我終於理解韓愈詩的「草色遙看近卻無」了，且在場的讀者都一定會愛上「氄氄」這兩個字。）

文中接著敘述，因為近一個月以來，

2014年7月5日、12日、19日，連續三個周六，紀州庵舉辦「續講《背海的人》小說家王文興系列講座」。（紀州庵文學森林提供）

◎陳美桂　曾任北一女中教師，文字撰稿者。多次擔任臺北文學季志工培訓團講師、臺北國際書展講座主持人。經常帶領學生及市民城市走讀，為生活美學教育實踐者。

「他開始注意到許多好看的景象：譬如天邊恍如國畫山嶺的重重的山巒，黃昏時落日的霞火，深夜內闇天中閃爍的無計星斗。」老師以特殊的語音助讀，調和我們的眼睛速度，呼吸節奏，並提醒時間色調與空間方位，甚至每個字的輕重體型聲音方圓，都有不能放過的背後道理。就老師而言，一個破折號都可能代表一句詩，所以一句話也要還原成以字為單位，read between the words，眼耳鼻舌身意之美，回到一種詩學的訓練，破除習以為常不用思考的慣性，避免被熟悉感催眠，以陌生化的距離，重新審視字的擺放音的發聲。哦，多妙啊！兩個小時，讀兩百餘字，課雖沒上完，但我們每個人終於調節出王文興慢讀的經典速度了！

城南星雨，一生的詩

老師最懷念的「臺北城南」的文學人事或氛圍是什麼？他說，講到當年城南的人物，當然余光中先生是第一人。再來是紀州庵的鄰居閔宗述大哥（見〈憶仲園〉）。紀州庵側的一條巷內，一樓中，住有作家姚朋，可惜沒機會和他往來，但知道他是溫文可親的君子。再來是遠些的何凡、林海音一家。林海音女士和善開朗、文風遠播四方。何林一家的附近，住有翻譯家何欣教授。老師時常拜訪何欣教授。認為給他的指導極多，尤其是譯作的啟示，是他一生最感謝的人之一，以城南而言，何欣與余光中、閔宗述皆可並列。

老師總提醒，紀州庵外的川端河（今名新店溪），尤令他難忘。此河河水平靜，上有寬闊天空，下有河邊農田，遠處有青山，每日有日出、日落，月升、月下。今日的紀州庵訪客應不忘到河邊一遊。

王老師離世後，我最勤讀的是《文訊》雜誌銀光副刊版的「星雨樓續抄」，從整理發表的內容來看，也近乎是一種「晚期風格」，甚至是文字解碼。從2019年3月號，至2023年9月號止，凡50回。老師說：「老後的現象就是，一切冷淡。功過毀譽，冷淡。世情一概冷淡。」他這一生自是「神閑氣定，真水無香。」曾問老師「星雨」樓之名，他說是緣於岳父母所遺市郊一寓，在六樓，面荒山，陽臺夏夜可見星空，故號此宅為「星雨樓」，此外亦諧音「興語」。老師說，他一生不會寫詩，不能接受古律絕和英詩的規格，曾以為告別於詩，不料卻流入手記。「六十餘年矣，方知手記就是，我，一生的詩。」而老師所推崇的《論語》，他認為筆調一致，會不會是孔子的手記，為孔子的零星回憶錄，託為弟子之筆。對老師而言，所有的文字，「每一句，祇有一種寫法。每一文句，要的只是一種情感。」他認為他的一生是在作曲，都在調節字文的音聲，「任何文字都需是音樂」，故老師堅持橫式書寫，手稿宛如樂譜。

波赫士〈永恆〉一詩：「宇宙是記憶多彩的鏡子／一切都是它的組成部分／它艱鉅的過道無窮無盡／你走過後一扇扇門相繼關上／只有在太陽西下的那一方／你才能見到原型和耀光」，相信永恆中仍有許多珍貴的東西，星鑽、月暈與霞光，謹以此文致文字、文學的精神之父──王文興老師。✿

未來

◆ 易鵬

I.

在《剪翼史》近尾聲處，主角人物，賀宗成，即將離開他執教二十多年的學校，在列隊而立的所有建築物之間，大書、大經、大儀、大聖、大春樓回看校門，而在其盡頭的是大景樓。這裡狹長的廊形視野，回顧、展望或遠景，具體而微地、像中殿及耳堂式地擘劃出的，終究是風景，以及最後主角駐足的「圖書館大築」。在此，賀宗成也準備開始他的寫作計畫，其內容是有關徐光啟，「宗教詩文方面的書」（196）。雖然，對於我們在當下的讀者，對我而言，小說中的場景，更重要的是，其主題以及人物，似乎就如描圖片紙般，另人不知所措地，可無礙地夾入我們一層層的記憶以及回憶中。但是小說中的著書計畫，在書、經、儀、聖的道路上，我們事實上朝向季節輪迴開始的春天景色，與自然世界此時此地的風景。如果徐光啟是真正的目標或終點，那麼似乎我們正站在旅程的起點，而真正的宗教詩文，也尚未開筆，在另外的處所。

是故，當我們在此時此地讀到主角，在小說起始處說，突然難以言語，遭受「戾難」，數度「劇痛」以及「暈失」（9, 12,

22），我們頓時從未至、未來的小說時間拉回到現實當下的現實世界。整部小說描述此心身狀況之衝擊以及其持續二十多年的餘波，如果暫停回顧，我們到底是在閱讀未來的當下，或是尚未來到的未來？我們很難在此時此刻不將之視為是（或寓言式的？）紀錄，使得閱讀以及重新閱讀的過程也瞬間滿延類似主角人物的懺悔與罪疚的心情。但是，罪疚與懺悔，乃至，救贖，是在寓言的此岸，抑或彼岸？如果救贖，或是來自罪疚與懺悔、或自罪疚與懺悔脫離的，救贖，在彼岸，那麼，小說中二十多年的餘波水痕——讓我在其中擺盪徘徊的漩渦——也許不只是身處於現實與世俗中的故事。而寓言，小說，寓言小說，其所指之月，落在已然到來但尚未開始的處所？就如同卡夫卡所說……

II.

許多人抱怨，智者許多言論均是寓言，在現實生命中沒有用處，而我們其實僅有此一生命。當智者說，「過去彼岸」（"go over", Gehe hin ber），他並非是說要我們真的走向

1961年，王文興（後）與父親王仲敏、母親林蘊瑛合影。（陳竺筠提供）

一個實際的地方……他是指一處未知的處所，他自身亦無法更清楚標示之地……這些寓言（parables）不過是嘗試鋪陳出超乎理解的終究是超乎我們理解，而我們早知就是如此。但是我們日常必須煎熬之念慮，那是另外一回事了。
……
另一人說，這打賭一定又是一個寓言。
第一位說，你贏了。
第二說，不幸的是，只是勝在寓言。
第一位說，不，勝在日常，寓言裡你輸了。
（On Parables 11）

III.

卡夫卡所演示的寓言，也許是從另一角度看現代小說家的兩難以及應對之道：對於盧卡奇來說，「小說是一個被上帝所遺棄世界的史詩」，而《剪翼史》是通過寓言的悖論，信仰與現實的悖論，在現代小說此一現世的史詩中，歷經世俗尋覓隱蔽退卻的神。《剪翼史》或許與《懺悔錄》，不盡相通。聖奧古斯丁的自傳是有關從年少浪蕩縱欲到皈依的過程；《剪翼史》立足於小說的此岸，面對於自傳以及聖人的自傳，不盡然能說是從迷惘與陷溺到轉化揚昇，故能夠在嶄新的高度以及另一個岸涯重新編寫其生平自傳。小說中最具衝擊性的懺悔，在作品接近尾聲處，主角在其童年意外傷害到其小妹以及之後她的早逝，這不止是讓《懺悔錄》自傳的時間性無法出現於《剪翼史》，亦讓此一書寫，保留在小說的時間與文學作品罪疚的向度中。此一抉擇，讓我可以回想起為何在小說即將結束之際，有關徐光啟以及詩文的書寫計畫，其實並未真正開展，也甚至可以說，《剪翼史》的終點，也許是《懺悔錄》的開始。

如此，按照寓言的邏輯，小說中的疾病困厄，這些讓我們感同其所帶來苦痛，悔恨以及罪疚，讓我身受的情節與情境，它們來自某種過往，它們亦非寓言、不全然能夠成為寓意。也就是，異於智者的言論，故事中的回憶，小說的時序，使我們留在現實生活，我們唯一的日常中。但是，在當下的我們，面對此一驟然的現實，無法不看到，在小說中的驟然的現實，雖然在2023年的遠

端，回看早在2003年開始的書寫，我們在其中無法不看到的，或是我們視而未見的，來自過去的，向著我們而來以及未來的文字中，是否有一種既是當下但也是尚未來臨的未來，或是此一未來之，《剪翼史》──拉近了故事中的故事以及我們的故事──提示我們，應該靠近、促使我們重新閱讀朗讀令人苦痛的現實生活，我們唯一的世界？《剪翼史》的終點，也許是我們的開始？我們也沒有忘記，小說的結語處，其實是主角走出校門，雖然時為八月，離開學尚有一個月（197）。

IV.

　　談到觀看照片，羅蘭巴特提到他的一項強調對立雙重性的律則，其中牽涉拉丁文中的studium以及punctum兩字之間的對立。這部分討論背景所涉的一幀照片紀錄南美國家軍事政變，死亡，迫害以及宗教如何在這些場景中橫越穿透。但另一方面，上述之動亂，迫害，乃至死亡與宗教，對巴特而言屬於文化的場域，來自文化的養成與牽制，無關特殊之屬於他個人的痛癢。Studium一字對巴特而言亦涉及整體的教育與養成。同時，我們在字典中也可發現，此字也與知識的獲得，傳授，與學校以及大學均有著密切的關連。《剪翼史》的場域與場景，乃至所有讀者和學生，我們，是否也是在身涉此知識傳授以及教育學校的場景中，身涉在回憶以及試圖理解作品與個人之間的互動與感動的模式之中？

　　當然，有關Studium的故事只是開始，如果其中涉及在上述照片中的政治動亂，暴力，死亡以及宗教，巴特並不認為它們是反思觀影的起點，重點，對他來說，根據對立之律則，其實重點在，punctum刺點，即是會透穿教養與知識傳授場域的標點，句讀：「這一個傷口，此一芒刺，這被尖銳器具所突出的記號：此一用語（即punctum）對我極為適合因為它也涉及標點符號的概念……此一擾動Studium的元素，我稱之為刺點；因為刺點也是芒刺，割痕，洞隙──同時也是擲出的骰子：……照片的刺點是那刺傷我的意外（但它也挫傷我，使我念慮）」（26-7）。

　　對於我們而言，這幀照片以及如《剪翼史》這本小說，一方面所涉及的場景，對於很多人來說，Studium，知識傳授的場景，大學以及教室，可能不只是文化養成與浮泛的情緒。小說自始至終的關懷即是知識傳授的場景以及圍繞著教室，學校，校園以及學術場域的浮沉虛實，也帶著無數我們個人的刺點記憶。其中也有整體政治與社會的影子橫互其間。更重要的是，巴特有關刺點的描述，帶領我們回到教室學校與知識傳授的場景，也同時的讓我們感受到他所提到的意外、其中的挫傷與念慮：「于，一那一個時候，一他，一正講到，──『……事了心未了，念慮煎於內』」（12）。

　　小說的那一個時刻，其中的正好，或許帶領我們不只是回到校園學校與教室的場景，一個大家共有的時刻以及記憶，也許就是巴特所言的Studium，但另一方面，作品與其中帶出的場景，是意外，同時也是所謂擲出之骰子，滾落出機運與必要的兩種或多種的組合面向。是否是在此一片刻，在意外

◎易鵬　國立臺大外文系博士，國立中央大學英文系教授。主編《臺灣當代作家研究資料彙編48：王文興》、《王文興手稿集：〈家變〉，〈背海的人〉》。著有專書《文本與現代手稿研究》。協助完成《家變》、《背海的人》，以及《剪翼史》完整朗讀錄音。

以及必要的、無數你我時間的交接處：《剪翼史》經由故事時間的意外，困厄與念慮，雖然我們早已閱讀過小說，認為我們已然閱歷過的我們，得以在此時此刻當下突然被引領回去，重新再次領會其中的時間，好像我們未曾真正經驗，未曾真正閱歷閱讀清楚，似乎此時此刻，是一種時間從未到來過的當下，一種未來的當下片刻。這個時刻是我們在教學教室場景中所經歷的刺點，重新閱讀現實生活之念慮，是寓言的時間的閃現？

V.

　　最後，在場景中創造芒刺與擾動的是標點符號，句讀，屬於小說的刺點。我們應該如何讀出，唸出在《剪翼史》，在所有王文興作品中出現的句讀，標點符號，它們是未來的擾動？

VI.

他

走

出

了

校

門

，

作品的書影，
來自遠方的傳真，
刻畫了聲音的文字。
我們記得奧登（W. H. Auden）著名的
"Funeral Blues" 的第一句

《剪翼史》，臺北：洪範書店，2016年9月。（文訊·文藝資料研究及服務中心提供）

"Stop all the clocks, cut off the telephone"，為何是一具電話，甚至那一具的電話，雖然各種精巧鐘錶的確是老師所鍾愛物件？

　　《剪翼史》序言提及，作品省略二處，一小一大，刪節的大處是一伏景，

　　「……彷如他生國寰一般，內中有無數機器，在黃土坑中，且有許多細小人類，俯首工作。……都因有碍敘述的動力，不宜贅加，故棄去不入」（5）。

　　這些，是我們面對機器，所有停止的鐘錶，離線的電話，試圖送出的。

學生易鵬，10月9日

引述書目：

王文興。《剪翼史》，洪範，2016。

Barthes, Roland. *Camera Lucida: Reflections on Photography*. Translated by Richard Howard, Hill and Wang, 2010.

Kafka, Franz. *Parables and Paradoxes*. Schocken, 1976.

崎嶇的聲響

那個少年一直都在
紀念王文興老師

◆ 郭強生

家父郭軔於2023年8月19日以98歲高齡辭世。與他同輩的親友大都不在或已病老，所以我未發出任何通知。我唯一親自發信稟告的父輩友人，只有王文興老師一位。

他與我的父母親間一生的師生情誼，長達近七十年，一切要從師大附中當年高中部41班說起。

民國42年，王文興老師升上高一，而家父家母仍是新婚的年輕老師，父親教美術，母親在圖書館上班。父母住在學校宿舍裡，不久便有一位少年老成的小男生常來串門子，一坐就是大半天。

少年的王文興與我的父母，談藝術談文學，在那個動亂初歇的年代，那間小小的宿舍便成了一塊小小淨土。據說，少年其實最早很想成為畫家的，但是發現畫布顏料裝裱這些都十分昂貴而打消了主意。

彼時香港有一份著名的《祖國》雜誌，首次舉辦小說徵文比賽（還沒有文學獎這個名詞），獎金很高。師大附中許多文科老師都開始摩拳擦掌，在宿舍間成了熱門話題。

約1945年，約六歲的王文興與母親。（臺灣大學圖書館提供）

結果跌破眾人眼鏡，最後竟是懷著大哥想賺點奶粉錢的母親，以生平的第一篇處女作獨獲佳作，其他老師（包含我父親）都全軍覆沒。當時的第一名是大作家彭歌。

那間小破斗室，就這樣滋養著在動盪年代下，一顆顆浪漫文藝的心靈。

不久，母親的堂哥因為師生戀被校方解職，有一段時間無處可去，只好來到父母這兒避難。而師生戀的女主角，也背著家裡偷

1949年冬，王文興（前排右二）就讀國語實小，五年級下學期，攝於植物園。（陳竺筠提供）

偷往這兒跑，還帶著自己在進行中的小說手稿。瓊瑤與王文興，兩個都還是高中生的少男少女，也在這裡有過交集。

少了這一個避難所，臺灣文學後來五十年的整個風景是不是也要失色？

而這些軼事我之前一無所知，直到我高中也考上了師大附中，高一時被父母發現我在讀《家變》，也開始寫起小說。

中間這些年經過父親赴歐、少年大學畢業後赴美，師生已斷了聯繫。高三那年，父親在「春之藝廊」舉行畫展，為了讓我這個粉絲有機會看到偶像，父親寄了開幕酒會邀請卡到臺大外文系上。

快三十年沒有聯絡，已是臺大教授的那個少年會不會現身，誰都説不準。而我永遠記得，穿著深棗紅色西裝出席的王文興看到我，衝口就喊出我哥哥的名字。原來他都記得。一時的興奮竟讓他時空錯亂，把我當成了記憶中那個幼童。

我從師大附中又考上了臺大外文系。緣分就這樣又再度牽起，直到我去美國唸書前，父母與王文興老師及師母陳竺筠老師間的定期聚會，一直沒有斷過。

這些聚會我都在場，但是面對的是自己的老師，我都是非常拘謹的。因為課堂上的王文興老師是出了名的不苟言笑。母親説，

1953年春天，附中初中34班畢業照，立者前排右二為王文興。（陳竺筠提供）

唉呀我第一眼也認不出來了，他小時候是個臉圓圓笑嘻嘻，而且話很多的小孩。

王文興老師對美術書法還是難以忘情，自己不斷做功課鑽研，每次見到父親，都會拿著不同的古代書家字帖討教。等我自己當了教授之後，我才體會到還能有這樣良師益友間的交流，多麼可貴。

就像是，我在中斷小說創作十年後想要動筆，又躊躇不前的那年，偶然在一場文學討論會上遇到王老師，我抓緊機會說出自己最大疑慮：我不知道要用什麼樣的文字來寫小說了⋯⋯

沒想到，在小說語言上做過最大膽創新實驗的王老師竟跟我說，沒有哪種語言文字不能成為好小說。

一下子解開我大惑，正如我初嘗小說發表喜悅的大學時期，他曾劈頭就告誡我：張愛玲有毒！讓我立刻不再以被點名是張派傳人而沾沾自喜。

母親出殯時，王文興老師一路送到火葬場並相陪到最後揀骨入甕。

我知道，他與父母之間有一種今生今世的情誼，盡在不言中。即使是我與王老師、或我與我的學生之間都不可能的。因為時代

◎郭強生　國立臺大外文系畢業，紐約大學戲劇博士，現為國立臺北教育大學語文與創作學系教授。曾獲時報文學獎戲劇首獎、金鼎獎、臺灣文學金典獎、聯合報文學大獎等。著作廣及小說、散文、評論、劇本等多種。

1957年，王文興大專聯考准考證照片。（陳竺筠提供）

不同了，世道人心再也回不到民國40年的那種相知相惜。

與王老師同樣41班的，還有大建築師李祖原。

曾經，在報社工作的我受派去採訪他，他說起自己最感謝的一位老師，是師大附中的美術老師郭軔。「當年想進建築系，術科要考的碳筆素描分數占比很大，若不是郭軔老師不收分文，晚上為要考建築系的幾位同學義務補習，我根本進不了建築系。」

採訪過程中我不露聲色，讓他好好說完，告辭時也沒說出我的身分。

從父母親身上，我承襲了某種文人老派，不愛沾親帶故，也不忮不求。幾年前我做廣播，訪問了劉兆玄前院長，沒想到他事先做了功課，一見到我便說他是父親的學生，並說父親非常受到同學們的敬愛。我當下非常感慨：在那樣貧窮的年代，教育反而是如此完整！即便是後來學理工的同學，都永遠記得美術課如何啟蒙過他們人文的心靈……

通知了王老師與師母父親過世的消息，沒隔幾天便收到他的親筆悼輓，上面寫著：「溫仁勤篤 書畫昭彰 育才千百 無不追仰。」而在給我的卡片上說，他與師母都沒有注射疫苗，所以都仍在禁足。

信中收筆時間是8月26日。僅僅相隔一個月後，沒想到當時筆跡仍遒勁的老師也意外撒手而去。

11月號《文訊》的紀念專題中，單德興教授在文章中披露，疫情開始之前，王老師與他已經有另一本訪談錄的出版計畫：「關於我恩師的訪談，且等疫情過後進行，他們共有12人。計曾昭偉，金承藝，吳協曼，郭軔及師母蔣章，潘光晟，何欣，黎烈文……」12位中，前5位都是師大附中的老師。而且，12位中，僅有母親這一位師母也一併列上。

沒有機會完成的這本恩師訪談錄，讓我感覺格外的遺憾，我多麼想從王老師口中聽到，在我還沒有出生前，我的父母是什麼樣的？

看到父母親的名字列在其中，我眼前浮現的王老師，不再是大家印象中那個仙風道骨，孤獨苦行僧形象，而成了一個永遠的少年。在師大附中，在那麼多老師疼愛下，他熱愛著人生，意氣風發，嚮往著藝術一切的美好……

那個少年其實一直都在。

追憶，
開啟王文興老師的「機關」

◆ 楊明蒼

人與人的關係常起於機緣。我跟王文興老師也有特別的機緣，關係又遠又近，此刻追憶只能勉強擷取「機」緣與「關」係的片段。

年少憤世嫉俗，血液奔流叛逆，沉默寡言的表面下靈魂躁動不安。《家變》中諸多描寫刻畫鏗鏘澎湃，范曄曬不黑長不胖這點則莞爾共鳴。而《背海的人》開頭如晴天霹靂的咒罵吶喊直教我驚為天書，震撼二字不足以形容，初次領受文字的力與真。文字寫景，也表情；是抽象符號，也是具象音響；文字是世界，也自成世界。

小說家王文興是我知道的第一位臺大外文系老師，但不只是因為他的名氣。

王文興就讀師大附中高41班時，我的姨丈潘光晟是導師，班上人才輩出，除了王文興，還有李祖原、阮大年、李家同等大名鼎鼎的人物。聽阿姨說，數學非王文興強項，於是在導師安排下，長於數理的李家同在大學聯考前當了他的數學小老師。結果考卷上的四大題有三題都是李家同教過的，王文興也以數學75的高分上了臺大外文系。時隔數十年，王老師應法國國家科學研究中心之邀，與法國作家Jacques Roubaud 同以數學為題各自創作一文，因而發表〈明月夜〉。不知此一佳話與聯考數學科的佳績有無機緣？我姨丈後來轉任政大中文系教授，剛好教到當時在政大唸書的陳竺筠老師。1965年王文興回母校任教後，在課堂遇見陳竺筠，成就佳偶。是偶然，還是上天的安排？2009年王老師榮獲國家文藝獎，特別邀請「潘師母」當頒獎人，讓我阿姨感動不已。

高中我也上了師大附中，成了王老師的學弟。雖然一心嚮往臺大，但高三下準備聯

1959年，王文興與大學同學合影。前排左起：陳若曦、楊美惠、謝道娥、王愈靜、方蔚華；後排左起：戴天、張先緒（後）、林耀福、陳次雲、王文興、白先勇、李歐梵。（陳若曦提供）

考時，初次出現眼睛不適。掙扎後選擇直升師大英語系。1986年，輔仁大學舉辦第一屆國際宗教與文學會議，王文興與葛林、遠藤周作名列主題作家，三大文豪同場。大三的我躬逢其盛，但少不更事，無法安頓小說與信仰的共生；王老師近在眼前，卻遙不可及。當時我對基督宗教無信也無心，誰知後來進入臺大外文所之後的理論薰陶反而開啟不同的思維取徑，逐漸促使我轉向中世紀與早期歐洲的研究。王老師曾說，愈古老愈前衛，妙哉此言。

博士班畢業後有幸留在外文系服務，第一次（好像是唯一的一次）「求見」王老師。那時期，王老師上課總是提著笨重的麥克風擴音機，我想幫忙，他堅持自己來。在教師休息室坐下，老師一臉和藹，鼓勵我多研讀英詩，談話輕而慢，我卻感受到語重心長的期許。25年前的我面對心目中的大師顯得羞澀無措，我常想，換成今日是否就有千言萬語好好跟老師對談，或者依舊言短語塞，甚至沉默無語盡在不言中。這些年來，在英詩方面沒有什麼成就，但是王老師對細讀的堅持我在教學與研究上卻越來越認同，也非常受用。

幾年前，在校園看見一位長者走過，獨絕於世的身影，既熟悉又陌生，如真又似夢，一時反應不及，徒留惆悵。後來有一次看到王老師的近照，頓時恍然：80歲沒戴眼鏡的王老師坐在紀州庵故居，跟80歲回訪兒時故居的父親，他們的神態與身形，清瘦與

◎楊明蒼　國立臺灣大學外文系教授兼系主任，過去之研究重點為中古英國文學與亞瑟王傳奇，著有 *Signs in Translation: Vernacular Poetics in Chaucer, Gower and Langland* （2002）以及許多篇相關期刊論文。目前主要研究領域為早期旅行文學與全球中世紀研究。

2011年王文興（左二）獲法國藝術與文學騎士勳章，右二為陳竺筠。（陳竺筠提供）

白髮，竟然如此神似。

今年四月中，王老師贈書外文系，是剛出版的《背海的人》法文譯本，作家與譯者同樣奉獻二十三載的歲月完成，堅定而執著，令人尊敬感佩。收到王老師隨書所附蒼勁有力的親筆函頓覺如獲至寶，但讀到老師在信中祝我「工作順利，成績輝耀，令外文系傳統精神更加發揚光大」之語，讓我無比沉重。回想初進臺大研究所時，曾因血統不純正，覺得自己不屬臺大外文，而是臺大外人。萬萬沒料到收山在即卻被選為外文系主任，名曰榮譽承擔，所謂外文系傳統精神，家而非家，變或不變，微觀宏觀，猶然困惑迷惘。直到再次讀到王老師四十年前接受單德興訪談時曾說：「我讀臺大，課沒怎麼上，上的話也未見多少收穫」，才稍稍釋然。

中秋連假後師母陳竺筠老師突然有急事聯絡，告知王老師在連假前走了，我一聽心頭一震，百感交集。師母一再強調，王老師生前交代，身後事簡單低調，不打擾大家。感謝師母最後容許我參加王老師的安息彌撒，算是代表外文系，也代表潘老師的家人，獻上最高敬意與感念。這次，沒有壓力，沒有距離，與王老師共享恩典與平安的同在，彷彿置身片刻的永恆。

至於傳統，什麼是傳統？王老師是傳統還是反傳統？傳統與反傳統是相對或是換位？我想，在家離家，變與不變，背海面海，人和萬物，四方眾生皆可細讀王文興菁華與精神的點點滴滴，啟動自己與老師獨特的機關，廣流活水，匯成氣象萬千的文海，興湧壯闊波瀾。

王文興的純粹時刻

◆ 林靖傑

得知消息的隔天，我寫下：

王文興離世讓我非常非常難過，我的難過有很自私的理由——因為王文興很純粹，而我跟他有連結（拍攝他的紀錄片），所以我幸而在這個俗世中尚有一絲跟純粹的連結，否則作為一個人要如何度過這無數個庸碌的歲月？

有幾個時刻，幾個雋刻在腦海裡的畫面，經常跳出來，宛若眼前，讓我會心莞爾，或回味再三：

（然而，我寫到這邊便沒能再寫下去了，因為惆悵。）

今天，我將試著接下去，以下……

之一 武俠人物登場

生平首次見到王文興，是由目宿媒體安排的、紀錄片導演與傳主的第一次見面討論。因為王文興住在臺大教師宿舍，於是目宿便很貼心地跟王老師約在臺大側門的西雅圖咖啡，時間是下午兩點。為了占到適合座位以及讓拍攝團隊製作人、監製、策畫、企畫事先與導演會前會，目宿跟我約提早半小時先到。大家都為即將與傳聞中的文壇異數、現代主義巨匠王文興見面而興奮戒慎。

時間接近時，卻下起一場少見的午後豪大雨，西雅圖咖啡出乎意料地人滿為患。幸好目宿媒體夠戒慎，他們比起我又更早到達，已在內邊找到一兩桌空位。等著滿座的顧客流動起來，我們又機敏地占得第三桌併在一起。目宿加我共七人，我們空出中間的位置，圍坐著沙盤推演等會怎麼跟王老師討論。時間在緊張中流逝，有人發現已經兩點了；有人提醒著王老師從不遲到，只會早到；有人整理儀容彷彿下一秒王老師就會出

2003年，王文興與大學同學聚餐。左起：陳明和、方蔚華、王文興、陳若曦、白先勇。（陳若曦提供）

現眼前；但時間過了兩點，王老師仍沒出現……然後時間來到兩點半。「這不尋常」有人說。

有一兩位目宿同仁不斷往門口張望，始終不見王老師的蹤影出現。我忍不住驅動導演本能起身勘景，除了注意大門出入處，同時掃視每個可能的角落，終於，在熙來攘往如雨後滔滔洪流的擁擠咖啡館裡，發現一個特別安靜的小角落，那是靠門口的一個位置，一個瘦小的老者與人共桌、氣定神閒地坐著看書，彷彿外界再怎麼喧嘩，他只在他的桃花源化外之境之一立錐之地，老僧入定地徜徉在他的閱讀裡，彷彿已坐在那邊一個世紀之久了。

我沒見過王文興本人，但我見那內力深厚的定力，確定那應該是王文興老師了，我叫企畫來確認，然後我們穿越吵雜的人群，走過去跟王老師輕輕地打招呼，如輕敲一聲引磬，把高僧從入定中喚回人間。

在會議中，王老師以他一貫的不急不緩語調，輕聲說出他的想法，由於環境太吵雜，所有人拉長脖子往他的方向靠攏，此時若是俯拍鏡頭，畫面會是一個由七顆頭顱構成的具有向心張力的圖形，那朝向的圓心正是灰白頭髮的王老師。好一個特別的磁場，安靜、深沉、不張揚而凝聚。在周圍散逸迸射的氣流中，那樣安然地穩住。

而周圍的那些背景人物，那些群眾演

員，一定都不知道，那天午後他們參與了武俠片中高人登場的經典一幕。

之二 家徒四壁新解

王文興的大學同學李歐梵教授說，他回國想跟王文興聯絡，只能用傳真機，因為深怕打擾王文興寫作。其實，每個跟王文興聯絡的人都知道只能用傳真機，只是親近的大學同學文學摯友，也只能用傳真機，特別令人感到王文興的純粹是那麼被周遭的人珍惜著。

對於「盡量不去打擾王文興」這件事，在他的學生身上表現得更為顯著。作為紀錄片導演，無法拍攝到被攝者的生活面是一件無法想像的事，但拍攝之初我卻一直被告誡不要太打擾王老師，「進入他家？這不太可能，連他最親近的學生例如康來新最多也只是偶爾在他家門把上掛個小禮物，不敢按門鈴，更不要說進他家打擾他了。」得到的答案多半如此。

但作為一個紀錄片導演，我決定打破這個戒律，我認為這是王文興老師決定要被拍攝時，就已經有的心理準備。於是在經過幾次拍攝後，慢慢建立彼此的互信，我與他的拍攝逐漸默契地由邊緣走向中心，有一天我終於進入他家——那是一個與想像中的大作家截然不同的場景。沒有環繞住家放滿書籍的矗立書櫃，沒有古董字畫，沒有珍玩收藏，沒有可拿來說嘴的品味家飾或裝潢……。他家的牆壁，大片白白的，很乾淨，沒有長物。一個以閱讀和寫作維生的作家，他的書都到哪去了呢？倚著牆壁堆起兩

層半透明塑膠收納櫃環客廳鋪展開來。在一次邀請年輕作家伊格言來拜訪並與之對談時，伊格言天外飛來一筆問說：「我幫楊佳嫻問一個問題，老師喜歡植物園還是動物園？」王文興老師凝思片刻，起身彎腰拉開一兩個塑膠收納櫃抽屜，然後找出一張A3大小的裱褙好的報紙廣告，那是一隻灰熊壯碩的背影。王文興將這張圖交給伊格言，然後孩子般純真地笑了。

王文興是一個綜合藝術家，他酷愛美術、劇場、音樂、電影、建築……但他的生命後期先是把電影戒了，再來把音樂戒了，幾十年收藏的電影光碟、音樂CD全部捐出去，再也不碰。他聽音樂不是像一般人把音樂放著當背景然後做自己的事，他聽音樂必須放下一切，百分之百專注聆聽每一個音符、每一個樂句、每一樂章的結構……但因為時間有限，所有心愛的藝術終究不可兼得，最後他選擇了寫作，戒掉了其他的藝術愛好。

而乾淨空白的四面牆壁，也是這樣逐漸變得單純的吧。別的大師的收藏是加法，他的是減法，直減到更趨近內心純粹的應許之地。其他都乃身外之物。

之三 你對中國有什麼看法

臺灣文學史把他歸類在外省第二代、現代主義派作家。大部分的人理所當然覺得他的認同是大中國，一開始我也是。有一次拍攝的空檔，王文興興沖沖問我：「你對中國有什麼看法？」接著他跟我發表了他的兩國論。那次讓我非常驚訝，他說他是臺灣人，

不是中國人。

　　他七歲跟父母來臺，一開始住屏東，唸東港國小，那時他講得一口流利的臺語。後來搬到臺北，一輩子生活在臺北南區，從同安街到臺大教師宿舍，他每天的散步地圖是臺大校園幅射出去的周遭區域，晚餐後酷愛逛公館一帶的二手書店。他活得很現代主義，尊重個人自由、追求藝術前衛性、探索生命的終極意義、厭惡威權、厭惡偽飾媚俗、極簡……。他年輕時反國民黨威權統治，用言行、作品表現他的反抗。我想，他是個黨外人士，只差沒搖旗吶喊，而是用《家變》更深沉地表態。

1948年前後，王文興父親與母親合影。背景為當年的住家紀州庵原貌。（陳竺筠提供）

之四 舟山路出遊

　　拍攝到尾聲，我安排了一個閒散的午後，讓王老師散步校園。他選擇了往舟山路走去，裡頭有廢棄的校舍、教學實驗農場、親水公園……。拍攝期間王文興老師難得這麼閒適。之前選定拍攝地點後，假如在他的生活活動範圍，有時他還會提早一天獨自去勘景、丈量從甲地到乙地要花多少時間，路線怎麼安排比較恰當，準備隔天精準執行。

　　但舟山路那次他沒有。我們的拍攝已到尾聲，他有默契地知道我想拍一個閒散的、未經安排的散步。沿途他如好奇的孩童，不時對暫時荒廢閒置的一排木頭平房校舍發出種種歷史身世的猜測，觸摸小徑兩側不知名的小花並發出讚嘆，走到親水公園的木棧上，欣賞游在水中的大番鴨的大紅臉。當大番鴨爬上木棧跟餵食牠的小女孩追討手上的吐司，急得小女孩頻頻斥喝時，他又笑著趨前過去用他溫文儒雅的肢體語言，與輕柔的話語對大番鴨道德勸說，然後又對自己的行為感到羞赧地笑了，像個國小三年級小男生似的……。柯慶明老師說，王文興的感受力太強，一次出門所感受到的是常人的數十倍。所以他自己說28歲之後就可以不必出門，因為28歲之前的人生經驗夠他寫一輩子。

　　也許王文興小說裡頭主人翁的暴戾、孤獨性格，令人以為他是個拒人於千里之外的孤高之人。但其實對比於他在創作時絕處求生的暴烈，他實則純真得像個孩子，面對生命的未知謙卑得像天主所牧養的羊群一般。

◎林靖傑　電影導演，作品有《最遙遠的距離》、《我倆沒有明天》、《臺北幾米》等。2011 年拍攝王文興紀錄片《他們在島嶼寫作——尋找背海的人》。

1967～1968年，王文興、陳竺筠在紀州庵家中。（陳竺筠提供）

之五 最好的文學作品是論語

我喜歡聽他談最好的文學。在不同的時期他談到：「我最喜歡的西方小說家是福樓拜」、「最好的中國小說是《聊齋誌異》，它的結構非常好」、「我最近最常看的是宋明理學，假如有一天我必須一個人住到無人島而只能帶一本書的話，我會帶朱熹的《朱子語類》。」

拍攝期間他說，他很遺憾還無法克服《論語》，還無法感受它的好。

紀錄片完成了，上映又下片了。事隔五年左右，臺大圖書館辦了一場放映加映後座談，我有機會再度跟王文興老師同臺。這次他說了：「我兩個禮拜前終於克服了《論語》，這是中國文學史上最好的文學作品。」他總是這麼語不驚人死不休，但又總是這麼有說服力地給了你意想不到的嶄新觀點，讓你熱切地、迫不及待想去重讀他說的那偉大的文學作品。我想他的誇張用語絕非為了驚人，而是他總是用最純粹的、百分之百的心力與熱情去感受、反芻，然後傾倒出來。

好多年中，映後座談與王文興同臺成了我最期待的事之一。超越了年齡世代、職業身分、社會位階、生命經驗、成就高低……每次見面剎那總感覺一切世俗庸碌剝落，迎面而來那最清澈的一泓清泉，使我靈魂為之一振。那次臺大圖書館的活動後，我一直期待著下一次映後講座同臺的短暫交談，總覺得什麼時候會再被通知，然後我就可以又一次跟他面對面聆聽他對文學藝術甚至政治社會的新發現。

但後來機會一直沒再來了……。

之六……

我還有無數個記憶，但我想，就像他的《星雨樓隨想》那樣吧，三百萬字的手稿，要挑選編輯成書，永遠有未竟之時，永遠還有無數個珍珠還未出土。就看日後的緣分吧。「有生之年來得及完成當然很好，也有可能來不及完成，那也沒有關係，沒有關係。重要的是那個過程，填補那個空洞的過程。」（大意）王文興在紀錄片中講到正在寫的宗教小說時，如是說。

寫王文興的純粹時刻，於我，永遠有未竟之時。

愛上王文興的孤獨

◆ 陳文芬

2020年3月詩人楊牧離去時，我很哀傷。這次聽到王文興逝去，心裡反而很平靜，想到馬悅然跟王文興曾有一場美好的邂逅，還有楊牧三個人此生在晚年，曾經有過很近距離的相會，談了一次美好的戀愛……

2003年我在《誠品好讀》雜誌有一個「作家書房」的專欄，在臺大外文系教授王文興的研究室訪問一個下午。在一個大長窗充滿綠意陽光的房間王老師侃侃而談自己的故事。

文章發表後，楊澤很驚訝說，王文興竟然還是王壽昌的後代。其實，我也以相同的口吻問王老師，為什麼我們不知道呢？他的回答是沒有人問過我啊！

王文興的家族來自福州，祖父王壽昌曾經留學比利時，返國後與林紓合譯《茶花女》，這是中國第一個法語文學的譯本，（由於林紓不會外語，譯本主要是王壽昌的貢獻。）伯祖父王福昌也是清朝船政前學堂赴法留學。王福昌之子王景歧是民國時期的外交家。據說也與林紓口譯合作過。

在我的訪問當中，王文興只重點提到王壽昌與兩個擅長寫古體詩的姑姑王真、王閑，其餘的整個王文興家族在清末到民國有龐大的枝葉伸展，可能我離開臺灣久了，我讀到的更多細節來自日後的一些大陸媒體整理的訪問，對族人的故事才有更深的發掘。在這兒，王文興跟我傾談的是他的一生命運跟法文文學、古體中文詩有著如此深刻的淵源卻終究是錯過了。王壽昌很重視子女的古文教育，王真、王閑的文名似乎比王家的男子還叫人佩服，王閑寫詩有陶淵明的風格。姑母單身，且喜歡王文興，曾經希望王文興成為自己的子嗣。王文興說了：「如果我成為姑母的孩子，那麼就不是寫《家變》的王文興。」

2000年，楊牧（右）獲頒「國家文藝獎」，王文興擔任頒獎人。（陳竺筠提供）

　　我跟王文興談得出乎意料的愉快，在我們成長的過程我們的文學世界觀都受到王文興小說《家變》很深的啟發。在這段話題展開以前，王文興說的是，文學史上偉大的小說幾乎都是寫女人，如《傲慢與偏見》、《紅樓夢》。而他恰恰是一個完全不能描寫女人的小說家，這似乎註定他可能無法成為一個最好的小說家的關鍵點，他從「命運的錯過」為始，作者「自身經驗的侷限」為輔，正在鋪展一個看似有所作為，實則失敗的作家故事。於是我接話，可我覺得王文興的小說〈龍天樓〉是個好故事，很有血性，男子氣，看到王文興的另一面。這時候，我看出來王文興有一剎那的感動，也許這樣的

回顧與交流的談話是罕見的經驗。

　　訪問以前，我問過一些曾在王老師帳下讀書的門生，他們都會提到王教授主張小說「精讀」，一學期往往只讀了一本書的幾十頁，還有人說屠格涅夫的《父與子》讀了15頁，這似乎與我跟王文興談話的過程，截然不同。感覺王文興的思慮與談話行雲流水、流暢的不得了。每段談話都像是音樂家早已在內心複誦過多遍的樂譜，說得好精準。還有樂句波浪聲音的連綴，談到自己的寫作方向的形成，寫作是為了什麼，與其說是訪談，更像是一種寫作的懺情和告白。

　　在所有訪談王文興的畫面印象裡，作家張大春製作拍攝的「作家系列」是王文興風

王文興致楊牧信函。（臺灣大學圖書館提供）

華正盛的時候，傳說中的臺大外文系講堂的風景。而我的訪問當中王文興本人，比書寫出來的王文興，更有一種文學竟是如此美好的親身演繹之感。

2011年秋天，馬悅然和我應邀從瑞典返臺出席「他們在島嶼寫作」系列作家電影的新聞發布會。那一天就像一個大型電影製作的發布會，我看到楊牧電影的導演、外號「小手」的大個兒姑娘穿戴得像參加坎城影展的明星，侯孝賢導演給一群記者追著詢問一個痲瘋病院古蹟存廢的社會議題，侯導最終入座到我、悅然和童子賢的小桌。

開場播放馬英九總統問好的畫面，他來不了現場，事前錄製好一則短片代之。作為大會第一個上臺的嘉賓，馬悅然沒有聽從主持人楊照的安排站中間，而是自己走到舞臺邊上的一個有麥克風的小桌前，像發表學術演說一樣，還忽然起了一個大師的範兒，回頭跟空蕩的大牆說：「『馬總統』以及各位朋友們……」惹得臺下很多人笑，電影總監製廖美立笑得很大聲。

發布會結束，所有的作家們上臺一起照相，合影留念的時間很長。

馬悅然跟王文興恰巧站在一起就聊起來，話匣子一開愈聊愈開心，當時楊牧似乎隔著誰，可能不是太有趣，他也望著王文興和悅然。我上臺去陪他們照相，很多人來打招呼，隱約聽到悅然在講威廉・布萊克在倫敦黃金廣場的住處什麼的，不是聽得很真切。

這時的大廳的舞臺打著黃色的光，光的熱度使人微微發熱，可我看得出來馬悅然跟王文興不是一見如故，差不多是一見鍾情。在這樣的光暈之下，我聽見王文興正在說他很重視校對，有時候連一個標點符號也要重新考慮，悅然望向我說：「標點符號很重

◎陳文芬　作家，馬悅然夫人。曾任《中國時報》文化記者、《印刻文學生活誌》副總編輯。出版有藝術家「夏陽」傳記、微型小說《我的金魚會唱莫扎特》（與馬悅然合著），曾翻譯瑞典兒童文學著作。獲 2013、2017 年上海文學獎。現任瑞典台灣人新生社長。

前排左至右：陳文芬、馬悅然、王文興在談話；右二為楊牧身影。（陳文芬提供）

要，我妻子文芬寫完一篇稿子，我一定要替她改標點符號。」我頻頻眨眼。我的內心戲是：「我知道，我知道，我都知道。無法不愛上王文興。」

那年的春天，我們早先回臺北，看到還在製作過程當中的「楊牧」電影，王文興朗誦楊牧詩〈孤獨〉。這部電影的精華是這段王文興的朗誦加上楊牧本人朗誦詩作〈春歌〉，其他部分都可略去。

朗讀〈孤獨〉的王文興就像讀自己寫的詩，如果有一種如果，王文興就像一個詩人埋藏在小說的世界裡，在楊牧的詩篇裡正在朗讀的王文興解放了自己的「孤獨」。

「孤獨是一匹衰老的獸／潛伏在我亂石磊磊的心裡／背上有一種善變的花紋／那

是，我知道，他族類的保護色。他的眼神蕭索，經常凝視／遙遙的行雲，嚮往／天上的舒卷和飄流／低頭沉思，讓風雨隨意鞭打／他委棄的爆猛／他風化的愛」（錄自楊牧〈孤獨〉上半段）

那幾天我們所有的時間都在討論王文興。我的記憶一直有個畫面，開車載我們回去的車上。楊牧說著他回臺大的一年，寄居在王文興的家裡，他們很年輕。屋子裡總是王文興、王文興的母親和她做的晚餐，以及屋外黃昏的風景。說得好像把「家變」的場景都說出來了，作家會召作品的魂。在那部汽車往外望臺北的夜景跟燈光多麼優美，而我的汽車上容有兩個愛著王文興的男人。

電影放映的期間我們天天去看，看到王文興呆在家裡的一個小房間在稿紙上的紙格子奮鬥時，馬悅然很震驚。也許實情來得太快，如若不是那麼真切的感受到王文興本人的紳士風範、談話的學養魅力，（天啊，當他朗讀「孤獨」時，你想問世界上還有那麼好聽的中文詩歌朗讀者嗎？）反差也不那麼大。在這場來得快又去得急的戀愛，我更喜歡當年在研究室裡見到的王文興版本，將他自己對寫作的愛情、堅持與遺憾闡述得更容有餘地，更餘韻猶存。

今天我想到的王文興是站在一群作家合影當中，馬悅然最喜歡的「那麼優雅的一個君子」。

因爲愛您，我們一無所畏

◆ 張亦絢

這篇文章會很難寫，但也非寫不可。與我較親近的人都知，我愛王文興甚深，不過通常並不了解為什麼。我在法國時，朋友如寄包裹，都會附上王文興的書給我——用意近於帶遊子去吃蚵仔麵線或讓小孩去打一場寶可夢遊戲機——可憐我，在異鄉需要那麼一點「讓自己幸福快樂的東西」。

——是的，就像聖誕禮物，王文興對我的意義，從來並不只是文學，還是人生的。或許也近於銘刻效應——《家變》是我的兒童讀物——還不是小學高年級，而是在那之前。除了帶注音的讀本與童話，依我記憶，我是看完《愛的教育》、《湯姆歷險記》不久，就接續上《家變》。看《愛的教育》時，我對一詞多義還不是很了解，看到「我為你感到驕傲」有不同於「勝不驕」的意思，還讓我困擾很久。前兩本「適性適齡」的書，對我來說，不過是一些情節戲劇化，如同公園裡突然有人吵架，說不上喜歡不——但《家變》我卻讀得津津有味，完全融入。

從那時起，如果有人問我，我都會再三保證，《家變》易讀，更不難懂。我覺得下筆寫王文興艱辛，不是因為無物，而是憶起時，牽涉到非常私我、內在的內在——那是我幼年的祕密基地與堡壘——想到要跟人分享，就有點不甘心，也擔憂是否會不成體統——但文學，就是要克服這種小氣心理，並擺脫對「合理性」的依賴——這些都是我從「星雨」（興予）精神學來的勇氣。

我看到有文章說，「王文興大膽裂解了中文」，新造詞包括以「兔脱」代替「逃脱」，「登床」代替「上床」——我有點氣惱，大家是有多「膽小」啊！當然，很可能我曾經是個孩子讀者，我對文學的某種自我設限、強迫性標準化與背後的歷史意識形態，仍無所知——在《家變》裡，領受到的就是種「更真實、更親切的語言」。我們一般熟悉的「語言」，或說「成規語」，不過是「語言汪洋」裡的一小滴。在關於語言的定義上，本就認為人類語言有創造性與移位性——「假定跟喬哀斯有任何相關的話，只不過説都是表達出……，都很自由而已，〔……〕」——在《王文興訪談集》中，他這樣回答。——這看似普通的話，其實「異常精確」——大家可以想想，我們每天究竟做過什麼事，是「很自由」？——我的意思不是説「失去自由、不能隨心所慾」，而是嚴肅地説，無論一言一行，我們通常都只是重複固有的自由而已，要在那個「固有」上，

擴大、加添、容納更多一點別的東西——就是「感受」或「幻想」都好，我們就是沒那麼「很」自由。我不是說，只有王文興那樣才能算文學，而是單單那個「很自由」，都極其珍貴，得來不易。

當然有個較簡單的理論說法，就是所有致力於開發「語言離奇化」的作者，與「不那麼做」的作者的差異，在於他們發現與保衛的「單位」不同——後者假設的創造「單位」是以「作品」為一個創作單位，但前者認為「單位」存在於被後者認為「非單位」的「單位內部的次小單位」，可能是句、詞、字到標點。我很喜歡王文興在〈手記隨想，是我的書法〉裡的一句話，「所謂骨力……再細弱都是骨力。」我建議過一個閱讀《剪翼史》的方法，拿紙筆，將你覺得「被扭」的字句「扭回去」——比較兩者異同，你就會發現「扭回去」幾乎不可接受，也會理解「因扭成形」（我泛稱為「扭」，但包含的「打掉重練」並不只有「扭」）的

「文字空間」的意涵。雖然這樣做，近乎愚蠢，就像硬要給賈科梅蒂的雕塑長胖幾磅，才能體會「形銷」所指。這辦法笨得可以，但或許下下之策，可以一勞永逸。

第一個要記得的就是，他是多麼好的小說家。《新舊十二文》裡，有篇叫〈下午〉的，明顯是從契訶夫的〈渴睡〉來的，結構都是「小褓母為什麼殺了她照顧的嬰孩」，但有許多變異，比如〈下午〉的別名可以說是〈渴玩〉。裡面十歲女孩阿銀的苦悶，並不比任何一個想讀書的大學教授來得輕微——把一個一般會稱為「悲慘世界」的故事寫得「活色生香」，是把「警鈴」以「交響曲法」來演奏——但警鈴依然警鈴，交響曲法依然交響曲法。如果有人不解他為什麼在風格技巧上多重投入，當然不犯法——因為，歷來都有人抱怨莫札特音符太多，而梵谷顏料太兇。

除了幾乎將最好的奉獻給了小說，我希望我們會記得他的，還有，王文興是一個「愛一切藝術的人」——誰不是呢？不是。這裡我想說的「愛」，不是「喜歡」而已，而是行動上的付出。我自己不久前才寫過法國二〇、三〇年代電影的介紹，看他1981年寫

一九六〇年代，右起王文興、郭松棻。（陳竺筠提供）

◎張亦絢　巴黎第三大學電影及視聽研究所碩士。著有《我們沿河冒險》、《小道消息》、《晚間娛樂：推理不必入門書》、《性意思史》，長篇小說《愛的不久時：南特／巴黎回憶錄》、《永別書：在我不在的時代》等。

的〈三十年代法國影展觀後〉，真恨不得跑去向他打躬作揖，順便跟他說Vigo不是Vigot。當然有些細節，我有不同角度，但只以他對Vigo兩片的評論，我就想説他是「高人中的高人」。這讚美下去，我會停不住嘴，就只講一點。現在我們通常譯為《亞特蘭提號》（舊譯《船》）的一片，通説都知道它「對性的無有禁忌態度」十分卓絕——但像王文興那樣具體細數，我真覺得他配稱擁有「史上最不純潔的一雙眼」——這是「藝之大者」。如果曾經讀他的散文與訪談，應該會對他常説

約一九七〇年代，王文興、陳竺筠與楊牧（右）合影。（文訊・文藝資料研究及服務中心提供）

「讀不懂」一事會有印象——尤其有些作品並非以「難懂」著稱，我年輕時，還會在心中回嘴「不要那麼搞笑啦」。

　　但我近日覺得其中是有道理的，他所謂的「懂」：第一，可能不是「懂到齊平作者的宇宙」，還要「領會那個宇宙之前的宇宙」。第二，這種「懂」，還要能是「親身懂」而非「懂得別人的懂」——聽説有作曲家經年累月都只反覆研究別的作曲家一首曲子的幾個小節——我目前還沒到這個境界，可能因為我更常接觸到「我能懂」的作品——但我發現就連太宰治那種文體，也有人起首算起連三句都沒「讀懂」（一共立論三次並否定三次），如果這樣，要全部不懂也不難。所以，我認為，他絕非故弄玄虛，反而是對文學閱讀過程，經常存在的一般現象，有著非比尋常的關心。我一定想加一句

的是，我以為他真的是極其用功的讀者——再怎麼説，我是年輕一代，用功是比不上，但訊息流通比上一代容易許多——我有時聽人説起什麼偏門、少有人讀的作品，在王文興的散文或訪談裡，就會赫赫然發現，那是他早已攻入的陣地——實在令我除了佩服，還是佩服。

　　我最近一次，笑到無以復加，是因為讀到他一篇，現今會説的「抱怨文」——在〈談「好為人師」〉一文中，他抗議某編輯對散文的誤解，他寫道：「他約以為散文大概是一種把兩張紙刷來刷去塗成一片投郵寄出去的東西。」——這句話讓我笑到暈頭轉向，也就是那個「刷」字用得好，換成其他字，就絕無效果。文興先生，您最會寫小説、最愛藝術，最好笑——我最愛您，應該並不為過。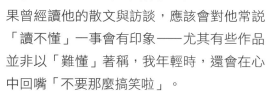

崎嶇的聲響
散憶王文興老師

◆ 楊佳嫻

　　搬離雲和街一帶以後，少有碰見王文興老師的機會了。學生時光裡，腳踏車十分鐘內就能到同安街底或溫州街，幾次一瞥王老師坐紀州庵餐廳窗邊吃麵喝湯，或見到他踽踽走在巷子裡。

　　王老師本就清癯，近年來有減無增，衣服鬆飄飄好像掛在身上似的。簡體字書店秋水堂臺大店還營業的時候，店裡常遇到王老師，安坐角落讀書。第一次碰見，有點驚喜，我還趨前請安，有點不知道說什麼好，感覺到自己太過粗豪，有點唐突他自成一格、細緻安寧的氛圍了，後來都是遠遠看一眼而已。

　　我不曾直接受教於王老師，多數接觸來自多場藝文活動同臺。雖然傳說也聽得很多：一個學期只教一個短篇小說，反覆斟酌聲音、用字、標點──教書的人有耐心，聽課的人要更有耐心，這樣鑽入小說骨髓裡去的教與學，可以想見學生們好與惡也很分明。

　　「他們在島嶼寫作」第一系列拍攝時，曾被小說家伊格言臨時拉去，竟莫名出現在《尋找背海的人》紀錄片裡。首映會上，有人問，傳主本人也喜愛電影啊，《書和影》裡還收了多篇影評，拍攝過程會不會想對導演提出建議呢？王老師笑了，他說我很想啊，但這不是我的電影，我忍住了（大意如此，未必是原話）。又談到片子裡觀者均詫異又樂道的「斗室鑿光」式寫作，那是全身投入，彷彿和文學對戰；據說一開始導演也希望自然呈現，不想打擾，拿出小型攝影器材交給王老師，詳細說明如何使用，交回來一看，竟沒有錄到任何東西，最後還是得專業人員拍攝。又有人問，攝影機盯著，房間又窄，小說家不會覺得尷尬、僵硬嗎？王老師還是微微笑：「我演我自己給你們看！」

　　我的品味不怎麼前衛，《背海的人》只看完上冊，《剪翼史》也始終沒什麼進度，多年來還是喜歡《十五篇小說》破裂與哀愁的氣息、《家變》跌宕的聲響和緊張感，也

1985年，王文興（中排左一）於臺北古亭天主堂領洗。（臺灣大學圖書館提供）

喜歡《星雨樓隨想》裡對於中外文學的武斷與洞見。我在臺大讀書時，幾位開設現代文學課程的教授，如柯慶明、梅家玲，為了教學便利起見，主要還是談王老師的短篇，尤其是〈欠缺〉和〈命運的迹線〉。〈欠缺〉的結尾：「呵，少年，也許那時我悲傷的不純是一個女人的失望我，而是因為感悲於發現生命中有一種甚麼存在欺騙了我，而且長久的欺騙我。」以王文興式的筆觸，表現了所有成長小説裡幻滅時刻的共相。而〈命運的迹線〉男孩拿刀想延長手掌上的壽命線，這樣對抗命運框限的行動，出自如此屨弱的身體，那傷痕與血跡又如此暴烈。

年輕時有次出席《聯合報》副刊辦的宗教文學座談，大約是為了增強氣息，地點設於宜蘭靈鷲山道場內，山風宜人，室內無須空調，雲霧穿窗而入，人人都朦朧。輪到我發言，發揮了一下「《紅樓夢》也可作宗教小説來讀」的觀點，講得不深，不只一僧一道、色空迷津之説，不只寶玉參禪未悟或大紅袈裟拜別，整部小説原是頑石歷劫歸來而開展的，帶有懺悔錄和崎嶇漸悟的色彩。後來副刊方面告知，也出席該場座談的王老師傳真了意見，説我的觀點很好之類的。那時我才知道，不是電郵也不是手機，王老師慣常使用傳真機溝通事情。我的年歲雖然恰好跨有無網路、有無手機的不同年代，也還是驚訝。在講求快捷與速效的年代裡，以如此傳統（傳真機竟然也算「傳統」了！）慢速的方式溝通交往，不可思議。然而，如果聯繫上王老師寫小説、讀小説、教小説的速度，那就渾然一體了。

回到讀者最熟悉的《家變》，裡頭偶然選字特異，更多的是個別字加粗黑體，左邊畫粗細不等的線，偶然出現讀過去無法立刻理解的空格，或以注音符號、拉丁字母來狀聲表情，凡此種種，都使得《家變》不單單是意義的文本，也是聲音和圖畫的文本，應

◎楊佳嫻 國立臺灣大學中文所博士，現為國立清華大學中文系副教授。著有詩集《少女維特》、《金烏》等四種，散文集《小火山群》、《以脆弱冶金》等六種，編有九歌《105年散文選》、《刺與浪：跨世代臺灣同志散文讀本》等四種。

2000年夏，王文興（左二）參加高中同學會，與昔日同窗林安達（左一）談論宗教問題。（臺灣大學圖書館提供）

對最較真的那種讀者，歡迎他們在坑坑巴巴的閱讀中反覆摩挲字符的質地，開鑿更大的感覺和理解。某一屆華文朗讀節，找了包含我在內的幾個人一同朗讀《家變》，小說家親自指導。王老師聲音低沉渾厚，不只動聽，還有點重量，令聽覺微微下沉。讀他的小說也知道他對於聲響如何表態，包括停頓與空白，極為注重。他替我順了幾次聲音該怎麼表現，建議我可以加上一點點身體姿態的變化來強調小說人物的情緒，當內容充滿憤怒焦急，我的身體應該前探，甚至稍稍離開座椅，然而同時肌肉緊繃。反覆練習多次，直到王老師滿意。現在我已經忘了實際上場的感覺，只記得排練時和王老師直角對坐，有些句子一再重讀，甚至由小說家先示範，然後我試著揣摩。

王老師那一代人的長篇小說，《家變》開頭是父親離家，「一個多風的下午，一位滿面愁容的老人將一扇籬門輕輕掩上後，向

籬後的屋宅投了最後一眼，便轉身放步離去」，白先勇《孽子》開頭是兒子被放逐，「一個異常晴朗的下午，父親將我逐出了家門。陽光把我們那條小巷照得白花花的一片，我打著赤足，拼命往巷外奔逃，跑到巷口，回頭望去，父親正在我身後追趕著」。「家變」——本是一個普通詞彙，卻在臺灣戰後的小說裡，因為王老師的書，突出而成為了一種特別主題。那是小說家之眼伸進日常與性別，看見倫理的毛邊、裂隙與變奏。《家變》裡家的變化走得比《孽子》徹底，最後根本不要父親了。

BBC之前有部影集*THE SPLIT*，講離婚律師檯面上下，中文翻譯為《家變》。那時看到還想，咦這誰的點子，是不是也讀過小說《家變》？

想起快樂的事

◆ 李時雍

彎伏的額顱，負重而賁張的肌理，比慢行更緩慢的攀行，只為背馱著命運中什麼巨大的物事。那是文藝復興藝術家提香（Titian）曾也捕捉住的神話薛西弗斯形象，受苦的人，終其一生，重複將巨石推至高山峰頂旋即又滾落而下。那也是多年前一部以小說家為傳主的紀錄片之名《推巨石的人》（2000），與代以揭開的序幕意象。

幽暗的課室因投映再現的小說場景——後來我逐一讀過〈命運的迹線〉、〈欠缺〉、〈最快樂的事〉等，尤其作家置身窄小桌前疾書的模樣令同學們屏息。乾淨無物的桌面似空白荒原，低伏埋首，如若慢行，紙面上流瀉的字體經雕刻捶打反覆而生，直到影像末了，我聽見小說家說：「以我的速度，《背海的人》用掉我二十五年的時間，用掉了四分之一世紀的時間，以我的年齡來講，後面恐怕很難再找到相等的時間來寫這樣一本書……」對他來說，真正的問題，因此並非是再寫什麼？而是，寫得完嗎？「下面的書不管我怎麼寫，大概都是白費工夫，要半途而廢的。」

那約莫是2006年後，我在剛進入清華臺文所碩班的課上，初識王文興的名字。那時他已集成前期的《十五篇小說》，曾以七年時間完成業已為臺灣現代主義經典的《家變》（1973），而《背海的人》上冊於1983年出版，18年後的1999年下冊付梓出版。我想是影片中談及文學語言時，近乎虔誠地，專注、致志渲染教室，又或是潛藏於作品書寫所經歷，極為戲劇性的時間規模，七年餘，四分之一世紀逾二十五年，又或最後凝結為那一薛西弗斯的形象深刻觸動自己，那既貫穿其作品母題存在式的虛空，與人為的抵抗意志，疊影著小說家日常近乎簡約、重複又重複的，文字閱讀、求索與錘鍊。

其後碩士班幾年，我擇定以王文興作品為主題，展開論文《局內局外：王文興小說論》的思考與撰寫，也因此更加深入小說家

1960年5月，《現代文學》創刊時編輯委員合影。前排左起：陳若曦、歐陽子、劉紹銘、白先勇、張先緒；後排左起：戴天、方蔚華、林耀福、李歐梵、葉維廉、王文興、陳次雲。（文訊‧文藝資料研究及服務中心提供）

的美學與文學觀念，並深刻影響著自己，包括其日後常被論及的造字、鑄字等對語言反叛般的信仰；像繪畫或古典樂般，著重文字意符的聲音、形狀、節奏、空白；小說所揭示的現代與傳統性、成長的失落，被拋擲的命運等主題。更包括關於「慢」的宣言，曾經顯得前沿而極端之姿，引起同代人困惑不解之說：「文字是作品的一切，所以徐徐跟讀文字纔算實實閱讀到了作品本體。……任何文學作品的讀者，理想的速度應該在每小時一千字上下。一天不超過二小時。作者可能都是世界上最屬『橫征暴斂』的人……」

看似形上之思、現代主義內面的摹寫，實際上亦有著現實的根基，尤其〈海濱聖母節〉、《背海的人》環山背海的南方澳，曾經是王文興服兵役之地。撰述論文的幾年，

我多次搭公車前去，在南天宮，與天主堂遙相對望，或沿著漁港與坳徑，迂行散步到靜謐的中學校園外之海岸，想像著主人翁「爺」匿身的足跡。

論文寫作中途，進而開始與王文興老師聯繫，總也在空白的紙面上，反覆草擬並手寫下短信，輸入傳真號碼，等待傳真機捎來回覆（日後在傳記電影《尋找背海的人》初見這臺傳遞的工具），默念著過去在書上先已熟悉的字跡，來回並約定好初次訪談的日期。

我與王文興老師初見於2009年5月28日午後三點的金石堂信義店。主要就當年我所感好奇的語言藝術，律則界限、與成長主體等問題請教老師。我們談了很長一個下午，老師話語慢緩，極細緻為我闡述寫作中的細

◎李時雍　國立臺灣大學臺灣文學研究所博士，曾任聯經出版公司文學主編、《幼獅文藝》主編、《人間福報》副刊主編、哈佛大學費正清中國研究中心侯氏家族獎學金研究員，著有散文集《給愛麗絲》、主編《百年降生：1900-2000 臺灣文學故事》等。

1961年夏，王文興與《現代文學》編輯同仁出遊野餐。前排左起：鄭恆雄、楊美惠；後排左起：杜國清、王禎和、陳若曦、白先勇、王國祥、王文興（後）、沈華、歐陽子。（臺灣大學圖書館提供）

1993年，王文興〈懷仲園〉手稿。（臺灣大學圖書館提供）

微思索。過後並就訪談稿做了詳盡的修訂，成為對我來說研究所階段最為重要的一件事，留下〈語言本身就是一個理由——王文興訪談錄〉一文。

也許隨著傳記電影的傳播，其後愈多見王文興以慢讀、精讀（close reading）形式的系列講座，在信義金石堂，在老師移居臺北童年生活的紀州庵；我總也隨著愈多聽眾參與其中，用幾個小時，慢讀一段古典詩詞、又或《家變》等。

在所有作品中，我最常想起是極短篇的〈最快樂的事〉，除其中透顯的對生之意義的疑問外，更多是其中文字運鏡的詩意。約莫同一時期，我看了尚·胡許（Jean Rouch）新浪潮時期短片《北站》（Gare du Nord），我總在小說與電影中深感一種同時代感覺的重複與虛無。也在同時，我讀到卡繆《薛西弗斯的神話》寫道，唯有在荷重攀行的往復片刻，命運係掌握在自己手中，因

此，薛西弗斯應是快樂的。

獲知王老師離開的消息，過後幾天，另一則較為人未留意的新聞傳來，佇立永康街口逾三十五年的信義金石堂書店到十一月底歇業。那幾天，車行途經，我總望著樓層透光的窗口。回想起那一天怎麼與王文興老師一齊上樓，他背著背包的背影鮮明，在一張小桌兩側，他與我交談著長長的話，又或後來在書店偌大的講堂聽老師緩緩念讀一段句子，然後與觀眾們交換各種詮釋的觀點。

兩千年紀錄影片最末結束於一句：「下面的書不管我怎麼寫，大概都是白費工夫，要半途而廢。」「事情如果做不完也還是做，因為世界上畢竟有太多的事也沒有做完，恐怕也是做了再說。」2016年，王文興完成新一部重要小說《剪翼史》，後來又出版《新舊十二文》（2019），及多部講談的作品。其中已然留下前行的深深履跡。我想，這已經是最快樂的事。

資料輯

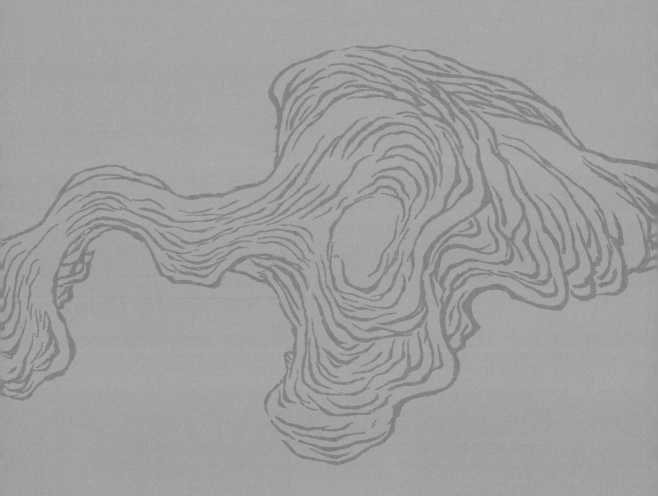

王文興文學年表

◆ 文訊編輯部整理

1939　11月4日，生於福建福州，家中排行第三。父王仲敏，母林蘊瑛。祖父王壽昌與嚴復、詹天佑同為清末官費留歐學童之一，與林紓中譯小仲馬《茶花女》為《巴黎茶花女遺事》。

1942　本年，隨父母遷居廈門。

1944　本年，五歲入學，值二次世界大戰期間，屢因日軍空襲而輟學。

1945　本年，抗日戰爭後，遷回福州。

1946　本年，舉家來臺，居屏東東港。
　　　本年，就讀東港國民學校。

1948　本年，舉家移居臺北，居於同安街的省政府員工宿舍（現為紀州庵文學森林）。
　　　本年，就讀臺北國語實驗國民小學，因學歷不完整，編入三年級下期春季班。

1951　本年，畢業於臺北國語實驗國民小學，考入臺灣師範學院附屬中學初中部。

1954　本年，畢業於臺灣師範學院附屬中學初中部，直升高中部。

1955　本年，高中時立定寫作為志向，受校內教師金承藝與郭軔指導甚深，並在英文老師吳協曼的指導下，埋首閱讀英文與翻譯小說。

1957　10月7日，翻譯法國作家莫泊桑（Guy de Maupassant）短篇小說〈海上〉於《聯合報》6版。
　　　11月22日，翻譯匈牙利作家吉沙·加當尼（Geza Gardonyi）短篇小說〈村中來了一個畫家〉於《聯合報》6版。
　　　本年，畢業於臺灣師範大學附屬中學高中部，考入臺灣大學外國語文學系。大學期間，熱衷閱讀，甚喜閱讀黎烈文翻譯的法文小說，同時師從美國客座教授Jacob Korg，閱讀英詩、卡夫卡與勞倫斯等作品，對其影響甚深。

1958　4月，短篇小說〈守夜〉發表於《大學生活》第3卷第12期。
　　　8月，短篇小說〈一條垂死的狗〉發表於《文學雜誌》第4卷第6期。
　　　本年，與白先勇、歐陽子、陳若曦等人組織文學社團「南北社」。

1959　2月，短篇小說〈一個公務員的結婚〉發表於《文學雜誌》第5卷第6期。
　　　4月，短篇小說〈殘菊〉發表於《文學雜誌》第6卷第2期。
　　　5月，翻譯〈英國知識份子的失望與徘徊——「憤怒的青年」為何憤怒？〉於《筆匯》第1卷第1期。
　　　6月6日，翻譯法國作家弗蘭薩·考佩（François Coppée）短篇小說〈紀念章〉於《聯合報》7版。
　　　6月，短篇小說〈痺〉以筆名「銅馬」發表於《文學雜誌》第6卷第4期。
　　　8月，短篇小說〈下午〉發表於《文學雜誌》第6卷第6期。
　　　8月，翻譯英國作家大衛·赫伯特·勞倫斯（David Herbert Lawrence）〈奔向何處——論帕索斯與漢明威的兩本書〉於《筆匯》第1卷第4期。

1960　3月，與白先勇、陳若曦、歐陽子等人創辦《現代文學》。發表多篇作品於該雜誌，並積極參與編務，策劃不少如卡夫卡、福克納、卡繆等西方現代作家專題。
　　　3月，短篇小說〈玩具手槍〉發表於《現代文學》第1期。
　　　3月，翻譯美國詩人埃茲拉·龐德（Ezra Pound）詩作〈阿克薩之古墓〉以筆名「金聲」發表於《現代文學》第1期。
　　　5月，短篇小說〈母親〉發表於《現代文學》第2期。
　　　5月，翻譯法國作家寇蒂斯·凱特（Curtis Cate）文論〈莎岡的興衰〉於《文學雜誌》第8卷第3期。

7月，翻譯美國／英國詩人艾略特（T. S. Eliot）詩作〈四首序曲〉以筆名「銅馬」發表於《現代文學》第3期。

9月，短篇小說〈日曆〉發表於《現代文學》第4期。

11月，短篇小說〈最快樂的事〉發表於《現代文學》第5期。

11月，短篇小說〈夏天傍晚回家的青年〉發表於《中外畫報》第53期。

11月，〈論臺灣的短篇小說〉發表於《文星雜誌》第37期。

11月，新詩〈你的纖手〉發表於《藍星詩頁》第24期。

1961　1月，短篇小說〈大地之歌〉發表於《現代文學》第6期。

5月，短篇小說〈草原底盛夏（懷念我遺失了一半底青年時代）〉發表於《現代文學》第8期。

5月，短篇小說〈結束〉發表於《大學生活》第6卷第24期。

7月，詩作〈六月的歌〉發表於《現代文學》第9期。

9月，短篇小說〈兩婦人〉發表於《現代文學》第10期。

10月，〈《美國詩選》評介〉發表於《文星雜誌》第48期。

11月，短篇小說〈大風〉發表於《現代文學》第11期。

本年，畢業於臺灣大學外國語文學系，隨後入伍。其中四個月於宜蘭南方澳服役，後以該地做短篇小說〈海濱聖母節〉與長篇小說《背海的人》場景。

1962　1月，詩作〈並非眼淚〉發表於《現代文學》第12期。

1月，翻譯美國作家凱瑟琳·安·波特（Katherine Anne Porter）短篇小說〈偷竊〉於《大學生活》第7卷第16期。

4月，短篇小說〈踐約：給先勇，for friendship〉發表於《現代文學》第13期。

11月，與白先勇合編《現代小說選》，由臺北現代文學雜誌社出版。

1963　3月，短篇小說〈海濱聖母節〉發表於《現代文學》第16期。

4月，翻譯美國文評家路易斯（R. W. B. Lewis）文論〈浪子與香客〉於《文星雜誌》第66期。

6月，短篇小說〈命運的迹線〉、〈寒流〉發表於《現代文學》第17期。

本年，赴美國愛荷華大學「作家工作坊」從事創作研究。

1964　1月，短篇小說〈欠缺〉發表於《現代文學》第19期。

3月，短篇小說〈黑衣〉發表於《現代文學》第20期。

1965　11月，主編《現代文學》第26至35期（1968年11月）。

本年，獲美國愛荷華大學藝術碩士學位，返臺任臺灣大學外國語文學系講師，教授小說課程，提倡精讀。

1966　2月，短篇小說〈龍天樓〉發表於《現代文學》第27期。

3月15日，應邀出席《幼獅文藝》為「現代藝術季」舉辦的「現代文學座談會」，探討現代文學創作趨勢與創作態度等議題，與會者有侯健、朱西甯、司馬中原、陳映真、鄭愁予、瘂弦、鄭文雄、張菱舲、段彩華等人。該藝術季由中美文化經濟協會發起，為慶祝青年節而舉行。

7月18日，開始寫作長篇小說《家變》。

本年，於臺灣大學中國文學系開設「現代文學」課程。

1967　6月，短篇小說集《龍天樓》由臺北文星書店出版。

1968 　5月，〈沙孚克里斯著《伊蕾克特拉》中的對比與衝突〉發表於《現代文學》第34期。

　　9月，〈《蒼蠅王》中的兩個中心主題——人類文明形成和人性的基惡〉發表於《書和人》第93期。

　　11月，〈《新刻的石像》序〉發表於《現代文學》第35期。

　　11月，"An Analytical Approach to D. H. Lawrence's *Sons and Lovers*"發表於《淡江學報》第7期。

　　11月，主編《新刻的石像——《現代文學》小說選第一集》，由臺北仙人掌出版社出版。

1969 　6月，短篇小說集《龍天樓》由臺北大林出版社出版。

　　8月27日，與陳竺筠結婚。

　　9月，〈第三研究室手記（續）〉發表於《幼獅文藝》第189期。

　　本年，赴美國布法洛城紐約州立大學研究一年。

1970 　10月，《玩具手鎗》由臺北志文出版社出版。

　　同年，升任臺灣大學外國語文學系副教授。

1971 　3月，〈羅麗達的真面目〉發表於《美國研究》第1期。

1972 　3月8日，主持《大學雜誌》於耕莘文教院舉辦「文學與社會」座談會，與會者有余光中、邢光祖、高準、彭歌、瘂弦共六人，座談會紀錄後刊載於7月《大學雜誌》第55期。

　　5月，〈我看《一個小市民的心聲》〉發表於《大學雜誌》第53期。

　　9月，長篇小說〈家變〉連載於《中外文學》第1卷第4期～第1卷第9期。

　　9月，〈我的一封抗議信〉發表於《大學雜誌》第57期。

1973 　4月，長篇小說《家變》由臺北環宇出版社出版。

　　9月，〈發展文學的捷徑〉發表於《中央月刊》第5卷第11期。

　　12月，〈論臺灣的短篇小說〉發表於《中國文選》第80期。

1974 　1月，開始寫作長篇小說《背海的人》。

　　4月，〈《聊齋》中的戴奧尼西安小說——〈狐夢〉〉發表於《幼獅文藝》第244期。

1976 　3月，〈古典才子王文興談現代女權〉發表於《婦女雜誌》第90期。

　　10月，短篇小說〈欠缺〉收錄於Joseph S. M. Lau、Timothy A. Ross編*Chinese Stories from Taiwan: 1960-1970*，由美國哥倫比亞大學出版。

　　本年，以交換學者名義赴美國傑克森維爾市佛羅里達大學等校，授課並研究一年。

1977 　5月14日，〈給歐陽子的信〉發表於《聯合報》12版。

1978 　2月，〈鄉土文學的功與過及其經濟觀和文化觀〉發表於《夏潮》第4卷第2期。

　　3月5日，〈讀楊牧的詩〉發表於《聯合報》12版。

　　11月，長篇小說《家變》由臺北洪範書店出版。

　　12月17日，臺、美斷交，受《聯合報·副刊》採訪之〈「保護臺灣，建設臺灣」是我們目前的理想〉。後刊載於《聯合報》12版「邁向頂風逆浪的征程——請聽文學藝術工作者堅定的聲音」專題。

1979 　5月5日，〈創造文言、白話、歐化的理想文體〉發表於《聯合報》12版「新文學的再出發！——文藝節特輯」。

　　9月，短篇小說集《十五篇小說》由臺北洪範書店出版。

　　本年，長篇小說《背海的人》（上冊）書寫完成。

　　本年，升任臺灣大學外國語文學系教授，教授小說課程。

1980 　1月1日，〈怎樣做，一個作家才不會被毀掉〉發表於《聯合報》8版「創造現代文學的盛唐！——展望八十年代的中國文壇」專題。

　　8月3日，出席《現代文學》創刊20週年酒會，與白先勇、李歐梵、姚一葦共同主持。

9月11日，應邀出席中國時報社舉辦的「時報文學週」活動，主講「重認《聊齋》——試讀〈寒月芙蕖〉」。講詞刊於10月7日《中國時報》8版。

9月14～21日，長篇小說〈背海的人〉（上）摘要刊出，連載於《中國時報》8版。

9月16日，〈如何「審判」小說〉發表於《聯合報》8版，本文爲應第五屆「聯合報小說獎」之邀，表述評審審美標準的專文。

9月27日，應邀出席「聯合報第五屆短篇小說獎」總評會議，與會者有朱炎、余光中、林海音、劉紹銘。會議紀實後刊於《聯合報六九年度短篇小說獎作品集》，由臺北聯合報社出版。

10月，長篇小說〈背海的人〉（上）連載於《中外文學》第9卷第5～7期。

11月14日，〈人情練達卽文章——評〈自己的天空〉〉發表於《聯合報》8版。

1981　4月4日，〈精神的福音書——文豪托爾斯泰二三事〉發表於《聯合報》8版。

4月，長篇小說《背海的人》（上冊）由臺北洪範書店出版。

5月15日，〈永遠芬芳的花朵——介紹「1930年代法國電影展」九部名片〉發表於《中國時報》8版。

10月23日，〈金馬聲中讀楚浮〉發表於《中國時報》8版。

12月，〈《現代文學論》序〉收錄於《聯副三十年文學大系評論卷3：現代文學論》，由臺北聯合報社出版。

本年，父親王仲敏逝世。

1982　3月，短篇小說集《龍天樓》由臺北大林出版社再版。

9月25日，〈《墮落天使》、《扒手》和《布龍森林的貴婦》〉發表於《中國時報》8版。

1983　1月，〈從神話到電影——《奧菲》〉發表於《電影欣賞》第1卷第1期。

7月6日，〈藝術與思想結合的實證〉發表於《聯合報》8版。

8月17日，〈隨想四題〉發表於《聯合報》8版。

9月，〈《天堂的小孩》欣賞〉發表於《電影欣賞》第1卷第5期。

10月7～9日，〈《蒼蠅王》中的兩個中心主題——本屆諾貝爾文學獎得主威廉‧高汀作品中的「人類文明形成和人性的基惡」〉連載於《中國時報》8版。

12月6～7日，〈統一與矛盾——《美麗新世界》與《一九八四》政治立場的比較〉連載於《中國時報》8版。

1984　5月12日，〈電影就是文學〉發表於《聯合報》8版。

6月6日，〈電影還是文學〉發表於《聯合報》8版。

6月11日，〈狄更司的《孤雛淚》〉發表於《中國時報》8版。

10月3日，〈《滄桑》讀後〉發表於《中國時報》8版。

10月7日，〈旅途和島嶼——柏格曼的電影模式〉發表於《中國時報》8版。

11月6日，〈《錫鼓》縶縶〉發表於《中國時報》8版。

12月23日，〈和氣的人〉發表於《聯合報》8版。

1985　2月，〈手記閑鈔〉發表於《聯合文學》第4期。

3月15日，〈張曉風的藝術——評《我在》〉發表於《中國時報》8版，後改篇名爲〈張曉風的散文——從《我在》談起〉。

5月16～17日，〈《葛楚》及其他〉連載於《聯合報》8版。

9月，〈《寫給幸福》序〉收錄於席慕蓉著《寫給幸福》，由臺北爾雅出版社出版。

10月1日，〈人文與人道——尙‧雷諾電影的分類〉發表於《中國時報》8版。

11月，〈手記續鈔〉發表於《聯合文學》第13期。

1986　2月18日，〈我爲什麼要寫作〉發表於《聯合報》8版，後改篇名爲〈爲何寫作〉。

3月12～13日，〈思維詩的來臨——評介葉維廉《憂鬱的鐵路》〉連載於《中國時報》8版。

3月18日，詩作〈孔雀之歌〉發表於《聯合報》8版。

5月12日，〈德萊葉的《復活》〉發表於《中國時報》8版。

5月，《當代》雜誌創刊，任編輯顧問，至1996年2月。

6月27日，〈李祖原水墨畫展小記〉發表於《中國時報》8版。

8月15日，〈現代主義的質疑和原始〉發表於《中國時報》8版。

9月，〈故人與舊作〉發表於《當代》第5期。

11月8～10日，與英國格雷安·葛林（Graham Greene）、日本遠藤周作獲輔仁大學選為第一屆「國際文學與宗教會議」重點作者，應邀出席「國際文學與宗教會議」。議程第三日，發表專題演講〈士為知己者死〉的文學〉，講詞後刊於12日《中國時報》8版。

11月9日，應《中國時報·副刊》之邀，與遠藤周作進行「從《沉默》到《家變》」文學對話。對談紀錄刊於17日《中國時報》8版。

1987　1月，〈無休止的戰爭〉發表於《文星雜誌》第103期。

9月16日，〈神話集〉發表於《聯合報》7版「手記文學展」專欄。

10月9日，應邀擔任耕莘青年寫作會「大陸三十年代文學」系列講座主講人。

1988　1月5日，〈我的新年新計畫〉發表於《中央日報》18版。

3月，獨幕劇〈M和W〉發表於《聯合文學》第41期。

4月，《書和影》由臺北聯合文學出版社出版。

5月21日，應邀出席《聯合文學》、《聯合報·副刊》、世華銀行慈善文化基金會共同舉辦的十場中國經典小說解析講演，與康來新、葉慶炳、鄭明娳等人擔任主講。

6月，〈現文憶舊〉發表於《中國時報》18版。

8月，臺南人劇團於華燈小劇場搬演王文興獨幕劇作〈M和W〉。

9月16～18日，〈研究室手記：宗教及其他〉發表於《聯合報》21版。

10月11日，〈談《附魔者》〉發表於《中央日報》16版。

10月21日，〈無所為而為的散文——評〈酒與補品的故事〉〉發表於《中國時報》18版，後改篇名為〈無所為而為的散文——評柯翠芬作〈酒與補品的故事〉〉。

1989　8月，〈立體與平面——評王湘琦的〈黃石公廟〉〉發表於《聯合文學》第58期。

12月6日，〈瑪格麗·杜哈的書和影〉發表於《中國時報》27版。

本年，母親林蘊瑛逝世。

1990　2月，〈五省印象（上）〉發表於《聯合文學》第64期。

3月，〈五省印象（下）〉發表於《聯合文學》第65期。

9月19日，「書巢」推出名家名作系列講座，主講「周作人的小說」。

1991　2月，〈山河略影（上）〉發表於《聯合文學》第76期。

3月，〈山河略影（下）〉、〈後期印象觀〉發表於《聯合文學》第77期。

4月7日，〈憶往〉發表於《中國時報》31版。

4月，〈中國社會主義的Human Face：讀何新先生文章的感想〉發表於《海峽評論》第4期。

6月，〈仕女圖——觀曾縵雲女士畫作〉發表於《雄獅美術》第244期。

7月25日，〈視覺至上：黑澤明的改變〉發表於《聯合報》25版。

1992　5月9日，〈導演與演員——舊片《馬蒂》析談〉發表於《中國時報》38版。

5月，與陳若曦、白先勇於1959年先後致信赴美執教的夏濟安，請教文學閱讀、創作與創辦《現代文學》等問題。這些信件由夏志清整理為〈濟安師祝勉《現文》主編——名作家書信選錄〉一文，刊於《聯合文學》第91期。

6月7日，應邀出席新聞局電影處、文建會、聯合文學出版社與年代影視舉辦的「文學電影營」活動，與吳念真、黃春明共同擔任主講人。

9月，〈西北東南（上）〉發表於《聯合文學》第95期。

10月17日，應邀出席於臺北耕莘文教院舉行之「現代臺灣文學講座第八次專題研討」，主講「漫談言淺意深的文學」，講詞〈言淺意深的文學〉後刊載於本年12月4日《中國時報》33版。

10月，〈西北東南（下）〉發表於《聯合文學》第96期。

11月7日，〈高里斯麥基的浪漫〉發表於《中國時報》22版。

1993　3月6日，誠品書店舉辦「40位當代作家親筆簽名珍藏會」活動，現場展售包括王文興在內共40位作家親筆簽名作品。

4月6日，〈重遊小記〉發表於《聯合報》37版。

8月22日，〈懷仲園〉發表於《中國時報》27版。

9月，長篇小說《背海的人》上冊英文版本 *Backed against the Sea*，由美國康乃爾大學出版（Edward Gunn翻譯）。

11月27日，〈也談費里尼——費里尼電影的新與舊〉發表於《中國時報》39版。

11月，王文興口述；許慧蘭記錄整理〈王文興略談文學佳譯〉，刊於《藝術家》第222期。

1994　7月6日，長篇小說《家變》獲張大春製作主持的電視讀書節目《縱橫書海》，選為對臺灣影響深遠的30本書籍之一。

1995　5月，長篇小說《家變》英文版本 *Family Catastrophe*，由美國夏威夷大學出版（Susan Dolling翻譯）。

10月，應邀赴德國柏林參加世界作家會議，個人論題為「德譯《背海的人》上冊」。

1996　8月12日，〈波德萊爾禮讚〉發表於《中國時報》19版。

9月，鄭樹森主編《草原底盛夏》，由臺北洪範書店出版。

12月，〈《卡拉馬佐夫兄弟》一書中的宗教觀〉發表於《聯合文學》第146期。

1997　1月8日，〈行雲流水，筆鋒幽默：《山居歲月》觀後感〉發表於《中國時報》31版。

11月，〈巴里島〉發表於《中外文學》第26卷第6期。

12月25日，應邀出席行政院文建會主辦，《聯合報·副刊》承辦之「臺灣現代小說史研討會」，擔任「小說家的挑戰」座談會引言人，主持人為瘂弦，引言人另有黃春明、李喬、李昂、張啟疆、黃錦樹。座談紀錄連載於1998年1月19～20日《聯合報》41版。

本年，長篇小說《背海的人》（下冊）書寫完成。

1998　5月，受《遠見雜誌》專訪之文章〈二十四年一場「背海」夢〉發表於《遠見雜誌》第143期。當時王文興正投入長篇小說《背海的人》最後的抄寫工作。

7月，〈波特萊爾仿譯7首暨序〉發表於《中外文學》第27卷第2期。

1999　1月，長篇小說〈背海的人〉（下）連載於《聯合文學》第171～176期。

2月5日，長篇小說《家變》獲行政院文建會委託《聯合報·副刊》評選為30部「臺灣文學經典」之一。

4月24日，《中國時報·人間副刊》與慈濟大愛電視臺合作推出「人生採訪——當代作家映象」專題，製作包括王文興在內12位作家的文字報導與系列節目。王文興之年表、新作與專訪文章連載於本年11月《中國時報》37版，同時由慈濟大愛電視臺製播《人生採訪——當代作家映象8：王文興》專輯。

6月10日，《家變》獲香港《亞洲週刊》選為20世紀小說一百強之一。

6月，長篇小說《家變》法文版本 *Processus familial*，由法國ACTES SUD出版（Camille Loivier翻譯）。

9月，長篇小說《背海的人》（上、下冊）由臺北洪範書店出版。

11月18～19日，〈今日美語〉連載於《中國時報》37版之「人生採訪——當代作家映象8：王文興」專題。

11月18～20日，〈大事紀〉連載於《中國時報》37版「人生採訪——當代作家映象8：王文興」專題。

11月20～22日，受成英姝專訪之文章〈融會貫通的模仿〉連載於《中國時報》37版「人生採訪——當代作家映象8：王文興」專題。

11月23日，受成英姝專訪之文章〈《家變》的語言形式〉發表於《中國時報》37版。

12月4日，應邀出席《中國時報‧人間副刊》舉辦的「王文興座談會」。該座談爲「人生採訪——當代作家映象」專題活動，主席爲楊澤，與會者另有易鵬、賴香吟、楊照等人。座談紀錄後刊載於本月15日《中國時報》37版。

12月23日，長篇小說《背海的人》（下）獲《聯合報‧讀書人》年度最佳書獎。

2000　3月，〈波特萊爾印象〉發表於《聯合文學》第185期。

4月28日～5月1日，受黃恕寧訪談之文章〈現代交響樂——王文興訪談錄〉連載於《聯合報》37版。

9月，長篇小說《家變》由臺北洪範書店再版。

9月，捐贈《家變》、《背海的人》、雜記手稿以及信函予臺灣大學圖書館典藏。

10月16日，受吳婉茹專訪之文章〈文學的馬拉松——訪王文興談《家變》再版〉發表於《聯合報》37版。

11月15日～12月31日，臺灣大學圖書館舉辦「王文興手稿資料展——臺大近代名家手稿系列展之一」，並針對王文興作品舉辦座談會與數場專題演講。

11月17日，應邀出席臺灣大學舉辦之「與王文興教授談文學與寫作」座談會，該座談爲王文興手稿資料展系列活動之一。座談紀錄後刊於《中外文學》第30卷第6期「王文興專號」。

本年，春暉影業與公視合作製播「作家身影系列二：咱的所在、咱的文學」，拍攝包括王文興在內共13位作家的紀錄片，王文興部分爲《作家身影系列13：推巨石的人——王文興》。

2001　1月18日，應邀出席東華大學創作與英語文學研究所舉辦之「四首詞的討論」座談會。座談紀錄後刊於《中外文學》第30卷第6期「王文興專號」。

2月17日，應邀出席臺灣師範大學英語學系與文化研究學會合辦之「文化研究論壇」，與羅青對談。對談紀錄後刊於《中外文學》第30卷第6期「王文興專號」。

4月24～26日，短評〈有海明威的筆意——讀〈秋明〉〉、〈聯上文，更爲有趣——讀〈秋婉〉〉、〈虛中有實，力量可觀——讀〈秋暮〉〉連載於《聯合報》37版。

6月30日，應邀出席臺灣師範大學英語學系與文化研究學會合辦之「文化研究論壇」，與李祖原對談。對談紀錄後刊於《中外文學》第30卷第6期「王文興專號」。

8月29日，接受林秀玲專訪。訪談文章〈林秀玲專訪王文興：談《背海的人》與南方澳〉後刊於《中外文學》第30卷第6期「王文興專號」。

11月，〈蘇子瞻黃州赤壁三構合讀〉發表於《中外文學》第30卷第6期「王文興專號」。

11月，《中外文學》第30卷第6期推出「王文興專號」，以長篇小說《背海的人》、中國詩詞藝術、傳統與現代美學爲主題，收錄專訪、側寫與數篇論文，並舉辦座談會，收錄座談紀錄。此外，亦收錄臺灣大學圖書館舉辦之「王文興手稿資料展」活動紀錄與相關論文，該專號多元面向地呈現王文興的藝術成就。

2002　7月，《小說墨餘》由臺北洪範書店出版。

2003　3月21日，〈書法是藝術的頂巔——董陽孜「字在自在」書法展贈言〉發表於《中國時報》43版。

3月29日，應邀出席董陽孜「字在自在」書法展之書藝系列座談會，與姚仁祿對談。對談紀錄後刊於6月8日《聯合報》E7版。

7月，《星雨樓隨想》由臺北洪範書店出版。

12月5日，〈非常有意義的活動——我看「最愛100小說大選」〉發表於《聯合報》E7版。

12月11日，接受臺灣大學建築與城鄉研究所訪談。訪談紀錄後刊於《市定古蹟紀州庵修復調查研究（含再利用構想暨保存區計畫）》，由臺北市文化局出版。後經文訊雜誌社整理爲〈憶紀州庵舊事——兼談對紀州庵文學森林發展的期待〉，刊於《文訊》第311期。

12月31日，《星雨樓隨想》獲《聯合報》讀書人年度最佳書獎。

2004 2月，短篇小說集《十五篇小說》法譯爲 *La Fête de la déesse Matsu*（海濱聖母節），由法國ZULMA出版（Camille Loivier翻譯）。

3月13日，〈星雨樓癸未隨想〉（1～14）連載於《聯合報》E7版，至隔年1月9日刊畢。

3月22日，〈從一開始〉發表於《中國時報》E7版。

5月1日，應邀出席「文學與建築的對話」座談會，阮慶岳爲主講人。座談紀錄後刊於7月《臺灣建築報導雜誌》第106期。

2005 2月，與妻子陳竺筠同時自臺灣大學外國語文學系退休，專事寫作。

2月，以宗教爲主題，開始寫作第三部長篇小說。

3月20日，臺北城南水岸文化協會舉辦「文學與音樂相遇在紀州庵」活動，推行同安街老樹及古蹟紀州庵之保存運動，王文興、余光中及隱地應邀出席座談，回憶臺北城南的昔時風貌。

3月，〈經典劇作的眞實呈現：《慾望街車》觀後感〉發表於《聯合文學》第245期。

2006 2月，應法國國家科學研究中心之邀，與法國作家雅各‧胡博（Jacques Roubaut）同以數字爲題旨各自創作。王文興後完成短篇小說〈明月夜〉，於6月赴巴黎「人文學科之家」參加創作討論會，提出作品並發表講演。

6月30日，短篇小說〈明月夜〉發表於《聯合報》E7版。

11月，《書和影》由臺北聯合文學出版社再版。

2007 5月11日～6月15日，應邀出席中央大學文學院舉辦的「《家變》逐頁六講」講座，每週一回，與師生討論《家變》文本與寫作過程。

5月，〈源源不絕的曲折〉發表於《印刻文學生活誌》第45期。

9月，〈《星雨樓隨想續文》序〉、〈三城見聞——星雨樓隨想續文〉、〈巴黎五日——星雨樓隨想續文〉、〈王文興大事記〉發表於《逍遙》第15期。

11月3日，〈郭軔的抽象新作〉發表於《聯合報》E3版。

11月15日，獲臺灣大學頒授名譽文學博士學位。

11月，《我如何寫小說》DVD由臺灣大學出版中心出版。

2008 1月，〈1981年手記：星雨樓隨想續文〉發表於《聯合文學》第279期。

2月，〈1981年舊抄：星雨樓隨想續文〉發表於《逍遙》第20期。

3月10～11日，應邀赴新加坡萊佛士初級學院，進行兩場與長篇小說《家變》、短篇小說〈命運的迹線〉相關的演講。

3月11～13日，〈1980年手記：星雨樓隨想續文〉連載於《聯合報》E3版。

8月21日～9月25日，應麥田出版公司之邀，每週一次於金石堂書店（臺北信義店）講授「詩文慢讀六講」課程。後於同年11月17~18日，以題名〈王文興詩文慢讀〉（林國卿筆錄）連載於《中國時報》E4版；又節選9月4日第三講〈王文興讀唐人傳奇——盧頊表姨〉，於同年12月22~23日，以題名〈王文興讀唐人傳奇：盧頊表姨〉（林國卿筆錄）連載於《聯合報》E3版。

9月21日，應邀出席「白先勇的藝文世界」系列講座——「驀然回首：現代文學！」座談會，與白先勇、陳若曦、葉維廉、李歐梵、鄭恆雄對談。

9月30日，應九歌出版社之邀，出席陳若曦於臺北明星咖啡館舉行之「《堅持‧無悔——陳若曦七十自述》新書發表會」。

12月10日，〈王文興談莊子〉（王文興主講，林國卿記錄）發表於《自由時報》D13版。

12月，〈前輩的成就〉發表於《傳記文學》第559期。

2009　1月，林國卿筆記整理王文興「小說探微」授課紀錄，共九講，連載於《聯合文學》第291～299期。內容為精讀凱薩琳・曼斯菲爾德（Katherine Mansfield）的短篇小說〈玩具屋〉（"The Doll's House"）。

2月19～21日，應邀出席加拿大卡加利大學主辦之「中文敘事語言的藝術：王文興國際研討會」（Art of Chinese Narrative Language: International Workshop on Wang Wen-hsing's Life and Works）暨王文興劇作及短篇小說公演；與妻子陳竺筠分別以中、英文演說「讀與寫」、「平靜儉樸的生活」。

4月9～30日，應麥田出版公司之邀，每週於金石堂書店（臺北信義店）講授「詩文慢讀續講」課程。

10月29日，應邀出席第13屆「國家文藝獎」頒獎典禮，獲頒文學類獎章。

11月4日，應邀出席麥田出版公司舉辦的「從《家變六講》談詩文慢讀——王文興新書發表會暨榮獲國家文藝獎慶賀會」，同時慶祝70歲生日。

11月，《家變六講——寫作過程回顧》由臺北麥田出版公司出版。

2010　3月4～25日，應麥田出版公司之邀，每週於金石堂書店（臺北信義店）講授「稼軒詞選四講」課程。

5月8日，應邀出席臺北市文化局主辦，財團法人臺灣文學發展基金會承辦之「穿越林間聽海音——林海音文學展」系列講座，與余光中以「巷道的詩，河岸的小說」為題於紀州庵新館對談，由康來新主持。

6月4～5日，應邀出席中央大學主辦的「演繹現代主義：王文興國際研討會」。

10月29日～12月10日，應中央大學、臺灣大學、麥田出版公司之邀，前後三週分別於中央大學與臺灣大學講授《背海的人》六講」課程。

11月，《王文興手稿集：家變、背海的人》由臺北行人文化實驗室、臺灣大學圖書館、臺灣大學出版中心聯合出版。

12月，《家變例講》DVD由臺灣大學出版中心出版。

2011　1月，《玩具屋九講》由臺北麥田出版公司出版。

1月，《背海的人例講》DVD由臺灣大學出版中心出版。

4月6日，應邀出席目宿媒體公司策劃製作的「他們在島嶼寫作・文學大師系列電影」聯合發表會。此系列電影由和碩聯合董事長童子賢發起，以王文興、余光中、林海音、周夢蝶、楊牧、鄭愁予六位作家為主題，共拍攝六部文學電影。王文興部分由林靖傑執導，為《尋找背海的人》。

4月8日，應邀出席於臺北國賓影城舉辦的《尋找背海的人》首映會。

4月22日，獲法國在臺協會頒贈法國藝術暨文學騎士勳章。

4月，黃恕寧、Fred Edwards合編 *Endless War: Fiction and Essays by Wang Wen-hsing*，由美國康乃爾大學出版。

5月22日，應邀出席文訊雜誌社與趨勢教育基金會、國家圖書館、國立臺灣文學館、成功大學文學院合辦的「百年小說研討會」，專題演講「魯迅《古小說鉤沉》的啟示」，專題演講紀錄後刊於7月《文訊》第309期。

7月30日～8月13日，應麥田出版公司之邀，每週於金石堂書店（臺北信義店）講授「《背海的人》三講」課程。

8月27日，應邀赴馬來西亞吉隆坡，獲頒第六屆「花踪世界華文文學獎」。

8月，擔任臺灣師範大學應用華語文學系講座教授。

10月13、21、31日，應邀出席臺灣師範大學應用華語文學系與通識教育中心合辦之文學講座，主講

「《家變》例講」。

11月12日，應邀出席臺北市文化局、文訊雜誌社、紀州庵文學森林合辦之「臺北的告白：關於我的10件事」主題書展開幕式。

12月24日，紀州庵文學森林正式開幕，應邀出席「歡鑼喜鼓慶開館——來去紀州庵文學森林」活動。

2012　3月22、29日，應邀出席臺灣師範大學通識教育中心主辦之「我的創作歷程」藝文講座，主講「《背海的人》例講一、二」。

3月，包括林靖傑執導《尋找背海的人》在內，《他們在島嶼寫作》12片DVD與六本小傳，由臺北行人文化實驗室出版。

4月12日，應邀出席臺灣師範大學通識教育中心主辦的「我的創作歷程」藝文講座，主講《背海的人》例講三」。

4月20日，應邀出席紀州庵文學森林舉辦的「文人、水岸，我的生活我的家：紀州庵暨城南文學脈流展」開幕春茶會。

5月31日，應邀出席淡江大學外國語文學院主辦的「大師演講」活動，主講「如何接近文學——鄭板橋『道情』例講」。

7月，接受中國《南方人物週刊》專訪。訪談文章〈雕刻小說〉後刊於《南方人物週刊》2012年第23期。

12月7日，應邀出席紀州庵文學森林與上海商業銀行文教基金會合辦的「我們的文學夢」系列講座，主講「《家變》的場景」。

12月12、17日，應邀出席臺灣師範大學應用華語文學系與臺灣語文學系合辦的文學講座，主講「《背海的人》」。

12月23日，應邀出席紀州庵文學森林舉辦的「馬路嘉年華：紀州庵文學森林慶週年」活動。

2013　2月1日，應邀出席臺灣大學出版中心於臺北國際書展主辦「當夢想與理想交會——《我的學思歷程6》新書發表暨座談會」，與吳炫三、劉炯朗主講，柯慶明主持。

3月2日，接受中國《新京報》專訪。訪談文章〈王文興：沒有筆記的書等於白念〉後刊於《新京報》C13版。

5月16日，應邀出席臺灣師範大學應用華語文學系與通識教育中心合辦的「電影座談會」。

5月21、30日，應邀出席臺灣師範大學應用華語文學系與通識教育中心合辦的文學講座，主講「《背海的人》」。

12月，黃恕寧、康來新、洪珊慧合編「慢讀王文興」叢書，共七冊，由臺灣大學出版中心出版。

12月，康來新編《原來數學和詩歌一樣優美：王文興新世紀讀本》，由臺灣大學出版中心出版。

2014　1月18日，出席臺灣大學出版中心於紀州庵文學森林主辦的「慢讀王文興：小說背後的作者世界」座談會，與柯慶明、單德興對談。座談紀錄後刊於7月《文訊》第345期。

2月7日，出席臺灣大學出版中心於臺北國際書展主辦「一個人的戰爭——慢讀王文興叢書新書發表會」，與叢書主編黃恕寧、康來新、洪珊慧座談，柯慶明主持。

11月2日，香港電臺《雕刻文學——王文興》紀錄片首播。

2015　5月9日，應邀出席於紀州庵文學森林舉辦的臺北文學季閱讀講座，演講「記憶／同安街：跟王文興、單德興一起讀《家變》」。

6月20日，應邀出席由中央大學中文系康來新教授策畫鐵路文化節於梅門德藝天地演講，以小說作品《家變》、〈寒流〉中出現的鐵道場景為題，講述縱貫線與萬新線的文學場景，翁智琦記錄後刊於2016年1月《文訊》第363期。

12月27日，應邀出席於紀州庵文學森林周年慶特展「都市萬新·日日萬新」之鐵道講座，講述《家變》中鐵道意象等。

2016　2月19日，應邀出席臺北國際書展文訊雜誌社主辦「城之南──從文訊到紀州庵的文化創意實踐」，與向陽對談，陳美桂主持。

8月6日，出席洪範書店於紀州庵文學森林舉辦「《剪翼史》新書發表會暨特展開幕」，分享13年創作《剪翼史》的心路歷程。

8月20日，應邀出席紀州庵文學森林加場舉辦「《剪翼史》朗讀會」。

8月，〈洪範四十年〉，〈王文興長篇小說《剪翼史》（摘錄）〉發表於《文訊》第370期。

2017　1月，《台灣文學英譯叢刊》第39期推出「王文興專輯」。

2月11日，應邀出席臺北國際書展座談「青春版《家變》與紀州庵文學森林」，與盧怡方對談，陳美桂主持。

2月，〈序──文學與學問雨中歸來〉收錄於葉維廉著《雨霧中歸來》，由臺灣大學出版中心出版。

9月2日～10月21日，應紀州庵人文講堂之邀，於紀州庵文學森林講授「『舊詩新探』──李商隱詩的再認」課程。

2018　1月，〈余先生的後院〉發表於《文訊》第387期。

2月11日，應邀出席文訊雜誌社主辦於臺北國際書展活動，主講「從《家變》到《剪翼史》」，分享創作歷程並現場朗讀《家變》和《剪翼史》裡文句。

6月，〈跨領域文學例講〉發表於《東海中文學報》第35期。

10月12日，〈大一國文重修〉發表於《聯合報》D3版。

2019　2月15日，應邀出席文訊雜誌社主辦於臺北國際書展活動，「推石的人：談王文興」，與康來新、陳美桂會談。

3月，〈星雨樓續抄之一：人的身體是一座箜篌〉發表於《文訊》第401期。

5月，〈星雨樓續抄之二：比夢還要超現實〉發表於《文訊》第403期。

7月，〈星雨樓續抄之三：一隻蝴蝶的重要與時長〉發表於《文訊》第405期。

9月，〈敬懷張秀亞教授〉，〈星雨樓續抄之四：只一個靜字〉發表於《文訊》第407期。

11月，〈星雨樓續抄之五：夢中自有所遇〉發表於《文訊》第409期。

11月，文集《新舊十二文》由臺北洪範書店出版。

12月29日，出席洪範書店於紀州庵文學森林主辦「似曾相識燕歸來──《新舊十二文》新書分享會」主講，與康來新、洪珊慧會談。

2020　1月，〈星雨樓續抄之六：滿空的烏雲都不見了，到那兒去了？〉發表於《文訊》第411期。

2月，〈星雨樓續抄之七：荒唐絕倫的離奇〉發表於《文訊》第412期。

3月，〈真正的藝術家〉，〈星雨樓續抄之八：關係都在夢境上〉發表於《文訊》第413期。

4月，〈星雨樓續抄之九：每個人都是大藝術家〉發表於《文訊》第414期。

5月，〈星雨樓續抄之十：淚比珍珠珍貴〉發表於《文訊》第415期。

6月，〈星雨樓續抄之十一：懷疑是智慧，但堅信是美德〉發表於《文訊》第416期。

7月，〈星雨樓續抄之十二：童趣與老境之間〉發表於《文訊》第417期。

8月，〈星雨樓續抄之十三：關於科學，我想說的是……〉，〈《剪翼史》勘誤表〉發表於《文訊》第418期。

9月，〈星雨樓續抄之十四：物質文明的夏日隨想〉發表於《文訊》第419期。

10月，〈星雨樓續抄之十五：知老之已至云爾〉發表於《文訊》第420期。

11月，〈星雨樓續抄之十六：不出門與天下事〉發表於《文訊》第421期。

12月，〈星雨樓續抄之十七：飲食男女，人之大欲〉發表於《文訊》第422期。

2021 1月，〈星雨樓續抄之十八：動物方城市〉發表於《文訊》第423期。

2月，〈星雨樓續抄之十九：手記隨想，是我的書法〉發表於《文訊》第424期。

3月，〈星雨樓續抄之二十：若你白日太幸福〉發表於《文訊》第425期。

4月，〈星雨樓續抄之二十一：對不起了錢錢〉發表於《文訊》第426期。

5月，〈星雨樓續抄之二十二：大藝術家〉發表於《文訊》第427期。

6月，〈星雨樓續抄之二十三：花花世界，駕鴦蝴蝶〉發表於《文訊》第428期。

7月，〈星雨樓續抄之二十四：人生藥不藥？〉發表於《文訊》第429期。

8月，〈星雨樓續抄之二十五：疫情當頭，睡睡平安〉發表於《文訊》第430期。

9月，〈星雨樓續抄之二十六：體，己話〉發表於《文訊》第431期。

10月，〈星雨樓續抄之二十七：築夢踏拾〉發表於《文訊》第432期。

11月，〈星雨樓續抄之二十八：房中術〉發表於《文訊》第433期。

12月，〈星雨樓續抄之二十九：美醜之辯〉發表於《文訊》第434期。

2022 1月，〈星雨樓續抄之三十：我每日在家寫音樂〉發表於《文訊》第435期。

2月，〈星雨樓續抄之三十一：衣，我之見〉發表於《文訊》第436期。

3月，〈星雨樓續抄之三十二：儀式，無用之為用〉發表於《文訊》第437期。

4月，〈星雨樓續抄之三十三：主義的主意〉發表於《文訊》第438期。

5月，〈星雨樓續抄之三十四：遊與戲〉發表於《文訊》第439期。

6月，〈星雨樓續抄之三十五：遊與戲之二〉發表於《文訊》第440期。

7月，〈星雨樓續抄之三十六：文字藝術大師〉發表於《文訊》第441期。

8月，〈星雨樓續抄之三十七：大自然教室〉發表於《文訊》第442期。

9月，〈星雨樓續抄之三十八：為官容易讀書難〉發表於《文訊》第443期。

10月，〈星雨樓續抄之三十九：我久已不讀小說〉發表於《文訊》第444期。

11月，〈星雨樓續抄之四十：詩，生活〉發表於《文訊》第445期。

12月，〈星雨樓續抄之四十一：讀杜一年以後〉發表於《文訊》第446期。

2023 1月，〈星雨樓續抄之四十二：速度的故事〉發表於《文訊》第447期。

2月，〈星雨樓續抄之四十三：人家用了聰明寫的，你要用聰明才能懂得〉發表於《文訊》第448期。

3月，〈星雨樓續抄之四十四：閱讀偶拾〉發表於《文訊》第449期。

4月，〈星雨樓續抄之四十五：我已經上了毒癮——手記不停〉發表於《文訊》第450期。

5月，〈星雨樓續抄之四十六：這以後，我有可能擱筆〉發表於《文訊》第451期。

5月，〈懷仲園〉發表於《國文天地》第38卷第12期。

6月，〈星雨樓續抄之四十七：哀樂老年〉發表於《文訊》第452期。

7月，〈星雨樓續抄之四十八：哀樂老年（二）〉發表於《文訊》第453期。

8月，〈星雨樓續抄之四十九：閱樂筆記〉發表於《文訊》第454期。

9月，〈星雨樓續抄之五十：文學再好，都太乾，不如電影易食〉發表於《文訊》第455期。

9月27日，辭世，享壽84歲。

王文興著作目錄及提要

◆ 文訊編輯部整理

【小說】

龍天樓

臺北：文星書店，1967年6月，40開，181頁。文星叢刊259
臺北：大林出版社，1969年6月，40開，181頁。大林文庫4
臺北：大林出版社，1982年3月，32開，181頁。大林文庫4
短篇小說集。本書為作者發表於《現代文學》第16期以後的作品，以命運的荒謬與力量為主題，反映青年的成長經驗，除此之外，更以〈龍天樓〉一篇帶出更廣泛的存在命題。全書收錄〈海濱聖母節〉、〈命運的迹線〉、〈寒流〉、〈欠缺〉、〈黑衣〉、〈龍天樓〉共六篇。正文前有葉珊〈探索王文興小說裡的悲劇情調（代序）〉，正文後附錄王文興〈後記〉。

家變

臺北：環宇出版社，1973年4月，32開，195頁。長春藤文學叢刊8
臺北：洪範書店，1978年11月，32開，195頁。洪範文學叢書38
Susan Dolling譯，*Family Catastrophe*, Honolulu, Hawaii: University of Hawaii Press，1995年5月，13.2×20.1公分，259頁。
Camille Loivier譯，*Processus familial*, Arles, France: ACTES SUD，1999年6月，10×19公分，395頁。
臺北：洪範書店，2000年9月，25開，238頁。
長篇小說。本書為作者耗時七年之作，藉主角范曄對自我成長的回溯，描寫生命個體與其起點——家的關係。小說自范曄的父親出走開場，接以范曄成年前、後兩條脈絡展開尋父與自我溯源的歷程，述寫年輕一代對上一代的感情變化。全文在愛、罪與良心交織的思索中，刻畫中國家庭倫理結構下的心靈圖像。

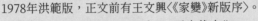

1978年洪範版，正文前有王文興〈《家變》新版序〉。

英譯本*Family Catastrophe*，正文後有"Translator's Note"、"About the Author"、"ABOUT THE TRANSLATOR"。

2000年洪範版，正文前新增王文興〈新版序〉、改王文興〈《家變》新版序〉篇名爲〈一九七八年洪範版序〉。於2009年10月發行精裝本。

十五篇小說

臺北：洪範書店，1979年9月，32開，259頁。洪範文學叢書48

短篇小說集。本書集結《玩具手鎗》與《龍天樓》作品，並修改其中的文字與標點符號。全書收錄〈玩具手槍〉、〈最快樂的事〉、〈母親〉、〈草原底盛夏〉、〈大地之歌〉、〈大風〉、〈日曆〉、〈兩婦人〉、〈踐約〉、〈海濱聖母節〉、〈命運的迹線〉、〈寒流〉、〈欠缺〉、〈黑衣〉、〈龍天樓〉共15篇。正文前有王文興〈序〉。

背海的人

臺北：洪範書店，1981年4月，32開，182頁。洪範文學叢書67

Backed against the Sea

Edward Gunn譯，Ithaca, New York: East Asia Program, Cornell University，1993年9月，14×21.6公分，131頁。

Un homme dos à la mer

Camille Loivier譯，Paris Vagabonde，2022年5月，25開，392頁。

長篇小說。本書分上、下兩冊，爲作者費時24年之作，以「爺」的兩夜獨白進行敍述。「爺」自大陸遷臺，爲一退伍軍人，略通文墨，因盜用公款與欠下賭債亡逸深坑澳。小說以寫實、象徵並重以及諷刺、語言紛雜的筆法，描寫「爺」對深坑澳人情文化的觀察、與妓女們的互動、官僚機構「近整處」的衆生相、對宗教信仰的觀點，藉此挖掘人性本質與存在意義。

上冊英譯本*Backed against the Sea*，正文前有"ACKNOWLEDGEMENTS"、"A NOTE ON THE TEXT"，正文後附錄"NOTES"。

1999年洪範版，正文前新增王文興〈序〉。

Vagabonde版爲法譯本，正文前新增 Camille Loivier"Ondes de choc"，正文後附錄"Annexe"、"NOTES"。

背海的人（上、下）

臺北：洪範書店，1999年9月，25開，182頁、186頁。

長篇小說。本書分上、下兩冊，為作者費時24年之作，以「爺」的兩夜獨白進行敘述。「爺」自大陸遷臺，為一退伍軍人，略通文墨，因盜用公款與欠下賭債亡逸深坑澳。小說以寫實、象徵並重以及諷刺、語言紛雜的筆法，描寫「爺」對深坑澳人情文化的觀察、與妓女們的互動、官僚機構「近整處」的眾生相、對宗教信仰的觀點，藉此挖掘人性本質與存在意義。正文前新增王文興〈序〉。

草原底盛夏／鄭樹森主編

臺北：洪範書店，1996年9月，50開，53頁。洪範二十年隨身讀15

短篇小說集。本書為作者發表於《現代文學》第2～8期，創作手法轉向詩化語言的作品。全書收錄〈最快樂的事〉、〈母親〉、〈草原底盛夏〉、〈大地之歌〉、〈日曆〉共五篇。

La Fête de la déesse Matsu（海濱聖母節）

Camille Loivier譯，Paris, France: ZULMA，2004年2月，25開，166頁。

短篇小說集。本書為《十五篇小說》之更名譯本，以「海濱聖母節」為譯名，由Camille Loivier翻譯為法文。全書收錄〈欠缺〉、〈命運的迹線〉、〈母親〉、〈日曆〉、〈玩具手槍〉、〈最快樂的事〉、〈踐約〉、〈海濱聖母節〉共八篇。

剪翼史

臺北：洪範書店，2016年8月，25開，197頁。洪範文學叢書351

長篇小說。本書為作者耗時13年完成的第三部長篇小說，藉主角賀宗成，一拘謹嚴毅、年屆退休的大學教授，細述其面對雲譎波詭的半生困頓，寫校園、家庭、信仰、人生等，反映時代和現實，刻劃入微。

【散文】

星雨樓隨想

臺北：洪範書店，2003年7月，25開，224頁。洪範文學叢書314

本書爲作者發表於1970～1999年的散文作品，以手記形式表現，內容包含對世間物象的觀察、神學的思辨、藝術美學的感知，以及旅遊札記，爲作者體悟人類生命、社會文明與藝術美學的心象實錄。全書收錄〈手記之一〉、〈手記之二〉、〈手記之三〉等13篇。正文前有王文興〈代序（〈書法是藝術的頂巔〉）〉。

【論述】

家變六講──寫作過程回顧

臺北：麥田出版公司，2009年11月，25開，329頁。麥田文學227

本書爲「王文興慢讀講堂」之一，內容爲作者2007年受邀於中央大學「《家變》逐頁六講」研讀班的講演紀錄。全書收錄〈第一講：舞臺布景的借用〉、〈第二講：舞臺型的對話與獨白〉等六篇。正文前有康來新〈王文興慢讀王文興──關於複數作者版的《家變六講》〉。

玩具屋九講

臺北：麥田出版公司，2011年1月，25開，198頁。王文興慢讀講堂03

本書爲「王文興慢讀講堂」之一，內容爲作者於課堂「小說探微」的授課紀錄，由林國卿筆記整理。該課程爲作者開設於臺灣大學外文系的最後一門課，以逐字慢讀的方式講述凱薩琳·曼斯菲爾德（Katherine Mansfield）的短篇小說〈玩具屋〉（"The Doll's House"）。全書收錄〈第一講：如何描寫玩具屋〉、〈第二講：如何寫形，色，味〉等九篇。正文前有王文興〈慢讀系列總序〉、〈《玩具屋九講》序〉，正文後附錄〈原文與譯文〉、〈出版緣起〉、〈認識作家〉、〈認識作品〉。

【文集】

玩具手鎗

臺北：志文出版社，1970年10月，32開，168頁。新潮叢書4

本書爲小說與散文合集。全書分二部分，「小說」收錄〈玩具手槍〉、〈最快樂的事〉、〈母親〉、〈草原底盛夏〉、〈大地之歌〉、〈大風〉、〈日曆〉、〈兩婦人〉、〈踐約〉共九篇，「手記」收錄〈手記之一〉、〈手記之二〉等三篇。正文前有王文興〈序〉。

書和影

臺北：聯合文學出版社，1988年4月，25開，326頁。聯合文學20．聯合文叢14

臺北：聯合文學出版社，2006年11月，25開，359頁。聯合文學422．聯合文叢377

本書為散文、詩與文學對談之合集，分「書」、「影」、「其他」三部分，主要為作者探討小說與電影的論述文章，內容涵蓋中國與西方、古典與現代。除此之外，亦結集記述生活感知的詩文創作與文學對談紀錄。全書收錄〈「士為知己者死」的文學〉、〈重認《聊齋》──試讀〈寒月芙蕖〉〉、〈《聊齋》中的戴奧尼西安小說──〈狐夢〉〉、〈《父與子》卅年〉、〈狄更斯的〈《孤雛淚》〉〉等52篇。正文前有張寶琴〈序〉。

2006年增訂再版，另增「新稿」一部，收錄數篇文章及詩作，正文前新增王文興〈新序〉。

小說墨餘

臺北：洪範書店，2002年7月，25開，226頁。洪範文學叢書297

本書為散文、詩與劇本之合集，分三部分，主要為作者談論東、西方文學與電影的創作，為文深入淺出、情感真摯。除此之外，亦結集自傳性散文、書信、畫評與獨幕劇劇本。全書收錄〈波德萊爾印象〉、〈波德萊爾禮讚〉、〈波德萊爾仿譯七首暨序〉、〈《卡拉馬佐夫兄弟》一書中的宗教觀〉等32篇。正文前有王文興〈序〉。

王文興手稿集：家變、背海的人

臺北：臺灣大學圖書館、臺灣大學出版中心、行人文化實驗室，2010年11月，23.5×32公分，兩冊。

本部書結集《家變》、《背海的人》手稿，提供讀者了解王文興一絲不苟、字字皆有意蘊之創作精神。全部書收錄《家變》與《背海的人》手稿集共兩冊，另附抄正稿電子書與作者作品誦讀之光碟兩片、易鵬編之研究論文集《開始的開始》、《白的灰階：手稿集導讀小冊》。

Endless War: Fiction and Essays by Wang Wen-hsing／黃恕寧、Fred Edwards編

Ithaca, New York: East Asia Program, Cornell University，2011年4月，14×21.5公分，415頁。

本書爲小說、散文與劇本之合集，逐篇由不同譯者譯爲英文。全書分三部分，「短篇小說」收錄〈守夜〉、〈一條垂死的狗〉、〈一個公務員的結婚〉、〈殘局〉、〈痺〉、〈下午〉、〈玩具手槍〉、〈母親〉、〈日曆〉、〈最快樂的事〉、〈大地之歌〉、〈草原底盛夏〉、〈結束〉、〈兩婦人〉、〈大風〉、〈踐約〉、〈海濱聖屋節〉、〈命運的跡線〉、〈寒流〉、〈欠缺〉、〈黑衣〉、〈明月夜〉共22篇，「中篇小說與劇本」收錄中篇小說〈龍天樓〉與劇本〈M和W〉共兩篇，「散文」收錄《《新刻的石像》序》、〈淺論現代文學〉等五篇。正文前有"Author's Preface"、"Editors' Preface"、"Acknowledgments"、"Introduction"，正文後附錄"A Chronology of Wang Wen-hsing's Life"、"Bibliography of Wang Wen-hsing's Works"、"About the Translators"、"Acknowledgment of Copyright" 與數張作家身影照片。

原來數學和詩歌一樣優美：王文興新世紀讀本／康來新編

臺北：臺灣大學出版中心，2013年12月，25開，299頁。

本書是「慢讀王文興」叢書第六冊，收錄王文興的手記、散文、小說、致詞文、中英對照劇本等不同形式的文字作品，分列於「說今」、「講古」二部分，收錄〈海上花園〉、〈對照記——中英並置版《M和W》〉、〈懷仲園〉等22篇；「回顧」部分收錄近百幀舊照片與圖片。正文前有柯慶明叢書序、康來新編者序。正文後附錄胡博〈數字收藏家〉。

新舊十二文

臺北：洪範書店，2019年11月，25開，222頁。洪範文學叢書359

本書收錄王文興早期發表尙未結集出版的十篇作品：〈守夜〉、〈一條垂死的狗〉、〈丁大夫〉、〈一個公務員的結婚〉、〈殘菊〉、〈痺〉、〈下午〉、〈夏天傍晚回家的青年〉、〈結束〉、〈六月的歌〉、以及戲劇本〈M和W〉、短篇小說〈明月夜〉二篇。正文前有王文興代序，正文後有洪珊慧〈探尋「最初」的感動〉，〈王文興生平與寫作年表〉。

王文興評論資料目錄

◆ 文訊編輯部整理

【專書】

潘榮禮，蕭國和編　這樣的教授王文興
高雄・敦理出版社・1978年5月・230頁

本書從鄉土文學到農業問題的論點評判王文興。全書分2輯，1.「〈鄉土文學的功與過〉論戰」：收錄夏潮雜誌記錄〈王文興教授談「鄉土文學的功與過」〉、夏潮雜誌記錄〈王文興教授的經濟觀和文化觀〉、蘇青記錄〈記胡秋原論「王文興的Nonsense之Sense」〉、王拓〈評王文興教授的「鄉土文學的功與過」〉、李慶榮〈是法西斯，不是西化〉、石恒〈思想與社會現實——從王文興的演講談起〉、曾心儀〈這樣的「文學講座」〉、曾心儀〈注意！「瓊瑤公害」——兼以「瓊瑤問題」答覆王文興教授〉、巴人記錄〈「鄉土文學的功與過」演講側記——引發爭論，高潮迭起〉、高準〈更正〉、何秀煌〈極需集思廣益的討論〉、思民〈王文興教授的偏見與狂傲〉12篇；2.「『農業經濟觀』論戰」：收錄潘榮禮〈粒粒皆辛苦——農民工作照片〉、蔡友土〈「四肢不動・五穀不分」——斥王文興教授對農友的偏見〉、黃順興〈臺灣農民在經濟發展所扮演的角色——與王文興教授談農業生產問題〉、蕭國和〈評王文興的農業經濟觀〉、蕭水順〈請不要輕薄農民〉、吳哲郎〈農民對經濟成長的幫助不大嗎？〉、潘榮禮〈請吃米飯的人，聽聽農民的心聲〉、潘榮禮〈木工工會譴責王文興〉、潘榮禮〈教授的高論——抗議王文興侮蔑辛勞的農民〉、潘榮禮〈表揚王文興〉、彰化一農夫〈大學教授竟會如此短視〉、〈王文興教授演講曲解農民對經濟之貢獻〉、〈王文興教授出言「不慎」，中市農民提出嚴重抗議〉13篇。

康來新編　王文興的心靈世界
臺北・雅歌出版社・1990年5月・190頁

本書收錄多篇文章，藉由綜合性的評論，體現王文興良知與心靈上的深邃世界。全書共4卷：1.「信仰之旅」，收錄陳佩英、林振川採訪，崔國容撰稿〈眾裡尋他千百度〉、康來新〈譜讀神曲——王文興教授的新里程〉、彭海瑩〈王文興眼中的路益師〉3篇；2.「文學之路」，收錄王文興〈為何寫作〉、〈無休止的戰爭〉、林水福即席口譯，何卓紀錄整理〈從《沉默》到《家變》——遠藤周作與王文興的文學對話〉、李昂〈長跑選手的孤寂——王文興訪問錄〉、單德興〈文學對話——王文興談王文興〉、安立〈孤絕的人生——評介王文興的《十五篇小說》〉、吳達芸〈《玩具手槍》和《寒流》的簡析〉、張誦聖著，謝惠英譯〈王文興小說中的宗教追尋〉、鄭恆雄〈《背海的人》的宗教觀〉9篇；3.「作品選粹」：收錄王文興等相關創作及評論文章13篇；4.「附錄」：收錄康來新文，漁夫圖〈漫畫文學家：王文興〉、陳東榮，陳美金〈王文興資料參考〉、康來新〈後記——沿著命運的跡線〉3篇。正文前有王文興〈序〉。

行人文化實驗室，洪範書店　作家小傳：王文興
臺北・行人文化實驗室，目宿媒體・2012年3月・79頁

本書為「他們在島嶼寫作——文學大師系列電影」之王文興專輯《尋找背海的人》所附小傳。全書共收6篇：

1.童子賢〈夢想與文學歷史記憶——「他們在島嶼寫作」總序〉；2.黃恕寧〈勇敢邁向孤獨的實驗創作之路——王文興〉；3.〈小專題——同安街與紀州庵〉；4.〈作家年表〉；5.伊格言〈在一個房間裡：與王文興的對話模擬〉；6.〈小專題——寫作的原初〉。

易鵬編　臺灣現當代作家研究資料彙編48‧王文興
臺南‧國立臺灣文學館‧2013年12月‧398頁

本書為「臺灣現當代作家研究資料彙編」第三階段成果。全書分為「圖片集」、「生平及作品」「研究綜述」、「重要評論文章選刊」、「研究評論資料目錄」5輯，內容包括作家生平活動、手稿等圖片，小傳、年表、書影、作品目錄提要。「研究綜述」由易鵬執筆〈「盡在文字」：王文興研究觀察〉，「重要評論文章選刊」選錄王安琪〈以子之矛攻子之盾——王文興《背海的人》中的曼氏諷刺、李有成《《家變》與文類成規》、顏元叔〈苦讀細品談《家變》〉、張漢良〈淺談《家變》的文字〉、梅家玲〈孤兒？孽子？野孩子？——戰後臺灣小說中的父子家國及其裂變（節錄）〉、張誦聖〈從《家變》的形式設計談起〉、呂正惠〈王文興：西化知識分子的困境〉、朱立立〈臺灣知識分子的精神私史——王文興現代主義力作《背海的人》中的「爺」〉、張漢良著；蔣淑貞譯〈王文興《背海的人》的語言信仰〉、周芬伶〈意識流與語言流——內省小說的宗教反思（節錄）〉、Sandrine Marchand〈翻譯王文興小說的原因〉、耿德華著；李延輝譯〈《背海的人》以及翻譯準則〉、馮鐵著；黃桂瑩譯〈《家變》裡的變寫不為文變——關於未來《家變》編訂本之思考〉、陳傳興〈桌燈罩裡的睡褲與拖鞋——「家變」——「時間」〉14篇評論文章。正文前有文化部龍應台部長序、國立臺灣文學館李瑞騰館長序、封德屏編序、編輯體例。

黃恕寧主編　偶開天眼覷紅塵——王文興傳記訪談集
臺北‧臺灣大學出版中心‧2013年12月‧485頁

本書為王文興的傳記文集，由其師友學棣、當代作家、學者、文化研究者，或天主教神父、電影導演等不同領域工作者執筆，各自從不同視角解析作家其人及其作，內容含括王文興的家庭背景、成長經歷、教育事業、人生哲理、宗教信仰、寫作發展、藝術觀點，以及作品之內涵與外緣的討論等。全書分兩部分：1.「身影探擷」，收錄康來新〈同班同學——以王文興、白先勇為例的隨想〉、歐陽子〈回憶《現代文學》創辦當年〉、何欣〈在暢銷書排行榜外的王文興〉、柯慶明〈在中文系，遇見王文興老師〉、李哲修〈一個現代中國知識分子的心靈之旅〉、康來新〈譜讀神曲——王文興教授的新里程〉、王宣一〈背海狂草——王文興的兩個長夜〉、李亞南〈王文興無處不是書〉、陳竺筠〈平淡簡樸的生活〉、康來新〈尋人啟示錄——影視王學紀錄片〉、黃恕寧〈勇敢邁向孤獨的實驗創作之路——王文興〉11篇文章；2.「訪談集錦」，收錄南海〈一部「人像畫廊」作品的再評價——訪王文興先生談《紅樓夢》〉、李昂〈長跑選手的孤寂——王文興訪問錄〉、夏祖麗〈命運的跡線〉、吳潛誠〈訪王文興談文學的社會功能與藝術價值〉、鄭美玲，何耀輝，傅立萃〈小說戲劇、虛無主義、說教文學——訪王文興談《父與子》〉、單德興〈錘鍊文字的人——王文興訪談錄〉、蕭蔓〈王文興談孤獨之必要〉、黃恕寧〈現代交響樂——王文興訪談錄〉、單德興〈偶開天眼覷紅塵——再訪王文興〉、林秀玲〈談《背海的人》與南方澳〉、李時雍〈語言本身就是一個理由——王文興訪談錄〉、洪珊慧〈不止鍊其辭，抑亦鍊其意——王文興訪

談錄〉、洪珊慧〈王文興傳真對話錄──從《家變》到《背海的人》慢讀釋疑〉、單德興，林靖傑〈宗教與文學──王文興訪談錄〉14篇文章。正文前有柯慶明〈《慢讀王文興》叢書序〉。

洪珊慧主編　西北東南──王文興研究資料彙編
臺北・臺灣大學出版中心・2013年12月・222頁

本書涵蓋王文興個人資料及研究文獻索引。全書收錄洪珊慧〈生平與寫作年表〉、洪珊慧，黃恕寧〈作品研究文獻目錄〉、洪珊慧，黃恕寧〈訪談與座談、傳記及報導資料彙編〉、黃恕寧，洪珊慧〈作品編年〉、洪珊慧〈王文興與古典傳統一覽表〉5篇。正文前有柯慶明〈《慢讀王文興》叢書序〉及洪珊慧〈編者序〉，正文後附錄洪珊慧〈附錄──王文興作品評論書目索引〉。

康來新，黃恕寧主編　喧囂與憤怒──《背海的人》專論
臺北・臺灣大學出版中心・2013年12月・383頁

本書為評論王文興《背海的人》之評論總集。全書分4部分：1.「時空」，收錄林秀玲〈王文興《背海的人》與南方澳──臺灣的後／現代性與在地性〉1篇；2.「主題」，收錄林秀玲〈談《背海的人》〉、張誦聖著，葉美瑤譯〈解讀王文興現代主義新作──《背海的人》續集〉、王淑華〈《背海的人》的喧囂與憤怒〉、黃啟峰〈存在與荒謬──試論《背海的人》的核心命題〉4篇；3.「人物」，收錄吳達芸〈一個知識分子敗類之死──《背海的人》閱讀手記〉、朱立立〈臺灣知識分子的精神私史──王文興現代主義力作《背海的人》中的「爺」〉、廖炳惠〈王文興與他的漂泊世代──爺的夥伴〉、曾珍珍〈那個人，那一張臉──讀《背海的人》體識王文興的「面相術」〉4篇；4.「語言」，收錄鄭恆雄〈文體的語言的基礎──論王文興的《背海的人》的〉、鄭恆雄〈從記號學的觀點看王文興《背海的人》上冊的宗教觀〉、張漢良著，蔣淑貞譯〈王文興《背海的人》的語言信仰〉、耿德華（Edward Gunn）著，李延輝譯〈《背海的人》以及翻譯準則〉、鄭恆雄〈《背海的人》中的和聲、對位與變奏〉、洪珊慧〈一個人的獨白──王文興《背海的人》「爺」的語言探析〉6篇。正文前有柯慶明〈《慢讀王文興》叢書序〉及康來新〈編者序〉。

黃恕寧，康來新主編　嘲諷與逆變──《家變》專論
臺北・臺灣大學出版中心・2013年12月・367頁

本書收錄自1973年有關《家變》的研究論文及座談會紀錄，以不同的研究理論、方法、角度來分析這本經典小說。全書共5單元：1.「時空」，收錄劉紹銘〈十年來臺灣小說（一九六五──一九七五）──兼論王文興的《家變》〉、楊雅儒〈家園之變：王文興與紀州庵〉2篇；2.「主題」，收錄陳典義〈《家變》的人生觀照與嘲諷〉、姚欣進〈論析《家變》之情節安排藝術〉、陳傳興〈桌燈罩裡的睡褲與拖鞋：「家變」──「時間」〉、易鵬〈惡之華：《家變》之日常顯象〉、彭明偉〈論《家變》的真實感與現實感〉5篇；3.「語言」，收錄顏元叔〈苦讀細品談《家變》〉、歐陽子〈論《家變》之結構形式與文字句法〉、張漢良〈淺談《家變》的文字〉、李有成〈《家變》與文類成規〉、張誦聖〈從《家變》的形式設計談起〉、周國正〈自由與制約──圍繞王文興《家變》中文字新變的討論〉、蔡薇〈《家變》中離合詞的使用〉7篇；4.「對話」，收錄陳萬益〈逆子的形像──賈寶玉、高覺慧和范曄的比較〉、金恆杰〈中國文學中的親子關係──談王文興的《家變》和奚淞的《哪吒》〉、洪珊慧〈《家變》與《孽子》中的父子關係與對真實世界的追求〉3篇；5.「迴響」，收錄顏元叔等〈《家變》座談會〉1篇。正文前有柯慶明〈《慢讀王文興》叢書序〉、黃恕寧〈編者序〉。

黃恕寧，康來新主編　無休止的戰爭——王文興作品綜論（上、下）
臺北・臺灣大學出版中心・2013年12月・281、351頁

本書收錄1960年至今，有關王文興創作的論述，廣泛而深刻地剖析其創作思想、美學特徵、現代主義精神與歷史地位。全書分5輯：1.「時空」：收錄張誦聖〈現代主義與臺灣現代派小說〉、柯慶明〈六〇年代現代主義文學（節錄）〉2篇；2.「主題」：收錄楊牧〈探索王文興小說裡的悲劇情調〉、蔡英俊〈試論王文興小說中的挫敗主題——范曄是怎麼長大的？〉、饒博榮著，李延輝譯〈《龍天樓》情文兼茂，不是敗筆——王文興對官方歷史與反共文學的批判（節譯）〉、吳達芸，呂毅新〈探索王文興荒謬劇〈M和W〉的角色象徵及宗教意識〉、呂正惠〈王文興的大陸遊記〉、康來新〈演算數學——由日曆而神話的〈明月夜〉〉、張誦聖〈重訪現代主義——王文興和魯迅〉、黃啟峰〈逼視存在的異鄉人——論王文興對卡繆的接受與轉化〉8篇；3.「語言」：收錄葉維廉〈水綠的年齡之冥想——論王文興〈龍天樓〉以前的作品〉、張漢良著，蔡松甫譯〈字形學和小說詮釋——以王文興爲例〉、葉維廉〈王文興——Lyric（抒情詩式）雕刻的小說家〉、黃恕寧〈淺論王文興語言藝術的現代意義——自創字修辭初探〉4篇；4.「藝文」：收錄吳達芸〈王文興小說中的裝飾技巧〉、李文彬〈〈龍天樓〉中的象徵技巧〉、陳義芝〈借象徵的方式——王文興短篇小說人物分析〉、劉千美〈翰墨之境——王文興散文書寫的一個美學閱讀〉、白雲開〈王文興、施蟄存、穆時英敘事文本對讀初探〉、許綺玲〈限定規則之文學的無限美學潛能〉、卓清芬〈王文興和古典詩詞〉、李時雍〈無路可出——王文興劇作《M和W》試探〉8篇；5.「迴響」：收錄張誦聖等〈王文興經典英譯——《家變》及其他〉、黃碧瑞等〈國家文藝獎得主的作家紀錄片——關於《小說聖徒》〉、康來新等〈荒謬劇的青春演出——卡加利大學版《M和W》觀後〉3篇。正文前有柯慶明〈《慢讀王文興》叢書序〉、黃恕寧，康來新〈編者序〉。

單德興編著　王文興訪談集
臺北・文訊雜誌社・2022年5月・255頁

本書爲文學家王文興與訪談名家單德興會談的集結。兩人多年來在不同場合對談、鼎談，內容涉及王文興創作的不同面向，及其文學理念與鑑賞。也由於雙方分別爲天主教徒與佛教徒，更曾兩度以文學與宗教爲主題，討論文學與終極關懷之間的關係。全書收錄訪談〈錘鍊文字的人〉、〈偶開天眼覷紅塵〉、〈文學與宗教〉、〈宗教與文學〉、〈小說背後的作者世界〉、〈回首來時路〉6篇。正文後附錄文訊編輯部整理〈王文興生平及寫作年表〉、〈王文興著作目錄〉。

【學位論文】

Chang, Sung-Sheng（張誦聖）A study of *Chia pien*, a contemporary Chinese novel from Taiwan
The university of Texas at Austin Comparative Literature. Ph. D. Thesis. Jeannette Faurot. 1981年8月　162頁

The present study examines the novel *Chia Pien* from several different angles：literary convention, author, text, and reader. It is divided into four chapters：1.Convention--Realism or Anti-realism；2.Tex（Author）I--Some Problematic Rhetorical Features；3.Text（Author）II--Narrative Mode, Point of View, and Plot Development；4.Reader--Interpreting the Theme。

施素卿　從中德文學作品看童年創痕及其影響（UNGLÜCKLICHE KINDHET Bewältigungsversuche in der deutschen und chinesischen Literatur）
輔仁大學德國語文研究所・碩士論文・彭迪樂（Dr. Thilo von Bremen）教授指導・1985年6月84頁

本論文以王文興《家變》一書，探討其「親子關係」破裂之形成原因及所代表之意義，另從幾部不同的德文作品中看童年經驗影響人一生之巨；包括赫塞的《徬徨少年時》、《車輪下》，卡夫卡的《給父親的信》以及佛烈茲・充的《馬斯》。在概述各作品內容後，逐一探討各作品中之問題並進行比較東、西思想方式的差異。全文共8章：1.Einleitung；2.Charakterisierung der werke；3.Familienaufbruch（家變）；4.Mars；5.Unterm Rad；6.Demian；7."Briefan den Vater"；8.Schlußbetrachtung.

陳瑤華　王文興與七等生的成長小說比較
清華大學文學研究所・碩士論文・呂正惠教授指導・1993年・123頁

本論文以王文興及七等生筆下的主要角色爲基礎，討論他們在成長過程的各種經歷，並以比較的方式研究臺灣成長小說的類型與要素。全文共6章：1.緒論；2.基本人物的性格；3.父親意象的探討；4.性啟蒙與女性經驗；5.反叛與隱遁；6.結論。

丁富雲　「家」的解讀——從《家》、《寒夜》到《家變》看中國家庭變遷
鄭州大學中國現當代文學研究所・碩士論文・樊洛平教授指導・2000年

本論文選取《家》、《寒夜》、《家變》等在現代文學中具有經典意義的關於「家」的文學作品，進行分析比較，以探中國社會百年轉變歷史階段的承接關係和差異所在。

董淑玲　白先勇、歐陽子、王文興小說觀念之形成與實踐
高雄師範大學國文學系・博士論文・江聰平教授指導・2002年12月・391頁

本論文以《現代文學》雜誌主要創辦人白先勇、歐陽子、王文興爲主要論述對象，以創刊者與創作者的角度，探索三人對小說的觀念，並分析《現代文學》所選擇刊載的小說作品。全文共6章：1.緒論；2.《現代文學》內涵探析；3.白先勇、歐陽子、王文興小說觀念之形成；4.白先勇、歐陽子、王文興小說創作之實踐；5.《現代文學》其他小說創作之考察；6.結論。

龔炳源　王文興小說中的文化認同研究
靜宜大學中國文學研究所・碩士論文・趙天儀教授指導・2004年6月・129頁

本論文探討在歷史的脈絡下，王文興小說中「國族」、「身分」的認同議題。全文共7章：1.緒論；2.現代文學與鄉土文學論戰；3.小說中的文化認同；4.《家變》；5.《背海的人》；6.文學語言問題；7.結論。

劉采楡　叛逆者或改革者？——王文興小說研究
政治大學國文教學碩士在職專班・碩士論文・陳芳明教授指導・2007年1月・254頁

本論文全面閱覽王文興的小說與其他非小說的創作，捕捉王文興創作風格；並且彰顯他強調文學藝術功能的文學觀，與展現宗教情懷、人道關懷，架構於現代主義思考下的小說創作觀。全文共5章：1.緒論；2.王文

興與他的時代；3.生命中的欠缺：以短篇小說爲中心；4.出走與再出走：以長篇小說爲中心；5.王文興與語言：鍛鑄變革；6.王文興的心靈世界；7.結論：王文興的藝術成就。正文後附錄〈訪談紀錄：尋訪文字雕琢師——王文興〉、〈王文興寫作年表〉、〈王文興實際主持編務之《現代文學》篇目表〉。

馬 敏　王文興成長小說研究
鄭州大學中國現當代文學研究所・碩士論文・樊洛平教授指導・2008年4月・44頁

本論文視《十五篇小說》、《家變》和《背海的人》爲王文興三部代表作，彙聚了他在人生的不同階段對於生命的深刻認知；藉此發掘王氏思想演變。全文共3章：1.《十五篇小說》：內向羞澀的少年；2.《家變》：憤怒反叛的「鬥士」；3.《背海的人》：逃離社會的畸人。

楊舒茵　王文興小說中現代主義特色之演進
臺灣大學臺灣文學研究所・碩士論文・郭玉雯教授指導・2009年7月・142頁

本論文探究王文興小說中內容、形式和語言在現代主義美學特色上之演進。內容上，王文興秉持著現代主義的質疑與思考精神，對命運、社會種種進行深刻的反思與質問；形式上，跳脫傳統小說重視的人物與故事的完整性，以雙時間軸或打亂時序的形式整建讀者對世界的觀感，和創新小說形式；語言上，力圖求「眞」——敘事者說話時的心理與情緒眞實的反應，因而採取斷裂的語式、自創新的語彙等。全文共6章：1.序論；2.從〈守夜〉到〈龍天樓〉；3.家的演化與變革——《家變》探究；4.《背海的人》探究之一；5.《背海的人》探究之二；6.結論。

張佳瑤　王文興小說創作的一貫與深化
臺灣師範大學國文學系在職進修碩士班・碩士論文・胡衍南教授指導・2009年7月・178頁

本論文釐清過去認爲《現代文學》立場過度西化的質疑批判，以及現代派小說曾經引發「現代」與「鄉土」對立的爭議誤解，肯定現代派小說以疏離異化的反叛與內視的自覺書寫，作爲傳達時代感受與無言抗議的文學表現，並進一步強調作品中以現代主義技法書寫鄉土情感所呈現的現實性。其後，聚焦且系統性地整合王文興獨樹一幟的創作文藝觀，藉此否定外界將王文興評之爲極端西化、叛逆者的負面評價，更客觀地將王文興定位爲力圖接軌中西的推廣者。全文共6章：1.緒論；2.臺灣現代主義文學與王文興的創作文藝觀；3.王文興小說創作的現代主義實踐；4.王文興小說創作的一貫；5.王文興小說創作的深化；6.結論。

李時雍　局內局外：王文興小說論
清華大學臺灣文學研究所・碩士論文・陳建忠教授指導・2009年7月・100頁

本論文以臺灣現代主義作家王文興的小說作爲思考的起點，關注語言如何敞開一個可視與可述的問題領域，令原本沉默的事物從中解開；人如何在秩序座架中擺置自身，將自身表象爲對象從而成爲主體；又如何得以透過「我說」的不間斷過程，趨散主體的實存，並在極限經驗中切近遠離的自身。全文共5章：1.緒論；2.《十五篇小說》的悲劇內外；3.《家變》的秩序內外；4.《背海的人》的語言內外；5.結論。正文後附錄〈語言就是一個理由——王文興訪談錄〉。

楊俐瑩　王文興小說的孤獨書寫
臺北教育大學臺灣文化研究所・碩士論文・應鳳凰教授指導・2010年1月・126頁

本論文研究王文興小說中的孤獨書寫，並探討其孤獨書寫的策略；同時肯定作家孤獨書寫的價值與孤獨書寫的時代意義。全文共6章：1.緒論；2.孤獨書寫的定義與背景；3.孤獨書寫的主題類型；4.孤獨書寫的營造：人物與環境；5.孤獨書寫的意象；6.結論。

白依璇　場域、論戰、接受：王文興小說《家變》的典律化過程研究
清華大學臺灣文學研究所・碩士論文・陳建忠教授指導・2011年1月・138頁

本論文藉由王文興《家變》典律化過程中，思考每個年代的文學觀與美學標準。並討論在臺灣文學史上，王文興如何被定位、被典律化，進而思索臺灣文學中多元多中心的典律狀況，於此安置與詮釋「學院現代主義文學典律」的生成問題。全文共6章：1.緒論：王文興與典律意義；2.學院現代主義的文藝批評體制與典律化：論臺灣文學場域與王文興《家變》；3.文化意識中倫理價值、美學視野的文學角力：論七〇年代前期《家變》論戰；4.從美學品味到政經觀點的差異敘事：論七〇年代鄉土文學論戰與王文興《家變》；5.經典選拔與知識論述共鑄的典律現象：論媒體、學院與八〇年代後的《家變》；6.結論：從王文興《家變》接受過程論典律作家、文學經典的生成問題。正文後附錄〈王文興《家變》典律化過程大事年表〉、〈王文興《家變》評論資料彙編〉。

黃佳淑　臺灣現代派小說的身體敘事——以白先勇、歐陽子、王文興為個案研究
福建師範大學語言學及應用語言學研究所・碩士論文・朱立立教授指導・2011年5月・90頁

本論文選擇「臺灣現代派小說的身體敘事」這一論題，以白先勇、歐陽子、王文興為個案，在文本細讀的基礎上，討論臺灣現代派知識分子如何通過自身的體驗、理解與表達，展現現代人特殊的身體存在形式，進而傳遞出內在的價值傾向與精神世界。全文共3章：1.臺灣現代派小說身體敘事的歷史語境；2.身體敘事的主題構成；3.身體的展演：現代派小說的人物書寫。

洪珊慧　新刻的石像——王文興與同世代現代主義作家及作品研究
中央大學中國文學系・博士論文・康來新教授指導・2011年6月・338頁

本論文以「王文興與同世代現代主義作家及作品」為範疇進行研究，將王文興與同世代現代主義作家，如白先勇、歐陽子、陳若曦、郭松棻、王禎和等人的作品，作一「對話」參照研究，突顯王文興與同世代作家在臺灣現代小說發展里程中的創新與時代意義。全文共7章：1.緒論；2.挑戰禁忌・追求真實；3.傳統的・現代的；4.艱難探索的詩性語言；5.多元流動的語言腔調；6.城市離散・在地根著；7.結論。正文後附錄〈不止鍊其辭，抑亦鍊其意——王文興訪談錄〉、〈王文興傳真對話錄——從《家變》到《背海的人》慢讀釋疑〉、〈王文興生平與寫作年表〉、〈王文興與古典文學〉。

許喬凱　王文興小說中的日神與酒神
東吳大學中國文學系・碩士論文・鄭明娳教授指導・2011年7月・119頁

本論文以德國哲學思想家尼采所提出的日神與酒神概念，探討王文興小說中透露的哲學思維。全文共5章：1.緒論；2.日神與酒神的意義；3.王文興小說中的日神；4.王文興小說中的酒神；5.結論。

林品軒　王文興小說的叛逆主題與結構

臺北教育大學臺灣文化研究所・碩士論文・林淇瀁教授指導・2011年12月・182頁

本論文以主題研究的方法，從人物、敘事與情節三個面向，探究王文興小說中的叛逆主題。其中著重人物部分，以這些叛逆人物的立場，探究小說的叛逆意涵，提供一種新的閱讀王文興小說的視角。全文共5章：1.緒論；2.憤怒與絕望——叛逆人物研究；3.叛逆感的生成——敘述策略研究；4.困境與造反——小說結構研究；5.結論。

楊昌賓　王文興與國共內戰：論《龍天樓》

中央大學中國文學系・碩士論文・康來新教授指導・2012年6月・170頁

本論文透過研究方法及閱讀相關書籍，探討《龍天樓》的時代背景以及角色的創傷與糾葛，論證五百完人的真實與虛妄，揭開神話的謎團，還原歷史的真相，也讓王文興寫作的苦心得到表露的機會。全文共5章：1.緒論；2.映照於個體中的集體記憶：從集體記憶來看；3.在靜止中的思想流動與傷痕：從意識流與創傷記憶手法來看；4.戒嚴下的自保：從象徵與隱喻手法來看；5.結論。正文後附錄〈王文興年表〉。

馮尹君　記憶與技藝——重讀《家變》

中央大學中國文學系碩士在職專班・碩士論文・康來新教授指導・2012年6月・147頁

本論文以王文興的《家變》為範圍，以「記憶」與「技藝」為題，梳理《家變》中的時代記憶書寫，以及作家如何從個人的經驗，經過藝術化的「技藝」而呈現。全文共5章：1.緒論：借鏡「記憶」的經典重讀；2.尋人：啟動回憶的事件緣起；3.斷片：特定族群的往事再現；4.編寫：手記「技藝」與長篇運用；5.結論：尋人、尋物、尋藝的論文編寫。

李天佑　王文興小說現代主義特色的衍變

江蘇師範大學中國現代文學所・碩士論文・黃德志教授指導・2016年

本論文首先整理王文興的家庭背景及其成長過程，梳理了臺灣現代小說在60年代的發展情況與特徵；進而介紹王文興早期、中期，乃至於晚期小說的題材、寫作手法與藝術表現。

黃彥瑄　王文興《十五篇小說》研究——以原型批評為主的分析

政治大學中國文學系・碩士論文・高莉芬教授指導・2019年7月・118頁

本論文探究王文興在《十五篇小說》(1979)中的主題內涵，並輔以「原型批評」理論視角進行考察，藉以重構該作品在王文興創作的重要性，彰顯小說中的時代氛圍與所隱含的心靈共相。全文共5章：1.緒論；2.個體與反啟蒙敘事：《十五篇小說》中的永恆少年；3.個體與社會變遷：《十五篇小說》中的家國建構；4.個體與命運：《十五篇小說》中的命運觀；5.結論。正文後附錄〈王文興寫作年表〉。

吳　霞　「儒耶會通」：王文興小說研究

福建師範大學中國現代文學所・碩士論文・黃乃江教授指導・2020年

本論文以「儒耶會通」為切入點，選取王文興各時期的小說為主要研究對象，輔以作家散文集、訪談錄與演講

等，理解其小說中的古典主義元素、宗教意蘊，進而探議王文興在小說中如何將其融合，以及由此帶來「儒耶會通」的審美想像。

陳湘陽　臺灣現代文學中的異質性及其英譯：以王文興與舞鶴爲例
臺灣師範大學翻譯研究所‧博士論文‧胡宗文，林巾力教授指導‧2022年1月‧140頁

本論文以翻譯理論定義王文興、舞鶴小說語言中的「異質」，並以不同理論框架及文本分析此「異質」在語言、文化及創作理念上更深刻之意涵，進而以王文興《家變》、舞鶴《餘生》二代表作爲例，透過文化翻譯及少數文學翻譯觀點，探討當代臺灣文學中的異質性在英譯過程中，經過語言及文化轉譯後的得失，以及突破的可能。全文共5章：1.Introduction；2.Translating Taiwan Literature into English and the Heterogeneity Within；3.Heterogeneity in Wang Wen-hsing's Writing and Its Translation into English；4.Heterogeneity in Wu He's Writing and Its Translation into English；5.Discussion and Conclusion。

【作家生平資料篇目】

自述

王文興　序　玩具手鎗　臺北　志文出版社　1970年10月　頁1—2

王文興　後記　龍天樓　臺北　文星書店　1967年6月　頁181

王文興　後記　龍天樓　臺北　大林出版社　1969年6月　頁181

王文興　後記　龍天樓　臺北　大林出版社　1982年3月　頁181

王文興　《新刻的石像》序　現代文學　第35期　1968年11月　頁218—219

王文興講；《夏潮》記錄　王文興教授談「鄉土文學的功與過」這樣的教授王文興　高雄　敦理出版社　1978年5月　頁15—30

王文興講；《夏潮》記錄　王文興教授的經濟觀和文化觀　這樣的教授王文興　高雄　敦理出版社　1978年5月　頁31—49

王文興　《家變》新版序　家變　臺北　洪範書店　1978年11月　頁1—2

王文興　《家變》新版序　家變　臺北　洪範書店　1981年3月　頁1—2

王文興　《家變》新版序　家變　臺北　洪範書店　1983年6月　頁1—2

王文興　一九七八年洪範版序　家變　臺北　洪範書店　2000年9月　〔2〕頁

王文興　《家變》一九七八年洪範版序　洪範雜誌　第63期　2000年11月　4版

王文興　一九七八年洪範版序　家變　臺北　洪範書店　2003年12月　〔2〕頁

王文興　一九七八年洪範版序　家變　臺北　洪範書店　2009年10月　〔2〕頁

王文興　五十年代與《現代文學》中國現代文學的回顧　臺北　龍田出版社　1978年12月　頁148—152

王文興　序　十五篇小說　臺北　洪範書店　1979年9月　頁1—3

王文興　序　十五篇小說　臺北　洪範書店　1981年2月　頁1—3

王文興　我爲什麼要寫作　聯合報　1986年2月18日　8版

王文興　序　王文興的心靈世界　臺北　雅歌出版社　1990年5月　〔2〕頁

王文興　《王文興的心靈世界》書後　小說墨餘　臺北　洪範書店　2002年7月　頁87—88

王文興　爲何寫作　王文興的心靈世界　臺北　雅歌出版社　1990年5月　頁48

王文興　無休止的戰爭　王文興的心靈世界　臺北　雅歌出版社　1990年5月　頁49

王文興　爲《聯合報》小說獎擊鼓——我的人生　聯合報　1991年5月11日　25版

王文興　《現文》憶舊　現文因緣　臺北　現文出版社　1991年12月　頁66—69

王文興　《現文》憶舊　小說墨餘　臺北　洪範書店　2002年7月　頁171—175

王文興　《現文》憶舊　白先勇外集・現文因緣　臺北　天下遠見出版公司　2008年9月　頁101—105

王文興　《現文》憶舊　現文因緣　臺北　聯經出版公司　2016年7月　頁84—87

王文興口述；許慧蘭整理　王文興略談文學佳譯　藝術家　第222期　1993年11月　頁352

王文興　《背海的人》序　洪範雜誌　第62期　1999年9月　1版

王文興　序　背海的人（上）　臺北　洪範書店　1999年9月　頁1—2

王文興　序　背海的人（下）　臺北　洪範書店　1999年9月　頁1—2

王文興　新版序　家變　臺北　洪範書店　2000年9月　〔2〕頁

王文興　《家變》新版序〔2000年版〕　洪範雜誌　第63期　2000年11月　4版

王文興　新版序　家變　臺北　洪範書店　2003年12月　〔2〕頁

王文興　新版序　家變　臺北　洪範書店　2009年10月　〔2〕頁

王文興　《小說墨餘》序　洪範雜誌　第67期　2002年7月　1版

王文興　序　小說墨餘　臺北　洪範書店　2002年7月　頁1—2

王文興　《家變》韓文版序言　小說墨餘　臺北　洪範書店　2002年7月　頁89—90

王文興　《家變》後序　小說墨餘　臺北　洪範書店　2002年7月　頁91—94

王文興　自傳　小說墨餘　臺北　洪範書店　2002年7月　頁179—180

王文興　代序（〈書法是藝術的頂顛〉）　星雨樓隨想　臺北　洪範書店　2003年7月　頁1—5

王文興講；毛雅芬記　王文興——讀小說，體驗生命的精華　誠品好讀　第39期　2003年12月　頁18

王文興口述；陳姿羽整理　王文興・細談《家變》美學　天下雜誌　第340期　2006年2月　頁208—210

王文興　新序　書和影　臺北　聯合文學出版社　2006年11月　頁7—8

王文興　給歐陽子的信　白先勇外集・現文因緣　臺北　天下遠見出版公司　2008年9月　頁298—301

王文興　前輩的成就　臺大八十，我的青春夢　臺北　臺灣大學出版中心　2008年11月　頁122—128

王文興　慢讀系列總序　玩具屋九講　臺北　麥田出版公司　2011年1月　頁4—6

王文興　《玩具屋九講》序　玩具屋九講　臺北　麥田出版公司　2011年1月　頁7—8

王文興講；施俊州記錄整理　《家變》例講　人文心靈的跨越與回歸——府城講壇2010　臺南　國立臺灣文學館
　　2011年7月　頁59—95

王文興　憶紀州庵舊事——兼談對紀州庵文學森林發展的期待　文訊雜誌　第311期　2011年9月　頁58—59

王文興　憶紀州庵舊事——兼談對紀州庵文學森林發展的期待　城之南——紀州庵與臺北文學巷弄　臺北　臺灣文學發展基金會臺北市紀州庵新館　2012年12月　頁139—142

王文興講　我如何寫小說　臺灣大學新百家學堂文學講座1：臺灣文學在臺大　臺北　臺灣大學出版中心　2012年5月　頁68—95

王文興講；顏訥整理　《家變》的場景　文訊雜誌　第327期　2013年1月　頁126—131

王文興講；顏訥記錄　《家變》的場景　我們的文學夢　臺北　上海銀行文教基金會　2013年5月　頁223—241

王文興講；顏訥記錄　《家變》例講二——場景　原來數學和詩歌一樣優美——王文興新世紀讀本　臺北　臺灣大學出版中心　2013年12月　頁168—179

王文興講；吳達芸主持；施俊州整理　《家變》例講一——對角戲　原來數學和詩歌一樣優美——王文興新世紀讀本　臺北　臺灣大學出版中心　2013年12月　頁117—152

王文興　跟隨他們的步履　原來數學和詩歌一樣優美——王文興新世紀讀本　臺北　臺灣大學出版中心　2013年12月　頁153

王文興　臺灣的珍貴遺產　原來數學和詩歌一樣優美——王文興新世紀讀本　臺北　臺灣大學出版中心　2013年12月　頁154—155

王文興　讀與寫　原來數學和詩歌一樣優美——王文興新世紀讀本　臺北　臺灣大學出版中心　2013年12月　頁232—245

王文興演講；翁智琦記錄　《家變》縱貫線、〈寒流〉萬新線　文訊雜誌　第363期　2016年1月　頁81—84

王文興　手記隨想，是我的書法　文訊雜誌　第424期　2021年2月　頁180—181

他述

林海音　中國作家在美國（1）〔王文興部分〕　中華日報　1966年3月2日　6版

林海音　中國作家在美國——王文興、余光中　作客美國　臺北　大林書店　1969年6月　頁157—159

巴　人　「鄉土文學的功與過」演講側記——引發爭論，高潮迭起〔王文興部分〕　夏潮　第4卷第2期　1978年2月　頁76—77

巴人記錄　「鄉土文學的功與過」演講側記——引發爭論，高潮迭起〔王文興部分〕　這樣的教授王文興　高雄　敦理出版社　1978年5月　頁123—127

齊邦媛　王文興　中國現代文學選集（小說）　臺北　爾雅出版社　1983年7月　頁313

王晉民，鄺白曼　王文興　臺灣與海外華人作家小傳　福州　福建人民出版社　1983年9月　頁184—185

吳達芸　王文興　中國現代短篇小說選析1　臺北　長安出版社　1984年2月　頁345—346

張寶琴　序　書和影　臺北　聯合文學出版社　1988年4月　頁1—4

張寶琴　序　書和影　臺北　聯合文學出版社　2006年11月　頁1—4

李哲修　一個現代中國知識分子的心靈之旅（上、下）　中國時報　1988年10月19—20日　23版

李哲修　一個現代中國知識分子的心靈之旅　偶開天眼覷紅塵——王文興傳記訪談集　臺北　臺灣大學出版中心　2013年12月　頁63—72

郭楓等編　作者簡介　臺灣當代小說精選1（一九四五—一九八八）　臺北　新地文學出版社　1989年1月　頁6〔附錄〕

彭海瑩　王文興眼中的路益師　王文興的心靈世界　臺北　雅歌出版社　1990年5月　頁42—46

康來新著；漁夫圖　漫畫文學家：王文興　王文興的心靈世界　臺北　雅歌出版社　1990年5月　頁178—179

〔王文伶編〕　作者簡介　臺灣喜劇小說選1　臺北　新地文學出版社　1993年3月　頁111

〔明清，秦人主編〕　王文興　臺港小說鑑賞辭典　北京　中央民族學院出版社　1994年1月　頁428

Susan Dolling　About the Author　Family Catastrophe Honolulu, Hawaii University of Hawaii
　　Press　1995年5月　頁259

蘇　沛　王文興——新作依然考驗讀者　聯合報　1999年2月9日　37版

蘇　沛　王文興特寫——新作依然考驗讀者　臺灣文學經典研討會論文集　臺北　行政院文建會，聯經出版公司
　　1999年6月　頁90

柯慶明　那古典的輝光——思念臺靜農老師〔王文興部分〕　昔往的輝光　臺北　爾雅出版社　1999年2月　頁
　　21—22

柯慶明　短暫的青春！永遠的文學——關於《現代文學》的起落〔王文興部分〕　昔往的輝光　臺北　爾雅出版
　　社　1999年2月　頁139—141

江中明　王文興想寫宗教小說，王拓將重拾創作之筆　聯合報　2000年9月20日　32版

賴素鈴　王文興、王拓透露創作大計　民生報　2000年9月20日　A6版

李令儀　王文興暢言寫作習性　聯合報　2000年11月18日　14版

葉子啟　遙想當年……　中外文學　第30卷第6期　2001年11月　頁244—254

郭強生　記憶與答案　中外文學　第30卷第6期　2001年11月　頁255—260

王景山　王文興　臺港澳暨海外華文作家辭典　北京　人民文學出版社　2003年7月　頁572—574

陳姿羽　王文興教授榮退，上完任內最後一堂課，強調讀書比寫作更重要　聯合報　2005年1月8日　E7版

紀慧玲　王文興退休新視聽，昨送別茶會揭公案　民生報　2005年1月11日　A10版

陳宛茜　王文興退休，說要出發仍哽咽　聯合報　2005年1月11日　C6版

姜　藏　王文興的小說趕進度，退休後雕刻文字的慢功終於變快了　中時晚報　2005年1月23日　6版

洪士惠　王文興從臺大退休，專事寫作　文訊雜誌　第233期　2005年3月　頁127—128

陳建仲　文學心鏡——王文興　聯合文學　第245期　2005年3月　頁8—9

陳建仲　王文興　文學心鏡　臺北　聯合文學出版社　2008年5月　頁14—15

宇文正　故事一定要說下去……——文學沙龍2現場報導〔王文興部分〕　聯合報　2005年10月30日　E7版

顧敏耀　王文興（1939—）正式退休並專事寫作　2005臺灣文學年鑑　臺南　國家臺灣文學館籌備處　2006年
　　10月　頁362

〔封德屏主編〕　王文興　2007臺灣作家作品目錄　臺南　國立臺灣文學館　2008年7月　頁59

林秀美　王文興麥田開講　中國時報　2008年8月27日　E4版

藍建春主編　最親近山海的族群，被污名化的族群——原住民文學的崎嶇道路——小故事：王文興的慢工細
　　活　親近臺灣文學——歷史、作家、故事　臺中　耕書園出版公司　2009年2月　頁412

柯慶明　在中文系，遇見王文興老師〔1—4〕　印刻文學生活誌　第67—70期　2009年3—6月　頁96—99，
　　92—94，106—109，110—113

柯慶明　在中文系，遇見王文興老師　偶開天眼覷紅塵——王文興傳記訪談集　臺北　臺灣大學出版中心　2013
　　年12月　頁39—62

柯慶明　在中文系，遇見王文興老師　臺港文學選刊　第308期　2017年7月　頁34—38

林欣誼　想當年……文壇鬧一場家變！　中國時報　2009年11月15日　8版

湯舒雯　王文興‧一部虔誠的文學史　書香遠傳　第80期　2010年1月　頁54—57

廖玉蕙　朗聲尋找最準確的字句——王文興漫讀小說如音符　九彎十八拐　第29期　2010年1月　頁7

林欣誼　《家變》場景成文學地標起點　中國時報　2010年5月9日　A14版

符立中　喜晤張心漪——談白先勇、陳若曦與王文興　白先勇與符立中對談：從《臺北人》到《紐約客》　臺北　九歌出版社　2010年11月　頁74—78

馬翊航　記憶的水岸舞臺——王文興的書房　文訊雜誌　第302期　2010年12月　頁79—82

馬翊航　王文興的書房，記憶的舞臺　我在我不在的地方：文學現場踏查記　臺南　國立臺灣文學館　2010年12月　頁240—244

〔林國卿〕　出版緣起　玩具屋九講　臺北　麥田出版公司　2011年1月　頁196

〔人間福報〕　經典朗讀‧細品文字之美——王文興慢讀《家變》　人間福報　2011年2月20日　B4版

林靖傑　尋找背海的人的旅程　印刻文學生活誌　第91期　2011年3月　頁79—83

陳宛茜　暴力王文興‧寫作像起乩　聯合報　2011年4月22日　A18版

黃恕寧，Fred Edwards編　Bibliography of Wang Wen-hsing's Works Endless War: Fiction and Essays by Wang Wen-hsing Ithaca, New York East Asia Program, Cornell University 2011年4月 頁395—406

李長青　聽王文興談《家變》　自由時報　2011年6月22日　D11版

黃以曦　王文興《尋找背海的人》　人籟辯論月刊　第83期　2011年6月　頁80—81

林皇德　在碎片下建構世界——王文興　國語日報　2011年8月6日　5版

張婉琳　文人，水岸，與紀州庵——尋索臺北城南文學足跡——《現代文學》，和王文興舊居　文訊雜誌　第311期　2011年9月　頁69—70

張婉琳　文人，水岸，與紀州庵——尋索臺北城南文學足跡——《現代文學》，和王文興舊居　城之南——紀州庵與臺北文學巷弄　臺北　臺灣文學發展基金會臺北市紀州庵新館　2012年12月　頁106—107

陳若曦　誰要辦《現代文學》？　聯合報　2011年11月12日　D3版

陳若曦　誰要辦《現代文學》？　現文因緣　臺北　聯經出版社　2016年7月　頁279—283

馬家輝　王文興，笑了　中國時報　2011年11月14日　E4版

〔行人文化實驗室，洪範書局〕　小專題——同安街與紀州庵　作家小傳：王文興　臺北　行人文化實驗室，目宿媒體　2012年3月　頁32—33

〔行人文化實驗室，洪範書局〕　小專題——寫作的原初　作家小傳：王文興　臺北　行人文化實驗室，目宿媒體　2012年3月　頁62—63

林歆婕，林育群　王文興‧《家變》‧紀州庵　城之南——紀州庵與臺北文學巷弄　臺北　臺灣文學發展基金會臺北市紀州庵新館　2012年12月　頁32—41

陳欣怡　少便是深的美學令律——王文興捐手稿和于右任書法　文訊雜誌　第333期　2013年7月　頁114—115

吳倍華　研究文本與方法：聲影敘事中的文學作家身影——傳主簡介：王文興　文學作家傳記紀錄片中的人物形象敘事策略：以〈尋找背海的人〉為例　世新大學口語傳播學系　碩士論文　沈錦惠教授指導　2013年7月　頁53—57

易　鵬　小傳　臺灣現當代作家研究資料彙編48‧王文興　臺南　國立臺灣文學館　2013年12月　頁35—36

楊雅儒　家園之變：王文興與紀州庵　嘲諷與逆變——《家變》專論　臺北　臺灣大學出版中心　2013年12月　頁24—41

康來新　同班同學——以王文興、白先勇為例的隨想　偶開天眼覷紅塵——王文興傳記訪談集　臺北　臺灣大

學出版中心 2013年12月 頁3—20

何　欣　在暢銷排行榜外的王文興　偶開天眼覷紅塵——王文興傳記訪談集　臺北　臺灣大學出版中心　2013年
　　　12月　頁31—38

陳竺筠　平淡簡樸的生活　偶開天眼覷紅塵——王文興傳記訪談集　臺北　臺灣大學出版中心　2013年12月
　　　頁109—118

陳宛茜　文字如音符．王文興慢讀王文興　聯合報　2014年2月8日　A12版

林育群　王文興，家在城南——關於小說家的幾個片段　文訊雜誌　第340期　2014年2月　頁97—98

鄭順聰　雨簷展《家變》本事青春——臺灣舊書風景展刊　臺北　舊香居　2014年3月　頁202—203

賀淑瑋　一個學生和他老師的老師——朱宥勳與王文興　學校不敢教的小說　臺北　寶瓶文化公司　2014年4月
　　　頁15—21

陳宛茜　窩進人間邊緣⋯一天30字一孵13年　聯合報　2016年8月7日　A5版

何定照　文學苦行《剪翼史》　聯合晚報　2016年9月18日　A7版

何定照　塵封60年⋯王文興舊作．重見天日　聯合晚報　2020年3月1日　A4版

何定照　獨創第三種文體．特殊造字見端倪　聯合晚報　2020年3月1日　A4版

單德興　自家現身自說法，欲將金針度與人——《王文興訪談集》序　文訊雜誌　第439期　2022年5月　頁
　　　157—161

李欣恬　震撼文壇．小說家王文興辭世．享壽84歲　中國時報　2023年10月4日　A5版

陳宛茜　文壇悼王文興．將辦追思紀念會　聯合報　2023年10月4日　A7版

訪談、對談

南　海　一部「人像畫廊」作品的再評價——訪王文興教授談《紅樓夢》　幼獅月刊　第213期　1971年9月　頁
　　　44—47

南　海　一部「人像畫廊」作品的再評價——訪王文興教授談《紅樓夢》　石頭渡海——《紅樓夢》散論　臺北　漢
　　　光文化公司　1985年2月　頁27—36

南　海　一部「人像畫廊」作品的再評價——訪王文興教授談《紅樓夢》　偶開天眼覷紅塵——王文興傳記訪談
　　　集　臺北　臺灣大學出版中心　2013年12月　頁151—161

李　昂　長跑選手的孤寂——王文興訪問錄　中外文學　第4卷第5期　1975年10月　頁30—42

李　昂　長跑選手的孤寂——王文興訪問錄　群像　臺北　大漢出版社　1976年4月　頁71—88

李　昂　長跑選手的孤寂——王文興訪問錄　王文興的心靈世界　臺北　雅歌出版社　1990年5月　頁64—68

李　昂　長跑選手的孤寂——王文興訪問錄　偶開天眼覷紅塵——王文興傳記訪談集　臺北　臺灣大學出版中
　　　心　2013年12月　頁162—179

夏祖麗　命運的跡線——王文興訪問記　書評書目　第38期　1976年6月　頁6-15

夏祖麗　命運的跡線——王文興訪問記　握筆的人　臺北　純文學出版社　1977年12月　頁21—36

夏祖麗　命運的跡線　偶開天眼覷紅塵——王文興傳記訪談集　臺北　臺灣大學出版中心　2013年12月　頁
　　　180—193

吳潛誠　訪王文興談文學的社會功能與藝術價值　聯合報　1977年8月24日　12版

吳潛誠　訪王文興談文學的社會功能與藝術價值　文學論評　臺北　聯經出版公司　1981年12月　頁75—85

吳潛誠　訪王文興談文學的社會功能與藝術價值　詩人不撒謊　臺北　圓神出版社　1988年3月　頁79—92

吳潛誠　訪王文興談文學的社會功能與藝術價值　偶開天眼覷紅塵——王文興傳記訪談集　臺北　臺灣大學出

版中心 2013年12月 頁194—205

王宣一 背海狂草——王文興的兩個長夜（上、下） 中國時報 1980年9月11—12日 8版

王宣一 背海狂草——王文興的兩個長夜 洪範雜誌 第2期 1981年6月 2版

王宣一 背海狂草——王文興的兩個長夜 偶開天眼覷紅塵——王文興傳記訪談集 臺北 臺灣大學出版中心 2013年12月 頁95—102

鄭美玲，何耀輝，傅立萃 小說戲劇、虛無主義、說教文學——訪王文興談《父與子》 中國時報 1983年7月 11日 8版

鄭美玲，何耀輝，傅立萃 小說戲劇、虛無主義、說教文學——訪王文興談《父與子》 偶開天眼覷紅塵—— 王文興傳記訪談集 臺北 臺灣大學出版中心 2013年12月 頁206—211

林水福口譯；何卓整理 從《沉默》到《家變》——遠藤周作與王文興的文學對話 中國時報 1986年11月17日 8版

林水福口譯；何卓整理 從《沉默》到《家變》——遠藤周作與王文興的文學對話 書和影 臺北 聯合文學出版 社 1988年4月 頁314—326

林水福口譯；何卓整理 從《沉默》到《家變》——遠藤周作與王文興的文學對話 王文興的心靈世界 臺北 雅 歌出版社 1990年5月 頁53—63

林水福口譯；何卓整理 從《沉默》到《家變》——遠藤周作與王文興的文學對話 書和影 臺北 聯合文學出版 社 2006年11月 頁314—326

單德興 文學對話——王文興談王文興 聯合文學 第32期 1987年6月 頁166—195

單德興 文學對話——王文興談王文興 王文興的心靈世界 臺北 雅歌出版社 1990年5月 頁69—76

單德興 錘鍊文字的人——王文興訪談錄 對話與交流：當代中外作家、批評家訪談錄 臺北 麥田出版公司 2001年5月 頁39—84

單德興 錘鍊文字的人——王文興訪談錄 偶開天眼覷紅塵——王文興傳記訪談集 臺北 臺灣大學出版中心 2013年12月 頁212—272

單德興 錘鍊文字的人 王文興訪談集 臺北 文訊雜誌社 2022年5月 頁23—78

王文興等 王文興、鄭愁予走上文學語言的不歸路（上、下） 中央日報 1987年10月12—13日 10版 與會 者：梅新，王文興，鄭愁予；紀錄：林慧峯

黃美惠 王文興，初寫獨幕劇，下筆容易，學生歎難懂 民生報 1988年3月11日 9版

〔今日校園〕 路漫漫其脩遠兮——與王文興老師談西洋文學課 今日校園 第37期 1989年3月 頁1—4

賴香吟 作家「風流」錄——繼續《背海的人》：王文興 聯合文學 第65期 1990年3月 頁46—47

陳佩英，林振川採訪；崔國容撰稿 眾裡尋祂千百度 王文興的心靈世界 臺北 雅歌出版社 1990年5月 頁 10—24

王文興，吳潛誠，顧秀賢 附錄：政治的文學，文學的政治 靠岸航行 臺北 桂冠圖書公司 1991年7月 頁 91—106

王文興，吳潛誠，顧秀賢 政治的文學，文學的政治 靠岸航行 臺北 立緒文化公司 1999年11月 頁80—94

李亞南 王文興無處不是書 誠品閱讀 第1期 1991年12月 頁35—37

李亞南 王文興無處不是書 偶開天眼覷紅塵——王文興傳記訪談集 臺北 臺灣大學出版中心 2013年12月 頁103—108

蕭蔓 王文興談孤獨之必要 誠品閱讀 第1期 1991年12月 頁6—7

蕭蔓 王文興談孤獨之必要 偶開天眼覷紅塵——王文興傳記訪談集 臺北 臺灣大學出版中心 2013年12

月 頁273—277

王文興等　會議現場討論紀實（四）　從四〇年代到九〇年代：兩岸三邊華文小說研討會論文集　臺北　時報
　　文化出版公司　1994年11月　頁261—282

王文興等　小說家的挑戰——座談會紀要　臺灣現代小說史綜論　臺北　行政院文建會、聯經出版公司　1998
　　年12月　頁606—616

蕭富元　二十四年一場「背海」夢 書與生命的對話　臺北　天下遠見出版公司　1999年9月　頁53—66

成英姝採訪；王妙如記錄　王文興專訪（1—4）　中國時報　1999年11月20—23日　37版

李欣倫　抗拒速度的現代音樂——王文興座談會　中國時報　1999年12月15日　37版

黃恕寧　現代交響樂——王文興訪談錄（1—4）　聯合報　2000年4月28日—5月1日　37版

黃恕寧　現代交響樂——王文興訪談錄　偶開天眼覷紅塵——王文興傳記訪談集　臺北　臺灣大學出版中心
　　2013年12月　頁278—305

單德興　偶開天眼覷紅塵——再訪王文興　中外文學　第28卷第12期　2000年5月　頁182—199

單德興　偶開天眼覷紅塵——再訪王文興　對話與交流：當代中外作家、批評家訪談錄　臺北　麥田出版公司
　　2001年5月　頁85—104

單德興　偶開天眼覷紅塵——再訪王文興　偶開天眼覷紅塵——王文興傳記訪談集　臺北　臺灣大學出版中心
　　2013年12月　頁306—332

單德興　偶開天眼覷紅塵 王文興訪談集　臺北　文訊雜誌社　2022年5月　頁79—103

吳婉茹　文學的馬拉松——訪王文興談《家變》再版　聯合報　2000年10月16日　37版

王文興等　從草原底盛夏到背海的人——與王文興教授談文學創作　中央日報　2000年12月14日　20版

丁榮生　李祖原、王文興對談論傳統與創新　中國時報　2001年7月2日　21版

林秀玲編輯　王文興與羅青座談——詩與畫　中外文學　第30卷第6期　2001年11月　頁294—319

林秀玲編輯　建築與文學的對話——論傳統與現代：李祖原建築師與王文興教授　中外文學　第30卷第6期
　　2001年11月　頁320—356

梅家玲　座談主題——與王文興教授談文學創作　中外文學　第30卷第6期　2001年11月　頁369—395

林秀玲　林秀玲專訪王文興——談《背海的人》與南方澳　中外文學　第30卷第6期　2001年11月　頁32—50

林秀玲　談《背海的人》與南方澳　偶開天眼覷紅塵——王文興傳記訪談集　臺北　臺灣大學出版中心　2013年
　　12月　頁333—359

曾珍珍主持；黃千芳錄音整理　王文興與楊牧對談詩詞　中外文學　第31卷第8期　2003年1月　頁77—96

曾珍珍主持；黃千芳整理　王文興與楊牧對談詩詞　同樣的心：楊牧生態詩學、翻譯研究與訪談錄　桃園　逗
　　點文創結社　2021年12月　頁268—299

王文興，姚仁祿；楊佳嫻記錄　回到天然中去探求——王文興、姚仁祿對談　聯合報　2003年6月8日　E7版

陳瓊如　王文興——筆記人生，宗教小說　誠品好讀　第37期　2003年10月　頁65—67

陳宛茜　走廊盡頭，王文興文字苦行——成稿慢，寫作過程宛如一場搏鬥，他規定了一個小角落，不能打擾
　　到家庭　聯合報　2004年1月19日　12版

羅詩誠　每天三十字——王文興精讀最深的滋味　天下雜誌　第297期　2004年4月　頁182—183

王文興等　《現代文學》要角說從頭——陳若曦騎單車釀構想‧王文興神童逼稿人　聯合報　2005年9月6日
　　A10版

王文興等　政治禁忌‧王用想的‧陳用做的　聯合報　2005年9月6日　A10版

楊錦郁　40年來，兩人沒講過這麼多話　聯合報　2005年9月6日　A10版

王文興等　病與藥——名家談「宗教文學」喜歡生命　臺北　九歌出版社　2006年12月　頁374—385

劉采榆　訪談紀錄、尋訪文字雕琢師——王文興　叛逆者或改革者？——王文興小說研究　政治大學國文教學碩士在職專班　碩士論文　陳芳明教授指導　2007年1月　頁195—202

林育群　書與城的疊砌　魂夢雪泥——文學家的私密臺北　臺北　臺北市文化局　2007年2月　頁101—110

王文興，柯慶明講；徐筱薇記　從《家變》到《背海的人》猶疑的座標／十場臺灣當代文學的心靈饗宴2：國立臺灣文學館‧第二季週末文學對談　臺南　國立臺灣文學館　2007年12月　頁302—329

王文興等　座談：驀然回首——《現代文學》「白先勇的藝文世界」系列講座　臺北　臺灣大學，國家圖書館主辦　2008年9月20—21日

李時雍　語言就是一個理由——王文興訪談錄　局內局外：王文興小說論　清華大學臺灣文學研究所　碩士論文　陳建忠教授指導　2009年7月　頁75—100

李時雍　語言本身就是一個理由——王文興訪談錄（上、中、下）　聯合文學　第305—307期　2010年3—5月　頁98—105，84—89，96—102

李時雍　語言本身就是一個理由——王文興訪談錄　偶開天眼覷紅塵——王文興傳記訪談集　臺北　臺灣大學出版中心　2013年12月　頁360—397

王文興等　《家變》逐頁六講——以評點學與新批評重現《家變》寫作過程：第一講‧舞臺布景的借用　家變六講：寫作過程回顧　臺北　麥田出版公司　2009年11月　頁13—51

王文興等　《家變》逐頁六講——以評點學與新批評重現《家變》寫作過程：第二講‧舞臺型的對話與獨白　家變六講：寫作過程回顧　臺北　麥田出版公司　2009年11月　頁52—100

王文興等　《家變》逐頁六講——以評點學與新批評重現《家變》寫作過程：第三講‧表現主義的獨白　家變六講：寫作過程回顧　臺北　麥田出版公司　2009年11月　頁101—152

王文興等　《家變》逐頁六講——以評點學與新批評重現《家變》寫作過程：第四講‧偵探推理的雛形　家變六講：寫作過程回顧　臺北　麥田出版公司　2009年11月　頁153—212

王文興等　《家變》逐頁六講——以評點學與新批評重現《家變》寫作過程：第五講‧寫夢　家變六講：寫作過程回顧　臺北　麥田出版公司　2009年11月　頁213—270

王文興等　《家變》逐頁六講——以評點學與新批評重現《家變》寫作過程：第六講‧偵探雛形的延續　家變六講：寫作過程回顧　臺北　麥田出版公司　2009年11月　頁271—329

王文興，管管，林靖傑　演繹王文興　演繹現代主義：王文興國際研討會　桃園　中央大學人文研究中心　2010年6月4—5日

馬翊航　巷道的詩，河岸的小說——記余光中與王文興紀州庵新館對談　聯合報　2010年6月2日　D3版

馬翊航記錄整理　巷道的詩，河岸的小說——記余光中與王文興紀州庵新館對談　城之南——紀州庵與臺北文學巷弄　臺北　臺灣文學發展基金會臺北市紀州庵新館　2012年12月　頁143—155

簡弘毅　《家變》例講——王文興談慢讀　中國時報　2010年7月14日　E4版

單德興　文學與宗教——單德興專訪王文興　印刻文學生活誌　第90期　2011年2月　頁120—143

單德興　文學與宗教——王文興訪談錄（二○一○年一月十一日）　卻顧所來徑　臺北　允晨文化公司　2014年11月　頁19—60

單德興　文學與宗教：王文興訪談錄　文心學思：當代名家訪談錄　廣州　廣東人民出版社　2016年8月　頁3—25

單德興　文學與宗教　王文興訪談集　臺北　文訊雜誌社　2022年5月　頁105—146

洪珊慧　王文興傳眞對話錄——從《家變》到《背海的人》慢讀釋疑　新刻的石像——王文興與同世代現代主義

作家及作品研究 中央大學中國文學系 博士論文 康來新教授指導 2011年6月 頁267—283

洪珊慧 王文興傳真對話錄——從《家變》到《背海的人》慢讀釋疑 偶開天眼覷紅塵——王文興傳記訪談集 臺北 臺灣大學出版中心 2013年12月 頁422—449

洪珊慧 不止鍊其辭,抑亦鍊其意——王文興訪談錄 新刻的石像——王文興與同世代現代主義作家及作品研究 中央大學中國文學系 博士論文 康來新教授指導 2011年6月 頁285—299

洪珊慧 不止鍊其辭,抑亦鍊其意——王文興訪談錄 偶開天眼覷紅塵——王文興傳記訪談集 臺北 臺灣大學出版中心 2013年12月 頁398—421

單德興,林靖傑 宗教與文學:王文興訪談錄 思想 第19期 2011年9月 頁203—231

單德興,林靖傑 宗教與文學——王文興訪談錄 偶開天眼覷紅塵——王文興傳記訪談集 臺北 臺灣大學出版中心 2013年12月 頁450—485

葉君菡、梁靖芬報導 王文興 慢有功 亞洲眼 第67期 2011年10月 頁8—16

單德興,林靖傑 宗教與文學——王文興訪談錄(二〇一〇年四月二十五日) 卻顧所來徑 臺北 允晨文化公司 2014年11月 頁61—94

單德興,林靖傑 宗教與文學 王文興訪談集 臺北 文訊雜誌社 2022年5月 頁147—180

王文興,譚家明 《家變》改編電影 明報月刊 第555期 2012年3月 頁65—69

王文興等 流轉,文學時光 臺灣文學館通訊 第35期 2012年6月 頁67—72

王文興等 流轉,文學時光 原來數學和詩歌一樣優美——王文興新世紀讀本 臺北 臺灣大學出版中心 2013年12月 頁156—167

徐彥靖 傳誦文學之美:王文興 新活水 第49期 2013年8月 頁11—14

王文興等 文學路,沒有終點——「文訊30:世代文青論壇接力賽」第五場 文訊雜誌 第335期 2013年9月 頁99—100

王文興等 王文興經典英譯——《家變》及其他 無休止的戰爭——王文興作品綜論(下) 臺北 臺灣大學出版中心 2013年12月 頁285—303

王文興等 國家文藝獎得主的作家紀錄片——關於《小說聖徒》 無休止的戰爭——王文興作品綜論(下) 臺北 臺灣大學出版中心 2013年12月 頁313—332

王文興等 荒謬劇的青春演出——卡加利大學版〈M和W〉觀後 無休止的戰爭——王文興作品綜論(下) 臺北 臺灣大學出版中心 2013年12月 頁333—351

王文興等 原來數學和詩歌一樣優美 原來數學和詩歌一樣優美——王文興新世紀讀本 臺北 臺灣大學出版中心 2013年12月 頁57—78

王文興等 小說背後的作者世界——「慢讀王文興」第二講王文興與單德興對談側記 文訊雜誌 第345期 2014年7月 頁25—39

王文興,柯慶明,單德興 小說背後的作者世界——王文興鼎談錄 卻顧所來徑 臺北 允晨文化公司 2014年11月 頁95—128

王文興,單德興,柯慶明 小說背後的作者世界 王文興訪談集 臺北 文訊雜誌社 2022年5月 頁181—214

郭正偉 王文興:作家、編輯、讀者都該從「慢讀」開始 文訊雜誌 第355期 2015年5月 頁66—67

沈嘉悅 城南作家的生活寫真(上)——王文興:臺北城南與年少回憶 文訊雜誌 第355期 2015年5月 頁131—133

王文興,楊渡 對話 遠行與回歸的長路 臺北 中華文化總會 2015年6月 頁19—32

王文興,楊渡 背海的人——王文興 遠行與回歸的長路 臺北 中華文化總會 2015年6月 頁17—32

朱立立　生命‧文學‧信仰──臺灣作家王文興訪談錄　華文文學　2015年第3期　2015年　頁19─25

朱立立　一個純粹的漢語文學家──福州籍臺灣作家王文興先生訪談錄　臺港文學選刊　第326期　2016年1月　頁146─163

楊富閔採訪，林祈佑整理　家的變文──王文興談小說的語言、翻譯與寫作　聯合文學　第377期　2016年3月　頁46─49

許春風，黃惠眞記錄整理　我跟臺灣第一個民間寫作會的因緣　文訊雜誌　第369期　2016年7月　頁92─94

林欣誼專訪　王文興每天花2小時──只寫35字‧龜速磨出《剪翼史》中國時報　2016年8月7日　A9版

林欣誼專訪　他自創文體‧如文學界畢卡索　中國時報　2016年8月7日　A9版

陳蕙慧　眞水無香，雪爪鴻泥　聯合文學　第382期　2016年8月　頁24─29

陳建男採訪撰文　晚間的閱讀路線　聯合文學　第387期　2017年1月　頁19

〔編輯部〕　作家讀書──王文興　聯合文學　第388期　2017年2月　頁114─115

何定照專訪　王文興人生比小說動盪　聯合晚報　2020年4月14日　A5版

單德興　回首來時路　王文興訪談集　臺北　文訊雜誌社　2022年5月　頁215─222

年表

王文興　大事記（1─3）　中國時報　1999年11月18─20日　37版

王文興　王文興大事記　中外文學　第30卷第6期　2001年11月　頁396─405

臺灣大學圖書館特藏組編輯　王文興作品編年　中外文學　第30卷第6期　2001年11月　頁420─427

朱立立　王文興年譜　新文學　第2輯　2004年6月　頁143─144

劉采榆　王文興寫作年表　叛逆者或改革者？──王文興小說研究　政治大學國文教學碩士在職專班　碩士論文　陳芳明教授指導　2007年1月　頁203─210

黃恕寧，Fred Edwards編　A Chronology of Wang Wen-hsing's Life　*Endless War: Fiction and Essays by Wang Wen-hsing,*　Ithaca,New York　East Asia Program,Cornell University　2011年4月　頁391─394

洪珊慧　王文興生平與寫作年表　新刻的石像──王文興與同世代現代主義作家及作品研究　中央大學中國文學系　博士論文　康來新教授指導　2011年6月　頁301─310

洪珊慧　生平與寫作年表　西北東南──王文興研究資料彙編　臺北　臺灣大學出版中心　2013年12月　頁1─23

陳欣怡編　文學年表　臺灣現當代作家研究資料彙編48‧王文興　臺南　國立臺灣文學館　2013年12月　頁45─64

洪珊慧　王文興與古典文學　新刻的石像──王文興與同世代現代主義作家及作品研究　中央大學中國文學系　博士論文　康來新教授指導　2011年6月　頁311─320

洪珊慧　王文興與古典傳統一覽表　西北東南──王文興研究資料彙編　臺北　臺灣大學出版中心　2013年12月　頁157─172

〔行人文化實驗室，洪範書局〕　作家年表　作家小傳：王文興　臺北　行人文化實驗室，目宿媒體　2012年3月　頁34─43

楊昌賓　王文興年表　王文興與國共內戰：論《龍天樓》中央大學中國文學系　碩士論文　康來新教授指導　2012年6月　頁163─170

陳欣怡編　作品目錄及提要　臺灣現當代作家研究資料彙編48‧王文興　臺南　國立臺灣文學館　2013年

12月　頁37—43

黃恕寧，洪珊慧　作品編年　西北東南——王文興研究資料彙編　臺北　臺灣大學出版中心　2013年12月　頁135—156

黃彥瑄　王文興寫作年表　王文興《十五篇小說》研究——以原型批評爲主的分析　政治大學中國文學系　碩士論文　高莉芬教授指導　2019年7月　頁115—117

文訊編輯部整理　王文興生平及寫作年表　王文興訪談集　臺北　文訊雜誌社　2022年5月　頁223—252

文訊編輯部整理　王文興著作目錄　王文興訪談集　臺北　文訊雜誌社　2022年5月　頁253—255

其他

〔中國時報〕　王文興教授演講曲解農民對經濟之貢獻　這樣的教授王文興　高雄　敦理出版社　1978年5月　頁228—229

〔臺灣時報〕　王文興教授出言「不慎」，中市農民提出嚴重抗議　這樣的教授王文興　高雄　敦理出版社　1978年5月　頁230

李令儀　作家王文興手稿展出——臺大並舉辦專題演講及座談會等活動　聯合報　2000年11月14日　14版

〔自由時報〕　王文興教授手稿資料展與座談會　自由時報　2000年11月15日　39版

徐開塵　細覽手稿體會王文興的堅持　民生報　2000年11月16日　7版

柯慶明　在網路的時代保存手稿——爲王文興先生《家變》、《背海的人》手稿的收藏展而寫　聯合報　2000年11月14日　14版

柯慶明　在網路的時代保存手稿——爲王文興先生《家變》、《背海的人》手稿的收藏展而寫　中外文學　第30卷第6期　2001年11月　頁362—368

陳宛蓉　「王文興教授手稿資料展」系列活動　文訊雜誌　第183期　2001年1月　頁66

臺大圖書特藏組編輯　王文興教授捐贈予臺大圖書館特藏品手稿資料清單　中外文學　第30卷第6期　2001年11月　頁418—419

陳宛茜　《聯合報》文學獎，新世代鷹揚〔王文興部分〕　聯合報　2003年12月23日　A6版

郭士榛　剪接、指揮、當代藝術·首入國家文藝獎〔王文興部分〕　人間福報　2009年7月7日　7版

詹宇霈　小說家王文興獲國家文藝獎　文訊雜誌　第286期　2009年8月　頁141

阮馨儀　王文興國際研討會　文訊雜誌　第297期　2010年7月　頁139

皮埃爾-馬克·德·比亞西（Pierre-Marc de Biasi），桑德琳·馬爾尚（Sandrine Marchand）對談；廖惠瑛譯　對談王文興手稿　開始的開始　臺北　臺灣大學圖書館，臺灣大學出版中心，行人文化實驗室　2010年11月　頁41—71

桑德琳·馬爾尚（Sandrine Marchand）著；廖惠瑛譯　手稿，一個異質空間　開始的開始　臺北　臺灣大學圖書館，臺灣大學出版中心，行人文化實驗室　2010年11月　頁73—95

林端貝　王文興手稿集發表會暨座談會　文訊雜誌　第302期　2010年12月　頁162

陳宛茜　獲頒騎士勳章——王文興文學血液，有法國因緣　聯合報　2011年4月23日　A13版

〔人間福報〕　王文興·榮獲法國藝術暨文學騎士勳章　人間福報　2011年4月26日　15版

林端貝　王文興獲頒法國藝術暨文學騎士勳章　文訊雜誌　第308期　2011年6月　頁144

〔人間福報〕　奪馬國華文文學獎——王文興：代表臺灣得獎　人間福報　2011年8月29日　7版

〔青年日報〕　王文興獲馬國文學界最高榮譽　青年日報　2011年8月29日　11版

〔臺灣時報〕　王文興獲華文桂冠　臺灣時報　2011年8月29日　21版

陳宛茜　臺灣第三人——王文興·獲世界華文文學獎　聯合報　2011年8月29日　A13版

〔香港文學〕　王文興獲「花踪文學獎」　香港文學　第322期　2011年10月　頁99

賀婉蜜　王文興榮膺世界華文文學獎——第十一屆花踪文學獎　明報月刊　第550期　2011年10月　頁107—108

〔編輯部〕　王文興開講「閱讀與書寫的老派風格」　中國時報　2014年1月1日　D4版

〔編輯部〕　慢讀王文興講座　自由時報　2014年1月14日　D7版

〔編輯部〕　單德興訪王文興談寫作生涯　中國時報　2014年1月15日　D4版

〔編輯部〕　單德興與王文興對談「所來徑」　中國時報　2015年2月11日　D4版

單德興　現身說法，金針度人——《王文興訪談集》新書會　文訊雜誌　第443期　2022年9月　頁60—64

【作品評論篇目】

綜論

葉　珊〔楊牧〕　探索王文興小說裡的悲劇情調（代序）　龍天樓　臺北　文星書店　1967年6月　頁1—9

葉　珊　探索王文興小說裡的悲劇情調　現代文學　第32期　1967年8月　頁60—67

葉　珊　探索王文興小說裡的悲劇情調（代序）　龍天樓　臺北　大林出版社　1969年6月　頁1—9

葉　珊　探索王文興小說裡的悲劇情調　從流動出發　臺中　普天出版社　1972年1月　頁204—212

楊　牧　王文興小說裡的悲劇情調　傳統的與現代的　臺北　志文出版社　1974年3月　頁200—207

楊　牧　王文興小說裡的悲劇情調　傳統的與現代的　臺北　洪範書店　1982年2月　頁213—221

楊　牧　探索王文興小說裡的悲劇情調（代序）　龍天樓　臺北　大林出版社　1982年3月　頁1—9

楊　牧　王文興小說的悲劇意識　掠影急流　臺北　洪範書店　2005年12月　頁159—169

楊　牧　探索王文興小說裡的悲劇情調　無休止的戰爭——王文興作品綜論（上）　臺北　臺灣大學出版中心　2013年12月　頁75—82

思　兼　對文學的態度　純文學　第6卷第1期　1969年7月　頁3—5

吳達芸　王文興小說中的裝飾技巧　新潮　第19期　1969年12月　頁20—28

吳達芸　王文興小說中的裝飾技巧　女性閱讀與小說評論　臺南　臺南市立文化中心　1996年5月　頁151—166

吳達芸　王文興小說中的裝飾技巧　無休止的戰爭——王文興作品綜論（下）　臺北　臺灣大學出版中心　2013年12月　頁95—107

徐秉鉞　中國果眞沒有眞正的短篇小說？　臺灣日報　1969年12月13日　8版

徐秉鉞〔仲正〕　中國果眞沒有眞正的短篇小說？　懷念集　臺北　群益書店　1974年9月　頁178—185

楊昌年　王文興　近代小說研究　臺北　蘭臺書局　1976年1月　頁528—529

顏元叔　我國當前的社會寫實主義小說——評陳若曦、王文興等八位作家的作品（1—4）　中國時報　1977年9月6—9日　12版

顏元叔　我國當前的社會寫實主義小說〔王文興部分〕　社會寫實文學及其他　臺北　巨流圖書公司　1978年8月　頁78—81

周宣文　什麼是鄉土文學？王文興的看法謬矣　自立晚報　1978年1月29日　3版

王　拓　我看王文興的文學觀　自立晚報　1978年1月29日　3版

曾祥鐸　與王文興論歷史文化問題　自立晚報　1978年2月5日　3版

思　民　王文興教授的偏見與狂傲　夏潮　第4卷第4期　1978年4月　頁6

思　民　王文興教授的偏見與狂傲　這樣的教授王文興　高雄　敦理出版社　1978年5月　頁131—133

石　恆　思想與社會現實——從王文興的演講談起　夏潮　第4卷第4期　1978年4月　頁16—18

石　恆　思想與社會現實——從王文興的演講談起　這樣的教授王文興　高雄　敦理出版社　1978年5月　頁103—112

潘榮禮　木工工會譴責王文興　夏潮　第4卷第3期　1978年3月　頁26—27

潘榮禮　木工工會譴責王文興　這樣的教授王文興　高雄　敦理出版社　1978年5月　頁207—215

蕭國和　評王文興的農業經濟觀　夏潮　第4卷第3期　1978年3月　頁28—31

蕭國和　評王文興的農業經濟觀　這樣的教授王文興　高雄　敦理出版社　1978年5月　頁163—174

蕭水順〔蕭蕭〕　請不要再輕薄農民　夏潮　第4卷第3期　1978年3月　頁32—34

蕭水順　請不要再輕薄農民　這樣的教授王文興　高雄　敦理出版社　1978年5月　頁175—189

曾心儀　注意！「瓊瑤公害」——兼以「瓊瑤問題」答覆王文興教授　夏潮　第4卷第3期　1978年3月　頁74—75

曾心儀　注意！「瓊瑤公害」——兼以「瓊瑤問題」答覆王文興教授　這樣的教授王文興　高雄　敦理出版社　1978年5月　頁115—121

曾心儀　這樣的「文學講座」　夏潮　第4卷第2期　1978年2月　頁75

曾心儀　這樣的「文學講座」　這樣的教授王文興　高雄　敦理出版社　1978年5月　頁113—114

李慶榮　王文興鄉土文學的功與過聽後　夏潮　第4卷第2期　1978年2月　頁77—79

李慶榮　是法西斯化，不是西化　夏潮　第4卷第2期　1978年2月　頁77—79

李慶榮　是法西斯化，不是西化　這樣的教授王文興　高雄　敦理出版社　1978年5月　頁93—101

胡秋原　論「王文興的Nonsense之Sense」　中華雜誌　第176期　1978年3月　頁41—49

胡秋原　論「王文興的Nonsense之Sense」　鄉土文學討論集　臺北〔自行出版〕　1978年4月　頁731—758

胡秋原　論「王文興的Nonsense之Sense」　鄉土文學討論集　臺北　遠景出版公司　1980年10月　頁731—758

〔自立晚報〕　王文興的剖白　自立晚報　1978年4月2日　3版

蘇青記錄　記胡秋原先生論「王文興的Nonsense之Sense」　這樣的教授王文興　高雄　敦理出版社　1978年5月　頁51—81

胡秋原講；蘇青記　記胡秋原先生論「王文興的Nonsense之Sense」　文學藝術論集　臺北　學術出版社　1979年11月　頁1260—1285

蔡友土　「四肢不動‧五穀不分」——斥王文興教授對農友的偏見　這樣的教授王文興　高雄　敦理出版社　1978年5月　頁143—151

黃順興　臺灣農民在經濟發展所扮演的角色——與王文興教授談農業生產問題　這樣的教授王文興　高雄　敦理出版社　1978年5月　頁153—161

潘榮禮　請吃米飯的人，聽聽農民的心聲　這樣的教授王文興　高雄　敦理出版社　1978年5月　頁191—206

潘榮禮　教授的高論——抗議王文興侮蔑辛勞的農民　這樣的教授王文興　高雄　敦理出版社　1978年5月　頁217—220

潘榮禮　表揚王文興　這樣的教授王文興　高雄　敦理出版社　1978年5月　頁221—225

孟　興　王文興所謂西化不足論——兼評文化與國是座談會　青年戰士報　1979年7月21日　10版

孟　興　王文興所謂西化不足論——兼評文化與國是座談會　文學思潮　第5期　1979年10月　頁31—38

洪醒夫　從關懷到放棄——我讀王文興小說作品的經過和感想　臺灣日報　1980年12月18日　8版

洪醒夫　從關懷到放棄——我讀王文興小說作品的經過與感想　洪醒夫研究專集　彰化　彰化縣立文化中心

1994年6月　頁130—152

洪醒夫　從關懷到放棄——我讀王文興小說作品的經過與感想　洪醒夫全集‧評論卷　彰化　彰化縣文化局　2001年6月　頁45—70

高天生　現代小說的歧途——試論王文興的小說　文學界　第1期　1982年1月　頁75—85

高天生　現代小說的歧途——試論王文興的小說　臺灣小說與小說家　臺北　前衛出版社　1985年5月　頁107—120

單德興　論影響研究的一些做法及困難——以臺灣近三十年來的小說為例〔王文興部分〕　中外文學　第11卷第4期　1982年9月　頁92—93

殷張蘭熙　導言〔王文興部分〕　寒梅　臺北　爾雅出版社　1983年1月　頁7

齊邦媛　江河匯集成海的六十年代小說〔王文興部分〕　文訊雜誌　第13期　1984年8月　頁51—53

齊邦媛　江河匯集成海的六十年代小說〔王文興部分〕　霧漸漸散的時候　臺北　九歌出版社　1998年10月　頁62—64

Shan,Te-Hsing（單德興）　The Stream of Consciousness Techniquein Wang Wen—Hsing's Fiction（王文興小說中意識流技巧）　*Tamkang Review*　第15卷第4期　1985年7月　頁523—545

葉石濤　臺灣文學史大綱（後篇）——六十年代的臺灣文學：無根與放逐〔王文興部分〕　文學界　第15期　1985年8月　頁166—167

葉石濤　六〇年代的臺灣文學——無根與放逐——作家與作品〔王文興部分〕　臺灣文學史綱　高雄　文學界雜誌社　1991年9月　頁127—128

葉石濤　臺灣文學史綱——六〇年代的臺灣文學——無根與放逐〔王文興部分〕　葉石濤全集‧評論卷五　臺南，高雄　國立臺灣文學館，高雄市文化局　2008年3月　頁142—143

葉石濤　走過紛爭歲月‧邁向多元年代——臺灣文學的回顧與前瞻（上、中、下）〔王文興部分〕　自立晚報　1985年10月29—31日　10版

葉石濤　走過紛爭歲月，邁向多元世代——臺灣文學的回顧與前瞻〔王文興部分〕　葉石濤全集‧評論卷三　臺南，高雄　國立臺灣文學館，高雄市文化局　2008年3月　頁299

張誦聖著；謝惠英譯　王文興小說中的藝術和宗教追尋　中外文學　第15卷第6期　1986年11月　頁108—119

張誦聖著；謝惠英譯　王文興小說中的藝術和宗教追尋　文學與宗教——第一屆國際文學與宗教會議論文集　臺北　時報文化出版公司　1987年9月　頁421—437

張誦聖著；謝惠英譯　王文興小說中宗教追尋　王文興的心靈世界　臺北　雅歌出版社　1990年5月　頁82—86

張誦聖著；謝惠英譯　王文興小說中的藝術與宗教追尋　文學場域的變遷　臺北　聯合文學出版社　2001年6月　頁37—53

〔文星〕　沒有出路的反叛英雄——王文興論　文星　第102期　1986年12月　頁112

呂正惠　王文興的悲劇——生錯了地方，還是受錯了教育　文星　第102期　1986年12月　頁113—117

呂正惠　王文興的悲劇——生錯了地方，還是受錯了教育　七十五年文學批評選　臺北　爾雅出版社　1987年3月　頁207—225

呂正惠　王文興的悲劇——生錯了地方，還是受錯了教育　小說與社會　臺北　聯經出版公司　1988年5月　頁19—35

呂正惠　王文興——西化知識分子的困境　新文學　第2輯　2004年6月　頁125—132

呂正惠　王文興的悲劇——生錯了地方，還是受錯了教育？　戰後臺灣文學經驗　北京　三聯書店　2010年4月　頁188—198

呂正惠　王文興：西化知識分子的困境　臺灣現當代作家研究資料彙編48‧王文興　臺南　國立臺灣文學館　2013年12月　頁207—218

宋田水　要死不活的臺灣文學——透視臺灣作家的良心——王文興　臺灣新文化　第14期　1987年11月　頁42

黃重添　現代派小說的得與失〔王文興部分〕　臺灣當代小說藝術采光　廈門　鷺江出版社　1987年11月　頁57—59

康來新　王文興如是說（上、中、下）　中央日報　1987年12月29—31日　10版

王晉民　談王文興的短篇小說　文學世界　第1期　1987年12月　頁162—163

寒　青　王文興的小說　現代臺灣文學史　瀋陽　遼寧大學出版社　1987年12月　頁489—495

唐　雨　王文興的美學修養　中央日報　1988年5月1日　17版

蔡源煌　臺灣四十年來的文學與意識型態〔王文興部分〕　海峽兩岸小說的風貌　臺北　雅典出版社　1989年4月　頁52—53

古繼堂　主張全盤西化的王文興　臺灣小說發展史　臺北　文史哲出版社　1989年7月　頁333—344

公仲，汪義生　五十年代後期及六十年代臺灣文學〔王文興部分〕　臺灣新文學史初編　南昌　江西人民出版社　1989年8月　頁152—154

康來新　譜讀神曲——王文興教授的新里程　王文興的心靈世界　臺北　雅歌出版社　1990年5月　頁25—41

康來新　譜讀神曲——王文興教授的新里程　偶開天眼覷紅塵——王文興傳記訪談集　臺北　臺灣大學出版中心　2013年12月　頁73—94

高大鵬　成長與命運——王文興的早期作品　青年日報　1992年5月15日　13版

高大鵬　成長與命運——王文興的早期作品　吹不散的人影　臺北　三民書局　1995年3月　頁175—178

張新穎　現代精神：從感悟到抗拒——對王文興小說創作主題的一種貫通　當代作家評論　1992年第6期　1992年12月　頁114—112

張新穎　現代精神的成長——對王文興小說創作主題的一種貫通　文學的現代記憶　臺北　三民書局　2003年6月　頁50—76

闕豐齡　王文興、歐陽子等《現代文學》作家群　臺灣文學史（下）　福州　海峽文藝出版社　1993年1月　頁217—222

金漢，馮雲青，李新宇　王文興　新編中國當代文學發展史　杭州　杭州大學出版社　1993年1月　頁700

廖炳惠　王文興的傳統與現代情結　中國時報　1994年1月7日　39版

廖炳惠　王文興的傳統與現代情結　從四〇年代到九〇年代：兩岸三邊華文小說研討會論文集　臺北　時報文化出版公司　1994年11月　頁219—225

孫永超　生之歌——關於王文興小說中的「命運主題」　上海大學學報　1994年第2期　1994年4月　頁52—57

張超主編　王文興　臺港澳及海外華人作家辭典　江蘇　南京大學出版社　1994年12月　頁474—475

黎湘萍　文學母題及其變奏〔王文興部分〕　揚子江與阿里山的對話——海峽兩岸文學比較　上海　上海文藝出版社　1995年12月　頁128—129，131

古繼堂　臺灣當代小說創作——臺灣六十年代現代派小說的繁榮〔王文興部分〕　中華文學通史‧當代文學編（9）　北京　華藝出版社　1997年9月　頁460—461

皮述民　從反共小說到現代小說〔王文興部分〕　二十世紀中國新文學史　臺北　駱駝出版社　1997年10月　頁328—329

計璧瑞　臺灣文學——《現代文學》作家群及白先勇小說〔王文興部分〕　20世紀中國文學史（下）　廣州　中山大學出版社　1998年8月　頁372—375

計璧瑞，宋剛　王文興　中國文學通典・小說通典　北京　解放軍文藝出版社　1999年1月　頁1107

Camille Loivier　AVANT-PROPOS Processus familial　Arles, France　ACTES SUD　1999年6月　頁7—13

李奭學　王文興出手！　中國時報　1999年9月16日　41版

李奭學　文體・說書・讀者——評王文興的小說　書話臺灣：1991—2003文學印象　臺北　九歌出版社　2004年5月　頁93—97

郝譽翔　篤行信仰，所以反了——閱讀王文興　幼獅文藝　第549期　1999年9月　頁54—57

楊　照　「橫征暴斂」的作者——閱讀王文興　中國時報　1999年11月19日　37版

楊　照　橫征暴斂的作者：閱讀王文興　洪範雜誌　第64期　2001年4月　2版

單德興　在時光中錘鍊文字——速寫王文興　誠品好讀　2000年4月號　2000年4月　頁26—27

單德興　在時光中錘鍊文字——速寫王文興　邊緣與中心　臺北　立緒文化公司　2007年5月　頁36—43

方　忠　王文興　二十世紀中國文學史　臺北　文史哲出版社　2000年9月　頁874—876

朱文華　王文興——雙重的反叛者　臺港澳文學教程　上海　漢語大辭典出版社　2000年10月　頁94—96

朱文華　王文興——雙重的反叛者　臺港澳文學教程新編　上海　復旦大學出版社　2013年1月　頁63—64

Jennifer Lin　Wang Wen-hsing——As pectacular Life　*The Foreign Exchange*　第6卷第2期　2000年12月　頁1—3

廖四平　臺灣現代派小說與西方影響〔王文興部分〕　臺灣研究集刊　2001年第1期　2001年2月　頁95—101

郭　楓　王文興的語言變格　臺灣時報　2001年3月19日　20版

李長銀　面對西方：兩種不同的選擇——試論王文興與馬原對現代派文學的接受　中州大學學報　2001年第2期　2001年4月　頁59—60

白先勇；池上貞子譯　60年代台湾文学——「現代」と「郷土」——60年代台湾文学における「現代」と「郷土」——王文興　日本台湾学会報　第3期　2001年5月　頁134

白先勇　六〇年代臺灣文學：「現代」與「鄉土」——六〇年代臺灣文學中的「現代」與「鄉土」〔王文興部分〕　樹猶如此　臺北　聯合文學出版社　2002年2月　頁187—188

白先勇　六〇年代臺灣文學的「現代」與「鄉土」——六〇年代臺灣文學中的「現代」與「鄉土」〔王文興部分〕　白先勇作品集・第六隻手指　臺北　天下遠見出版公司　2008年9月　頁447—448

張誦聖　現代主義與臺灣現代派小說〔王文興部分〕　文學場域的變遷　臺北　聯合文學出版社　2001年6月　頁31—36

張誦聖　現代主義與臺灣現代小說〔王文興部分〕　無休止的戰爭——王文興作品綜論（上）　臺北　臺灣大學出版中心　2013年12月　頁8—28

Sandrine, Marchand　翻譯王文興小說的原因　中外文學　第30卷第6期　2001年11月　頁135—137

Sandrine Marchand　翻譯王文興小說的原因　臺灣現當代作家研究資料彙編48・王文興　臺南　國立臺灣文學館　2013年12月　頁267—269

林秀玲　《中外文學》推出「王文興專號」，複雜化王文興作品的書寫美學　聯合報　2001年12月17日　29版

王　敏　臺灣現代派小說群的崛起——歐陽子、王文興、七等生　簡明臺灣文學史　北京　時事出版社　2002年6月　頁324—328

盧郁佳　王文興、周夢蝶數十載成一書　聯合報　2002年7月28日　22版

古繼堂　現代派文學批判——中華民族意識的大覺醒〔王文興部分〕　臺灣文學的母體依戀　北京　九州出版社　2002年9月　頁186—190

侯作珍　《文學雜誌》對臺灣現代主義文學的導引——白先勇、王文興、陳秀美、叢甦小說分析　自由主義

傳統與臺灣現代主義文學的崛起 中國文化大學中國文學系 博士論文 陳芳明教授指導 2003年6月 頁
132—146

陳室如 文學地圖的再延伸——臺灣現代旅行書寫發展述析（下）1988—2002〔王文興部分〕 出發與回歸
的辯證——臺灣現代旅行書寫研究（1949—2002） 彰化師範大學國文學系 碩士論文 王年雙教授指導
2003年6月 頁91—93

陳室如 文學地圖的再延伸1988—2002——出走？回歸？再流離？〔王文興部分〕 相遇與對話——臺灣現
代旅行文學 臺南 國立臺灣文學館 2013年8月 頁81—83

李奭學 臺灣文學的批評家及其問題〔王文興部分〕 中華現代文學大系（貳）‧臺灣一九八九—二〇〇三
評論卷（二） 臺北 九歌出版社 2003年10月 頁831，834

朱立立 現代漢語的個體私語奇觀——從精神史角度看王文興小說語言實驗的意義 華文文學 2003年第3期
2003年 頁37—42

朱立立 困難的存在形式：語言與文體——精神私史的美學表述與文字呈現——喧嘩與呢喃：個體私語的奇
觀——宣洩、凝思與禱告：自我與世界的論戰 知識人的精神私史——臺灣現代派小說的一種解讀 上海
上海三聯書店 2004年9月 頁264—278

陳建忠 戰後臺灣文學（1945—迄今）——六〇年代的現代主義文學〔王文興部分〕 臺灣的文學 臺北 群
策會李登輝學校 2004年5月 頁76

呂正惠 前言——王文興與臺灣現代文學 新文學 第2輯 2004年6月 頁93—98

黎湘萍 經典構成的因素：從白先勇、王文興到張大春 正典的生成：臺灣文學國際研討會論文集 臺北 中
央研究院中國文哲研究所，哥倫比亞蔣經國基金會中國文化及制度史研究中心主辦 2004年7月15—16
日 頁189—207

朱立立 困難的人：臺灣知識分子的精神私史 知識人的精神私史——臺灣現代派小說的一種解讀 上海 上
海三聯書店 2004年9月 頁104—130

朱立立 王文興：困難的人——臺灣知識分子的精神私史 臺灣現代派小說研究 臺北 人間出版社 2011年3
月 頁128—153

方 忠 歐陽子、王文興的小說 二十世紀臺灣文學史論 南昌 百花文藝出版社 2004年10月 頁65—70

林碧霞 「意象」的運用與小說的解讀〔王文興部分〕 陳映真小說中意象的研究 中國文化大學中國文學系
碩士論文 陳愛麗教授指導 2004年11月 頁12—16

陳信元 一九七〇年代臺灣的鄉土文學論戰〔王文興部分〕 臺灣新文學發展重大事件論文集 臺南 國家臺
灣文學館主辦 2004年12月 頁129—155

劉淑貞 札記王文興——遠離抑或靠近？一個現代主義的觀察 文訊雜誌 第232期 2005年2月 頁12—15

古遠清 王文興 分裂的臺灣文學 臺北 海峽學術出版社 2005年7月 頁80—81

王德威 現代主義來了〔王文興部分〕 臺灣：從文學看歷史 臺北 麥田出版公司 2005年9月 頁305—306

黃萬華 臺灣文學——小說（中）〔王文興部分〕 中國現當代文學‧第1卷（五四—1960年代） 濟南 山東
文藝出版社 2006年3月 頁469—470

許劍橋 背時間的人，迎文字的海——王文興的寫作信仰與實踐 文訊雜誌 第246期 2006年4月 頁17—22

周芬伶 意識流與語言流——內省小說的宗教反思〔王文興部分〕 聖與魔——臺灣戰後小說的心靈圖像
（1945—2006） 臺北 印刻出版公司 2007年3月 頁69—80

周芬伶 意識流與語言流——內省小說的宗教反思（節錄） 臺灣現當代作家研究資料彙編48‧王文興 臺
南 國立臺灣文學館 2013年12月 頁255—265

李家欣 各創作類型之表現：小說的表現——現代主義小說重要推手〔王文興部分〕 夏濟安與《文學雜誌》

研究　中央大學中國文學系　碩士論文　李瑞騰教授指導　2007年7月　頁73—74

Liao Ping-hui　Love at Second Sight: Reading Wang Wen-hsing Closely　Mordernism Revisited: Pai Hsien-yung and Chinese Literary Mordernism in Taiwan and Beyond（重返現代：白先勇、《現代文學》與現代主義國際研討會）　California　UC Santa Barbara　2008年5月1—3日

郝譽翔　他們都說，這是最快樂的事……——論王文興　大虛構時代　臺北　聯合文學出版社　2008年9月　頁183—187

郝譽翔　橫的移植？——六〇年代的現代主義文學——代表作家與作品——聶華苓、白先勇、王文興　文學＠臺灣：11位新銳臺灣文學研究者帶你認識臺灣文學　臺南　國立臺灣文學館　2008年9月　頁165—166

呂正惠　青春期的壓抑與「自我」的挫傷——六〇年代臺灣現代主義文學的反思〔王文興部分〕　淡江中文學報　第19期　2008年12月　頁163—175

呂正惠　青春期的壓抑與「自我」的挫傷——六〇年代臺灣現代主義文學的反思〔王文興部分〕　戰後臺灣文學經驗　北京　三聯書店　2010年4月　頁50—63

呂正惠　青春期的壓抑與「自我」的挫傷——一九六〇年代臺灣現代主義文學的反思〔王文興部分〕　臺灣文學研究自省錄　臺北　學生書局　2014年1月　頁38—52

呂正惠　青春期的壓抑與「自我」的挫傷——二十世紀六〇年代臺灣現代主義文學的反思〔王文興部分〕　臺灣文學的感覺結構：跨國流動與地方感國際研討會論文集　南投　暨南大學中國語文學系　2015年9月　頁7—23

Christopher Lupke（陸敬思）　The Immediacy of the Text: New Criticism's Reception in Taiwan and it Impact on Modenist Authors such a Wang Wenxing（Wang Wen-hsing）　Art of Chinese Narrative Language: International Workshop on Wang Wen-hsing's Life and work（中文敘事語言的藝術：王文興國際研討會）　Canada　Department of Germanic, Slavic and East Asian Studies University of Calgary　2009年2月19—21日

Darryl Sterk（石岱崙）　The Meaning of Prostitution in Wang Wenxing's Fiction　Art of Chinese Narrative Language: International Workshop on Wang Wen-hsing's Life and work（中文敘事語言的藝術：王文興國際研討會）　Canada　Department of Germanic, Slavic and East Asian Studies University of Calgary　2009年2月19—21日

Fred Edwards（艾斐德）　Translating and Editing Wang Wen-hsing　Art of Chinese Narrative Language: International Workshop on Wang Wen-hsing's Life and work（中文敘事語言的藝術：王文興國際研討會）　Canada　Department of Germanic, Slavic and East Asian Studies University of Calgary　2009年2月19—21日

Ihor Pidhainy（裴海寧）　Boys and Women in Wang Wen-hsing's Early Fiction　Art of Chinese Narrative Language: International Workshop on Wang Wen-hsing's Life and work（中文敘事語言的藝術：王文興國際研討會）　Canada　Department of Germanic, Slavic and East Asian Studies University of Calgary　2009年2月19—21日

Lai-shin Kang（康來新）　南方澳的春之祭：王文興的地方感知及文本實踐　Art of Chinese Narrative Language: International Workshop on Wang Wen-hsing's Life and work（中文敘事語言的藝術：王文興國際研討會）　Canada　Department of Germanic, Slavic and East Asian Studies University of Calgary　2009年2月19—21日

Shaobo Xie（謝少波）　A Perspective of Cultural Translation: Anxieties of Modernity in Wang Wen-hsing's Novelistic Imagination　Art of Chinese Narrative Language: International

Workshop on Wang Wen-hsing's Life and work（中文敘事語言的藝術：王文興國際研討會） Canada Department of Germanic, Slavic and East Asian Studies University of Calgary 2009年2月19—21日

Terrence Russel（羅德仁） Family Dysfunction and Nativism in Taiwan: Comparing Wang Wenhsing's Family Catastrophe and Wu He's 'Reburial Stories' Art of Chinese Narrative Language: International Workshop on Wang Wen-hsing's Life and work（中文敘事語言的藝術：王文興國際研討會） Canada Department of Germanic, Slavic and East Asian Studies University of Calgary 2009年2月19—21日

Anthony Pak（白雲開） Reading Wang Wen-hsing,Mu Shiying and Shi Zhicun Art of Chinese Narrative Language: International Workshop on Wang Wen-hsing's Life and work（中文敘事語言的藝術：王文興國際研討會） Canada Department of Germanic, Slavic and East Asian Studies University of Calgary 2009年2月19—21日

白雲開 王文興、施蟄存、穆時英敘事文本對讀初探 無休止的戰爭——王文興作品綜論（下） 臺北 臺灣大學出版中心 2013年12月 頁169—188

Ch'ien-mei Johanna Liu（劉千美） Sentiment of the Vanishing Existence in the Ink Stains: an Aesthetic Reading of Wang Wen-hsing's Prose Writings Art of Chinese Narrative Language: International Workshop on Wang Wen-hsing's Life and work（中文敘事語言的藝術：王文興國際研討會） Canada Department of Germanic, Slavic and East Asian Studies University of Calgary 2009年2月19—21日

劉千美 翰墨之境——王文興散文書寫的一個美學閱讀 無休止的戰爭——王文興作品綜論（下） 臺北 臺灣大學出版中心 2013年12月 頁148—167

Shu-ning Sciban（黃恕寧） 王文興語言藝術的現代意義！一個修辭學的省察 Art of Chinese Narrative Language: International Workshop on Wang Wen-hsing's Life and work（中文敘事語言的藝術：王文興國際研討會） Canada Department of Germanic, Slavic and East Asian Studies University of Calgary 2009年2月19—21日

黃恕寧 淺論王文興語言藝術的現代意義——自創字修辭初探 無休止的戰爭——王文興作品綜論（下） 臺北 臺灣大學出版中心 2013年12月 頁75—94

林國卿 王文興的古典 中國時報 2009年10月29日 E4版

廖偉竣 外省人存在主義文學的代表作家作品分析——王文興 臺灣存在主義文學的族群性研究——以外省人作家與本省人作家爲例 中興大學臺灣文學研究所 碩士論文 徐照華教授指導 2009年 頁125—138

劉思坊 現代‧理性、抒情：王文興及現代主義作家瘋狂敘事 解嚴後臺灣小說瘋狂敘事研究：以舞鶴、陳雪爲觀察中心 政治大學臺灣文學研究所 碩士論文 楊小濱教授指導 2010年1月 頁55—71

葉維廉 王文興：Lyric（抒情詩式）雕刻的小說家 中國現代小說的風貌 臺北 臺灣大學出版中心出版 2010年3月 頁220—245

葉維廉 王文興——Lyric（抒情詩式）雕刻的小說家 無休止的戰爭——王文興作品綜論（下） 臺北 臺灣大學出版中心 2013年12月 頁55—74

張誦聖 王文興與魯迅：東亞現代主義典範初探 演繹現代主義：王文興國際研討會 桃園 中央大學人文研究中心 2010年6月4—5日

張誦聖 重訪現代主義——王文興和魯迅 無休止的戰爭——王文興作品綜論（上） 臺北 臺灣大學出版中心 2013年12月 頁217—239

張誦聖　重訪現代主義——王文興和魯迅　現代主義‧當代臺灣：文學典範的軌跡　臺北　聯經出版公司　2015年4月　頁427—451

呂正惠　王文興的大陸遊記　演繹現代主義：王文興國際研討會　桃園　中央大學人文研究中心　2010年6月4—5日

呂正惠　王文興的大陸遊記　無休止的戰爭——王文興作品綜論（上）　臺北　臺灣大學出版中心　2013年12月　頁149—158

呂正惠　王文興的大陸遊記　臺灣文學研究自省錄　臺北　學生書局　2014年1月　頁139—157

卓清芬　王文興和古典詩詞　演繹現代主義：王文興國際研討會　桃園　中央大學人文研究中心　2010年6月4—5日

卓清芬　王文興和古典詩詞　無休止的戰爭——王文興作品綜論（下）　臺北　臺灣大學出版中心　2013年12月　頁219—259

黃啟峰　逼視存在的異鄉人：王文興對卡繆的接受　演繹現代主義：王文興國際研討會　桃園　中央大學人文研究中心　2010年6月4—5日

黃啟峰　逼視存在的異鄉人——論王文興對卡繆的接受與轉化　無休止的戰爭——王文興作品綜論（上）　臺北　臺灣大學出版中心　2013年12月　頁240—281

楊　照　啟蒙的驚怵與傷痕——當代臺灣成長小說中的悲劇傾向〔王文興部分〕　霧與畫：戰後臺灣文學史散論　臺北　麥田出版‧城邦文化公司　2010年8月　頁513

康來新　眾生眾聲，且喜且驚：關於臺灣第一次的王文興國際研討會　臺灣文學館通訊　第28期　2010年9月　頁42—45

陳芳明　一九六〇年代臺灣現代小說的藝術成就——內心世界的探索〔王文興部分〕　臺灣新文學史　臺北　聯經出版社　2011年10月　頁393—397

陳芳明　一九六〇年代臺灣現代小說的藝術成就——內心世界的探索〔王文興部分〕　臺灣新文學史（上）十週年紀念新版　臺北　聯經出版公司　2021年12月　頁397—401

陳雪華　序一　白的灰階：手稿集導讀小冊（王興手稿集）　臺北　臺灣大學圖書館，臺灣大學出版中心，行人文化實驗室　2010年11月　頁1

李瑞騰　序二：手稿及手稿學　白的灰階：手稿集導讀小冊（王興手稿集）　臺北　臺灣大學圖書館，臺灣大學出版中心，行人文化實驗室　2010年11月　頁2

陳傳興　序三：夜寫响易奔　白的灰階：手稿集導讀小冊（王興手稿集）　臺北　臺灣大學圖書館，臺灣大學出版中心，行人文化實驗室　2010年11月　頁3—4

符立中　《現代文學》群英會——王文興，一九三九年生於福建福州，一九四六年舉家遷臺，先住在東港，兩年後遷居臺北　白先勇與符立中對談：從《臺北人》到《紐約客》臺北　九歌出版社　2010年11月　頁89—90

馬翊航　南方‧水岸——王文興的同安街與南方澳　我在我不在的地方：文學現場踏查記　臺南　國立臺灣文學館　2010年12月　頁228—239

曾巧雲　王文興：慢讀慢寫慢工的小說聖徒榮獲國家文藝獎　2009年臺灣文學年鑑　臺南　國立臺灣文學館　2010年12月　頁161

楊　照　以記錄來詮釋一個時代〔王文興部分〕　印刻文學生活誌　第91期　2011年3月　頁99

林靖傑　尋找背海的人　鹽分地帶文學　第33期　2011年4月　頁25—30

朱雙一　「自由派」和現代主義文學的興衰和特點——現代主義文學高潮及其特徵——臺灣現代主義文學的實驗性特徵〔王文興部分〕　臺灣文學創作思潮簡史　臺北　人間出版社　2011年5月　頁283—284

劉淑貞　王文興：百年中文守靈夜　文訊雜誌　第307期　2011年5月　頁99

張曉風編　王文興 *Contemporary Taiwanese Literature and Art Series: Short Stories*（當代臺灣文學藝術系列──小說卷）　臺北　中華民國筆會　2011年12月　頁166

黃恕寧　勇敢邁向孤獨的實驗創作之路──王文興　作家小傳：王文興　臺北　行人文化實驗室，目宿媒體　2012年3月　頁14─31

黃恕寧　勇敢邁向孤獨的實驗創作之路──王文興　偶開天眼覷紅塵──王文興傳記訪談集　臺北　臺灣大學出版中心　2013年12月　頁131─148

陸敬思著；李延輝譯　王文興及中國的「失去」　異地繁花──海外臺灣文論選譯（下）　臺北　臺灣大學出版中心　2012年8月　頁185─228

王晉民　王文興的小說　多元化的文學思潮：王晉民選集　廣州　花城出版社　2012年10月　頁184─206

康來新　白先勇的同班同學──以王文興為例的隨想　白先勇的文學與文化實踐暨兩岸藝文合作學術研討會　北京　中國社科院主辦、趨勢教育基金會協辦　2012年11月9─11日

蔡明諺　鑑往知來──家變震盪　燃燒的年代：七〇年代臺灣文學論爭史略　臺南　國立臺灣文學館　2012年11月　頁188─206

蔡明諺　鄉土為名──夏潮陣線〔王文興部分〕　燃燒的年代：七〇年代臺灣文學論爭史略　臺南　國立臺灣文學館　2012年11月　頁295─298

方　忠　論王文興短篇小說的現代主義特徵　中國現代文學研究叢刊　2012年第12期　2012年　頁44─52

方　忠　論王文興短篇小說的現代主義特徵　雅俗匯流──方忠選集　廣州　花城出版社　2014年11月　頁194─205

羅秀美　當代都市文學「史前史」──1979年以前臺灣文學中的都市書寫──1960至1970年代小說中的都市書寫：白先勇、王文興與葉石濤　文明・廢墟・後現代──臺灣都市文學簡史　臺南　國立臺灣文學館　2013年8月　頁51─60

康來新　尋人啟示錄──影視王學紀錄片　偶開天眼覷紅塵──王文興傳記訪談集　臺北　臺灣大學出版中心　2013年12月　頁119─130

黃恕寧，康來新　編者序　無休止的戰爭──王文興作品綜論（上）　臺北　臺灣大學出版中心　2013年12月　〔19〕頁

柯慶明　六〇年代現代主義文學？（節錄）〔王文興部分〕　無休止的戰爭──王文興作品綜論（上）　臺北　臺灣大學出版中心　2013年12月　頁52─56，58─59，63─67

柯慶明　《慢讀王文興》叢書序　西北東南──王文興研究資料彙編　臺北　臺灣大學出版中心　2013年12月　頁5─9

柯慶明　《慢讀王文興》叢書序　原來數學和詩歌一樣優美──王文興新世紀讀本　臺北　臺灣大學出版中心　2013年12月　頁5─9

柯慶明　《慢讀王文興》叢書序　偶開天眼覷紅塵──王文興傳記訪談集　臺北　臺灣大學出版中心　2013年12月　頁5─9

柯慶明　《慢讀王文興》叢書序　喧囂與憤怒──《背海的人》專論　臺北　臺灣大學出版中心　2013年12月　頁5─9

柯慶明　《慢讀王文興》叢書序　嘲諷與逆變──《家變》專論　臺北　臺灣大學出版中心　2013年12月　〔5頁〕

柯慶明　《慢讀王文興》叢書序　無休止的戰爭──王文興作品綜論（上）　臺北　臺灣大學出版中心　2013年12月　〔5〕頁

柯慶明　《慢讀王文興》叢書序　無休止的戰爭──王文興作品綜論（下）　臺北　臺灣大學出版中心　2013年12月　頁5─9

柯慶明　慢讀王文興　文訊雜誌　第339期　2014年1月　頁30—32

柯慶明　「慢讀」之必要：王文興小說倫理　柯慶明論文學　臺北　城邦出版公司　2016年7月　頁432—436

劉淑貞　翻譯者的任務——王文興「現代中文」的倫理性實踐　林中路：現代主義小說的抒情徵狀及其倫理性
　　實踐　政治大學臺灣文學研究所　博士論文　陳芳明教授指導　2014年7月　頁61—84

桑德琳　修改的不可能性：王文興手稿中的刪除、修改和添加內容　中山人文學報　第37期　2014年7月　頁
　　63—82

王列耀　經院儒學哲學、禪學與臺灣文學〔王文興部分〕　華文文學的文化取向——王列耀選集　廣州　花城
　　出版社　2014年11月　頁223

車玉茜　再論王文興小說語言的個性化創新　短篇小說（原創版）　2014年第23期　2014年　頁25—26

馬　森　臺灣的現代小說與海外作家的回歸〔王文興部分〕　世界華文新文學史——中國現代文學的兩度西
　　潮（下編）‧分流後的再生：第二度西潮與現代／後現代主義　臺北　印刻文學生活雜誌出版公司　2015
　　年2月　頁999—1001

張誦聖　文學現代主義的移植——美學主義傾向的發展高峰——王文興的美學觀　現代主義‧當代臺灣：文
　　學典範的軌跡　臺北　聯經出版公司　2015年4月　頁108—116

張誦聖　結語：步入新紀元——一九八〇年代的前輩現代派作家〔王文興部分〕　現代主義‧當代臺灣：文
　　學典範的軌跡　臺北　聯經出版公司　2015年4月　頁260—264

黃啟峰　「薛西弗斯」的境遇啟示：存在主義精神之於現代主義世代的小說轉化——美典範式一：王文興論
　　戰爭‧存在‧世代精神——臺灣現代主義小說的境遇書寫研究　臺北　秀威資訊科技公司　2016年4月　頁
　　341—351

吳瑾瑋　王文興小說語言風格分析：從詩語言句式入手　第五屆語文教育暨第十一屆辭章章法學術研討會　臺
　　北　教育部國民小學師資培用聯盟「國語文學習領域教學研究中心」，臺北市立教育大學人文藝術學院，
　　臺北市立教育大學中國語文學系，中華民國章法學會主辦　2016年11月5日

吳瑾瑋　王文興小說語言風格分析：從詩語言句式入手　章法論叢（十一）　臺北　萬卷樓圖書公司　2017年
　　11月　頁113—148

林祈佑　王文興的電話機與郭松棻的收音機：現代主義與媒介形式　論寫作：郭松棻與李渝文學研討會　臺北
　　臺灣大學臺灣文學研究所主辦　臺灣大學文學院　臺灣大學圖書館協辦　2016年12月17—18日

林雯卿　現代性的兩種面向：出發與迴游——以魯迅、王文興的小說為例　2017年中國文學之學理與應用
　　——觀音普度與教化全球學術研討會　桃園　銘傳大學應用中國文學系　2017年3月17日

高鈺昌　室內聲：文本的「內部」與「外部」音景——耳朵裡的街道：王文興、李渝　「聽一見」城市：戰後臺灣
　　小說中的臺北聲音景觀　成功大學臺灣文學系　博士論文　李育霖教授指導　2017年7月　頁57—71

王桂亭，馬芳芳　王文興小說的宗教性書寫　華僑大學學報（哲學社會科學版）　2017年第5期　2017年　頁
　　116—124

金　進　缺憾還諸天地：王文興小說的主題研究　福建論壇（人文社會科學版）　2017年第8期　2017年　頁
　　45—52

劉羿宏　跨太平洋的冷戰文學：余光中、王文興、愛荷華寫作班　文化研究年會——文化在民間　臺北　文化
　　研究年會　臺灣大學臺灣文學所　臺灣大學建築與城鄉所　臺灣大學地理系主辦　2018年3月10—11日

林雯卿　王文興小說語言主體性之生成初期探論　彰化師大文學院學報　第17期　2018年3月　頁75—100

吳　霞　王文興早期小說與《約拿書》的互文性　閩臺文化研究　2018年第4期　2018年　頁102—108

陳雲昊　從「圖畫」到「書法」——論王文興的現代主義寫作　華文文學　2018年第4期　2018年　頁72—79

吳　霞　「魅」力紛呈：王文興對古典文學元素的引用與創新　閩臺文化研究　2019年第3期　2019年　頁

97—103

黃恕寧　弓河畔的凝視——王文興剪影　世界日報　2021年8月27日　F2版

【分論】

單行本作品

論述
《家變六講：寫作過程回顧》

康來新　王文興慢讀王文興——關於複數作者版的《家變六講》家變六講：寫作過程回顧　臺北　麥田出版公司　2009年11月　頁3—7

鳳　凰　王文興提倡文學精讀　明報月刊　第528期　2009年12月　頁96

〔臺灣時報〕　《家變六講》臺灣時報　2010年1月1日

散文
《星雨樓隨想》

楊美紅　手記生活大書　幼獅文藝　第597期　2003年9月　頁132—133

鄭柏彰　《星雨樓隨想》臺灣文學館通訊　第1期　2003年9月　頁94

江寶釵　淘金——《星雨樓隨想》聯合報　2003年12月7日　B5版

陳姿羽　2003最佳書獎得獎作家直擊——寫作的砝碼〔《星雨樓隨想》部分〕　聯合報　2003年12月14日　B5版

小說
《龍天樓》

李文彬　談王文興《龍天樓》的內蘊及外含　臺大青年　第3期　1970年8月　頁56—59

蔡慧怡　自我的抗爭——《龍天樓》小說集裡的王文興　新潮　第28期　1974年6月　頁32—34

莊文福　王文興《龍天樓》大陸旅臺作家懷鄉小說研究　中國文化大學中國文學系　博士論文　邱燮友教授指導　2003年　頁195—201

Steven Riep（饒博榮）　Books and Films: The Cinematic Nature of Wang Wen -hsing's Dragon Inn Art of Chinese Narrative Language: International Workshop on Wang Wen-hsing's Life and work（中文敘事語言的藝術：王文興國際研討會）　Canada　Department of Germanic, Slavic and East Asian Studies University of Calgary　2009年2月19—21日

《家變》

游施和　評《家變》——兼論小說用語　中國語文　第33卷第4期　1973年4月　頁82—85

顏元叔　苦讀細品談《家變》中外文學　第1卷第11期　1973年4月　頁60—85

顏元叔　苦讀細品談《家變》談民族文學　臺北　臺灣學生書局　1973年6月　頁325—361

顏元叔　苦讀細品談《家變》　臺灣現當代作家研究資料彙編48・王文興　臺南　國立臺灣文學館　2013年12月　頁139—165

顏元叔　苦讀細品談《家變》　嘲諷與逆變——《家變》專論　臺北　臺灣大學出版中心　2013年12月　頁133—165

歐陽子　論《家變》之結構形式與文字句法　中外文學　第1卷第12期　1973年5月　頁50—67

歐陽子　論《家變》之結構形式與文字句法　歐陽子自選集　臺北　黎明文化公司　1982年7月　頁295—319

歐陽子　論《家變》之結構形式與文字句法　嘲諷與逆變——《家變》專論　臺北　臺灣大學出版中心　2013年12月　頁166—190

張漢良　淺談《家變》的文字　中外文學　第1卷第12期　1973年5月　頁122—141

張漢良　談王文興《家變》的文字　中國現代作家論　臺北　聯經出版公司　1979年7月　頁379—402

張漢良　淺談《家變》的文字　臺灣現當代作家研究資料彙編48·王文興　臺南　國立臺灣文學館　2013年12月　頁167—187

張漢良　淺談《家變》的文字　嘲諷與逆變——《家變》專論　臺北　臺灣大學出版中心　2013年12月　頁191—215

顏元叔等　《家變》座談會　中外文學　第2卷第1期　1973年6月　頁164—177

顏元叔等　大家談《家變》　洪範雜誌　第34期　1988年3月10日　3版

顏元叔等　《家變》座談會　嘲諷與逆變——《家變》專論　臺北　臺灣大學出版中心　2013年12月　頁353—367

子　敏　讀《家變》　國語日報　1973年7月30日　7版

子　敏　讀《家變》　陌生的引力　臺北　純文學出版社　1975年1月　頁37—42

子　敏　讀《家變》　陌生的引力　臺北　麥田出版公司　1997年12月　頁56—61

陳典義　《家變》的人生觀照與嘲諷　中外文學　第2卷第2期　1973年7月　頁148—160

景　翔　《家變》與文變　書評書目　第6期　1973年7月　頁80—82

李寬宏　試論《家變》　書評書目　第6期　1973年7月　頁82—87

陳典義　《家變》的人生觀照與嘲諷　嘲諷與逆變——《家變》專論　臺北　臺灣大學出版中心　2013年12月　頁45—62

關　雲　漫談《家變》中的遣詞造句——一個傳播語意學的觀點　書評書目　第6期　1973年7月　頁93—103

王鼎鈞　《家變》之變　書評書目　第6期　1973年7月　頁103—105

石　公　變則通乎？　書評書目　第6期　1973年7月　頁105—113

鄭　耀　談《中外文學》並評王文興《家變》　中華日報　1973年8月2日　10版

魏子雲　評《家變》（上、中、下）　中華日報　1973年8月3—5日　9版

村　夫　王文興的鎖——看電視座談《家變》有感（上、下）　中華日報　1973年8月12—13日　9版

陳克環　情變和《家變》　中華日報　1973年9月4日　9版

拓荒者　好歹是自己的　中國時報　1973年9月11日　12版

楊惠南　《家變》及其他　書評書目　第7期　1973年9月　頁79—87

林柏燕　韓愈·白話文·家變（1—3）　中華日報　1973年10月5—7日　9版

林柏燕　韓愈·白話文·家變　文學印象　臺北　大林出版社　1978年8月　頁47—57

簡　宛　我對《家變》的一點感想　書評書目　第8期　1973年11月　頁43—46

尉天聰　站在什麼立場說什麼話——對個人主義文藝的考察　文季　第2期　1973年11月　頁18—27

尉天聰　個人主義文藝的考察——站在甚麼立場說甚麼話兼評王文興的《家變》　文學，休走：現代文學的考察　臺北　遠景出版公司　1976年7月　頁33—45

尉天聰　站在什麼立場說什麼話——個人主義文藝的分析——「家」爲何「變」路不是一個人走得出來的　臺北　聯經出版公司　1978年12月　頁69—74

李利國　試探《家變》　今日中國　第32期　1973年12月　頁150—156

莊金松　試就日本文學看《家變》的風格　自立晚報　1974年3月17日　8版

周　寧　一盞亮起的紅燈──評王文興的小說《家變》文藝月刊 第58期 1974年4月 頁78─86

周　寧　一盞亮起的紅燈──評王文興的小說《家變》 橄欖樹 臺北 書評書目出版社 1976年2月 頁121─135

譚雅倫　讀《家變》的聯想 書評書目 第15期 1974年7月 頁3─8

陳曉林　清者自清‧濁者自濁──《棋王》與《家變》之對比 文藝月刊 第77期 1975年11月 頁3─11

劉紹銘　十年來臺灣小說1965─1975──兼論王文興的《家變》明報月刊 第121期 1976年1月 頁144─151

劉紹銘　十年來的臺灣小說（1965─1975）──兼論王文興的《家變》中外文學 第4卷第12期 1976年5月 頁4─16

劉紹銘　十年來的臺灣小說（1965─1975）──兼論王文興的《家變》小說與戲劇 臺北 洪範書店 1977年2月 頁3─26

劉紹銘　十年來臺灣小說（1965─1975）──兼論王文興的《家變》嘲諷與逆變──《家變》專論 臺北 臺灣大學出版中心 2013年12月 頁3─23

姚欣進　論析《家變》之情節安排藝術 中外文學 第4卷第12期 1976年5月 頁218─227

姚欣進　論析《家變》之情節安排藝術 嘲諷與逆變──《家變》專論 臺北 臺灣大學出版中心 2013年12月 頁63─77

吳祥光　臺灣現代小說中的道德負擔 新潮 第32期 1976年9月 頁82─86

水　晶　讀葉維廉編《現代中國作家論》中王文興與《家變》之毀與譽 聯合報 1977年1月13日 12版

之　華　少年與劍〔《家變》部分〕 血緣、土地、傳統 臺北 求精出版社 1977年9月 頁142─143

何　欣　三十年來的小說〔《家變》部分〕 中華文化復興月刊 第10卷第9期 1977年9月 頁28

何　欣　三十年來臺灣的小說〔《家變》部分〕 中國現代小說的主潮 臺北 遠景出版公司 1979年3月 頁85─87

蕭之華　少年與劍〔《家變》部分〕 血緣、土地、傳統 臺北 獨家出版社 2003年9月 頁79─80

之　華　「伊底帕斯情結」試析〔《家變》部分〕 血緣、土地、傳統 臺北 求精出版社 1977年9月 頁268─269

蕭之華　「伊底帕斯」情結試析〔《家變》部分〕 血緣、土地、傳統 臺北 獨家出版社 2003年9月 頁320─322

琦　君　讀《家變》讀書與生活 臺北 東大圖書公司 1978年1月 頁68─80

琦　君　變則通乎？──讀《家變》琦君讀書 臺北 九歌出版社 1987年10月 頁117─132

侯立朝　聯經集團三報一刊的文學部隊──從歐陽子的自白看他們的背景──〈我愛博士〉與《家變》的比較分析 中華雜誌 第174期 1978年1月 頁47─53

侯立朝　聯經集團三報一刊的文學部隊──從歐陽子的自白看他們的背景──〈我愛博士〉與《家變》的比較分析 鄉土文學討論集 臺北 〔自行出版〕 1978年4月 頁674─684

粘子瑛　《家變》讀後 國語日報 1979年3月16日 6版

張　健　小評《家變》從李杜說起 臺北 南京出版公司 1979年10月 頁123─125

周　錦　中國新文學第四期的特出作品〔《家變》部分〕 中國新文學簡史 臺北 成文出版社 1980年5月 頁283─284

仲　正　「慢讀就通」？補充說明 臺灣日報 1980年6月5日 12版

James C.T.Shu　Iconoclasm in Wang Wen-hsing's *Chia-pien* Chinese Fiction From Taiwan: Critical Perspectives Bloomington Indiana University press 1980年 頁179

顏元叔　社會寫實的《家變》 洪範雜誌 第2期 1981年6月 2版

呂秀瓊　我讀《家變》有感 洪範雜誌 第5期 1981年12月 2版

李有成　王文興與西方文類 中外文學 第10卷第11期 1982年4月 頁176─193

李有成　《家變》與文類成規　在理論的年代　臺北　允晨文化公司　2006年3月　頁81—99

李有成　《家變》與文類成規　臺灣現當代作家研究資料彙編48・王文興　臺南　國立臺灣文學館　2013年12月　頁123—137

李有成　《家變》與文類成規　嘲諷與逆變——《家變》專論　臺北　臺灣大學出版中心　2013年12月　頁216—235

劉紹銘　王文興的《家變》　洪範雜誌　第9期　1982年9月　3版

封祖盛　現代派小說的基本特徵和得失〔《家變》部分〕　臺灣小說主要流派初探　福州　福建人民出版社　1983年10月　頁198—200，219，227—228

盧菁光　轟動臺灣文壇的《家變》——談王文興及其創作　文學報　1985年7月4日　3版

武治純　臺灣鄉土文學民族風格的形成〔《家變》部分〕　壓不扁的玫瑰花——臺灣鄉土文學初探　北京　中國廣播電視出版社　1985年7月　頁104—105

盧菁光　論《家變》的社會內容和認識價值　臺灣香港文學論文選　福州　海峽文藝出版社　1985年9月　頁237—249

歐陽子　《家變》　洪範雜誌　第24期　1985年12月　3版

張國立　導讀《家變》——張國立專訪　中華日報　1986年12月31日　11版

陳萬益　逆子的形象——賈寶玉、高覺慧和范曄的比較　文星　第102期　1986年12月　頁125—129

陳萬益　逆子的形象——賈寶玉、高覺慧和范曄的比較　于無聲處聽驚雷　臺南　臺南市立文化中心　1996年5月　頁3—17

陳萬益　逆子的形象——賈寶玉、高覺慧和范曄的比較　嘲諷與逆變——《家變》專論　臺北　臺灣大學出版中心　2013年12月　頁291—303

呂正惠　「政治小說」三論〔《家變》部分〕　文星　第103期　1987年1月　頁86—92

石壁塔　我爸爸比范曄還兇　文星　第103期　1987年1月　頁106—110

蔡源煌　從《臺北人》到《撒哈拉的故事》（上、下）〔《家變》部分〕　中國時報　1987年1月13—14日　8版

蔡源煌　從《臺北人》到《撒哈拉的故事》〔《家變》部分〕　海峽兩岸小說的風貌　臺北　雅典出版社　1989年4月　頁70—73

蔡源煌　從《臺北人》到《撒哈拉的故事》〔《家變》部分〕　當代臺灣文學評論大系・文學現象卷　臺北　正中書局　1993年5月　頁486—488

李歐梵，陸士清　關於《家變》的對話　當代文藝探索　1987年第2期　1987年2月　頁91—96

李歐梵，陸士清　關於《家變》的對話　四海——港臺海外華文文學　1990年第6期　1990年12月　頁120—140

杭　之　總論——從大眾文化觀點看三十年來的暢銷書——七〇年代的暢銷書——落拓王孫與傳統叛徒〔《家變》部分〕　從《藍與黑》到《暗夜》臺北　久大文化　1987年5月　頁59—60

蔡源煌　時代的祭禮〔《家變》部分〕　從《藍與黑》到《暗夜》臺北　久大文化　1987年5月　頁139—142

張誦聖　從《家變》的形式設計談起　聯合文學　第32期　1987年6月　頁196—199

張誦聖　從《家變》的形式設計談起　文學場域的變遷　臺北　聯合文學出版社　2001年6月　頁159—167

張誦聖　從《家變》的形式設計談起　臺灣現當代作家研究資料彙編48・王文興　臺南　國立臺灣文學館　2013年12月

張誦聖　從《家變》的形式設計談起　嘲諷與逆變——《家變》專論　臺北　臺灣大學出版中心　2013年12月　頁236—243

白少帆，王玉斌　王文興及其《家變》現代臺灣文學史　瀋陽　遼寧大學出版社　1987年12月　頁489—494

呂正惠　夏日炎炎書解悶——好書推薦——現代小說書單——王文興《家變》　國文天地　第39期　1988年8月　頁26

黃重添　病態的社會，變態的人〔《家變》部分〕　臺灣長篇小說論　福州　海峽文藝出版社　1990年5月　頁170—181

黃重添　病態的社會病態的人〔《家變》部分〕　臺灣長篇小說論　臺北　稻禾出版社　1992年8月　頁181—197

黃重添　《家變》作品評析　臺灣百部小說大展　福州　海峽文藝出版社　1990年7月　頁38—39

盧菁光　巴金的《家》和王文興的《家變》臺灣香港暨海外華文文學論文選（四）　福州　海峽文藝出版社　1990年9月　156—169

盧菁光　巴金的《家》和王文興的《家變》中國現代文學整體觀與比較論　廣州　廣東高等教育出版社　1992年5月　頁167—185

蘇偉貞　關於《家變》各領風騷　臺中　晨星出版社　1990年10月　頁132—133

葉石濤　八〇年代臺灣文學的特質〔《家變》部分〕　臺灣時報　1990年12月26日　27版

葉石濤　八〇年代臺灣文學的特質〔《家變》部分〕　葉石濤全集‧隨筆卷三　臺南，高雄　國立臺灣文學館，高雄市文化局　2008年3月　頁343

黃重添，莊明萱，闕豐齡　現代派小說——現代文學的流行〔《家變》部分〕　臺灣新文學概觀（上）　廈門　鷺江出版社　1991年6月　頁111—113

古繼堂　激盪的文學潮流——臺灣文藝思潮辨析：現代派文學思潮——臺灣文學的衝擊波〔《家變》部分〕　臺灣地區文學透視　西安　陝西人民教育出版社　1991年7月　頁9

古繼堂　在世界主義的陡坡上——臺灣現代小說的表現藝術〔《家變》部分〕　臺灣地區文學透視　西安　陝西人民教育出版社　1991年7月　頁37

蔡田明　兩岸《家變》討論之我見　小說評論　1991年第5期　1991年10月　頁79—84

蔡詩萍　小說族與都市浪漫小說——「嚴肅」與「通俗」的相互顛覆〔《家變》部分〕　流行天下　臺北　時報文化出版公司　1992年1月　頁167

湯芝萱　迷途的兩代情——談王文興《家變》幼獅文藝　第459期　1992年3月　頁79—91

張大春　威權與挫敗——當代臺灣小說中的父親形象〔《家變》部分〕　張大春的文學意見　臺北　遠流出版公司　1992年5月　頁67

簡政珍　《家變》文學星空　臺北　國家文藝基金管理委員會　1992年9月　頁86—88

萬榮華　《家變》中國時報　1993年7月29日　27版

柯慶明導讀；湯芝萱整理　迷途的兩代情——談王文興《家變》喂！你是哪一派？　臺北　幼獅文化公司　1994年3月　頁113—126

徐開塵　《家變》英文版，即將面世　民生報　1994年4月25日　15版

周國正　自由與制約——圍繞王文興《家變》中文字新變的討論　現代中文文學評論　第1期　1994年6月　頁53—77

周國正　自由與制約——圍繞王文興《家變》中文字新變的討論　嘲諷與逆變——《家變》專論　臺北　臺灣大學出版中心　2013年12月　頁244—277

古遠清　圍繞王文興《家變》的討論　臺灣當代文學理論批評史　武漢　武漢出版社　1994年8月　頁444—448

王之樵　親密男人的必然困境——王墨林談《家變》中國時報　1994年12月25日　39版

徐國倫，王春榮　王文興的《家變》二十世紀中國兩岸文學史　瀋陽　遼寧大學出版社　1994年　頁230—233

呂正惠　戰後臺灣知識分子與臺灣文學〔《家變》部分〕　文學經典與文化認同　臺北　九歌出版社　1995年4月　頁22—23

Susan Dolling　Translation's Note　*Family Catastrophe*　Honolulu, Hawaii　University of Hawaii Press　1995年5月　頁253—258

丁　進　從「父慈子孝」到「家變」——王文興《家變》與王朔《我是你爸爸》之比較　當代作家評論　1995年第2期　1995年　頁119—123

楊匡漢　現代主義在兩岸〔《家變》部分〕　揚子江與阿里山的對話——海峽兩岸文學比較　上海　上海文藝出版社　1995年12月　頁199

金恆杰　中國文學中的親子關係——談王文興的《家變》和奚淞的《哪吒》　百年來中國文學學術研討會　臺北　中央日報社　1996年6月1—3日

金恆杰　中國文學中的親子關係——談王文興的《家變》和奚淞的《哪吒》（上、下）　中央日報　1996年6月26—27日　18版

金恆杰　中國文學中的親子關係——談王文興的《家變》和奚淞的《哪吒》　嘲諷與逆變——《家變》專論　臺北　臺灣大學出版中心　2013年12月　頁304—321

陳靜文　小說非得如此不可嗎？——Virginia woolf的小說理論印證在王文興的《家變》中　第三屆府城文學獎得獎作品專集　臺南　臺南市立文化中心　1997年5月　頁237—266

陳傳興　桌燈罩裡的睡褲與拖鞋——「家變」與「時間」　青春時代的臺灣——鄉土文學論戰二十周年回顧研討會　臺北　行政院文建會主辦　1997年10月24—26日

陳傳興　桌燈罩裡的睡褲與拖鞋——「家變」與「時間」　木與夜孰長　臺北　行人文化實驗室　2009年2月　頁181—194

陳傳興　桌燈罩裡的睡褲與拖鞋——「家變」—「時間」　臺灣現當代作家研究資料彙編48・王文興　臺南　國立臺灣文學館　2013年12月　頁317—326

陳傳興　桌燈罩裡的睡褲與拖鞋：「家變」—「時間」　嘲諷與逆變——《家變》專論　臺北　臺灣大學出版中心　2013年12月　頁78—89

陳文芬　王文興新小說久等了　中國時報　1997年12月26日　23版

呂正惠　現代主義在臺灣——從文藝社會學的角度來考察〔《家變》部分〕　臺灣文學二十年集1978—1998：評論二十家　臺北　九歌出版社　1998年3月　頁144—145

李瑞騰　家的變與不變　臺灣文學二十年集1978—1998：評論二十家　臺北　九歌出版社　1998年3月　頁259—260

李瑞騰　家的變與不變　涵養用敬：國立中央大學中文系專任教師論著集1　桃園　中央大學中國文學系　2002年9月　頁586—588

易　鵬　巨變私史——王文興的《家變》　第22屆全國比較文學會議　臺北　臺灣師範大學主辦　1998年5月23—24日

易　鵬　巨變私史——王文興的《家變》　中外文學　第27卷第10期　1999年3月　頁134—173

易　鵬　巨變私史——王文興的《家變》　他者之域：文化身分與再現策略　臺北　城邦文化公司　2001年3月　頁179—218

楊　照　家庭內的啟蒙悲劇——王文興的小說《家變》　中國時報　1998年6月30日　37版

江寶釵　現代主義的興盛、影響與去化——當代臺灣小說現象研究〔《家變》部分〕　臺灣現代小說史綜論　臺北　行政院文建會，聯經出版公司　1998年12月　頁131—132

宋　剛　《家變》作品解析　中國文學通典・小說通典　北京　解放軍文藝出版社　1999年1月　頁1108

楊曉菁　談王文興小說中的語言文字——試由《家變》談起　臺灣當代小說論評　高雄　春暉出版社　1999年1月　頁31—54

陳器文　《家變》小識——論王文興《家變》　臺灣文學經典研討會論文集　臺北　聯經出版公司　1999年6月　頁76—86

方　忠　百年臺灣文學發展論——小說文體的自覺與更新〔《家變》部分〕　百年中華文學史論：1898—1999　上海　華東師範大學出版社　1999年9月　頁51—52

呂正惠　臺灣小說一世紀——世紀末的肯定或虛無〔《家變》部分〕　文訊雜誌　第168期　1999年10月　頁32—37

耕　雨　王文興・爭議最多的作家　臺灣新聞報　2000年2月26日　B7版

梅家玲　家門內外——家之空間想像與父子承傳在《家變》、《孽子》中的變與不變　文化、認同、社會變遷：戰後五十年臺灣文學國際學術研討會論文集　臺北　行政院文建會　2000年6月　頁375—387

梅家玲　孤兒？孽子？野孩子？——戰後臺灣小說中的父子家國及其裂變——家門之外——家之空間想像與父子傳承在《家變》、《孽子》中的變與不變　從少年中國到少年臺灣：二十世紀中文小說的青春想像與國族論述　臺北　麥田・城邦文化公司　2012年11月　頁248—260

梅家玲　孤兒？孽子？野孩子？——戰後臺灣小說中的父子家國及其裂變（節錄）　臺灣現當代作家研究資料彙編48・王文興　臺南　國立臺灣文學館　2013年12月　頁189—200

張　殿　緩慢有理　聯合報　2000年10月16日　37版

張　殿　王文興的書桌：緩慢有理　洪範雜誌　第63期　2000年11月　4版

王德威　這才是一個人的聖經——王文興新版《家變》的時代意義　聯合報　2000年10月23日　48版

王德威　這才是一個人的聖經——王文興新版《家變》的時代意義　洪範雜誌　第64期　2001年4月　2版

王德威　這才是一個人的聖經——評王文興新版《家變》及其他　眾聲喧嘩以後：點評當代中文小說　臺北　麥田出版公司　2001年10月　頁194—197

平　路　文學中的父母與子女〔《家變》部分〕　今夜，我們來談文學　臺北　天下遠見出版公司　2001年4月　頁24—25

應鳳凰　王文興的小說《家變》　國語日報　2001年6月30日　5版

應鳳凰　王文興的《家變》　臺灣文學花園　臺北　玉山社出版公司　2003年1月　頁79—82

陳裕美　試論王文興《家變》之文字　文學前瞻　第3期　2002年6月　頁77—89

趙遐秋，呂正惠主編　現代主義文學思潮的興起與發展——臺灣現代小說與開發中社會的知識分子〔《家變》部分〕　臺灣新文學思潮史綱　臺北　人間出版社　2002年6月　頁277—279

林惠玲　意識形態與創作美學：喬埃斯《一個年輕藝術家的畫像》與王文興《家變》之比較　東華人文學報　第4期　2002年7月　頁213—259

楊馥菱　西風東漸下的試煉——《家變》探賾　慈濟大學人文社會科學學刊　第2期　2003年6月　頁153—175

劉慧珠　論王文興《家變》的負面書寫　興大中文學報　第15期　2003年6月　頁289—310

王建國　逆讀《家變》——論《家變》污逆寫形式、逆倫嘲諷及逆語戲擬　第九屆府城文學獎得獎作品專集　臺南　臺南市立圖書館　2003年11月　頁419—460

羅　奇　2003文學類、非文學類書榜導讀——故事：在講說與聆聽之間〔《家變》部分〕　聯合報　2003年12月14日　B5版

黃　蜜　迷惘中的人性——評臺灣作家王文興的作品《家變》　美與時代　2003年第1期　2003年　頁65—66

楊馥菱　六〇年代臺灣小說——王文興及其小說《家變》　臺灣小說　臺北　空中大學　2003年12月　頁158—175

李祖原　建築師最喜愛的小說——再讀《家變》　聯合報　2004年1月5日　E7版

李祖原　再讀《家變》　最愛一百小說　臺北　聯經出版公司　2004年5月　頁39

劉慧珠　「逆子」的自我異化與主體分裂——由拉康的「鏡像階段」審視王文興的《家變》　修平人文社會學報　第3期　2004年3月　頁159—176

楊佳嫻　《家變》　最愛一百小說　臺北　聯經出版公司　2004年5月　頁44—45

楊澄靜　消失的父親——談王文興的《家變》金門文藝　第2期　2004年9月　頁27—29

石曉楓　家庭內的夢魘與悲劇——親子關係的裂變〔《家變》部分〕　兩岸小說中的少年家變　臺北　里仁書局　2006年7月　頁25—34

張韻如　語言及音樂的關聯——論《家變》的文體結構所呈現的音樂性　教育暨外國語文學報　第3期　2006年7月　頁51—60

謝冬冰　嫁接于西方現代派之木的臺灣現代派小說〔《家變》部分〕　濟南大學學報　第16卷第5期　2006年9月　頁50—52

柯慶明　小識〈《家變》小識〉臺灣現代文學的視野　臺北　麥田出版公司　2006年12月　頁355—358

邱貴芬　翻譯驅動力下的臺灣文學生產——1960—1980現代派與鄉土文學的辯證——臺灣現代派小說的特色〔《家變》部分〕　臺灣小說史論　臺北　麥田出版公司　2007年3月　頁223

丁富雲　《家變》：社會轉型階段人倫關係異化的寫眞　中州學刊　2007年第3期　2007年5月　頁222—225

陳碧月　臺灣「青春成長小說」所呈現的生命經驗與關懷意識〔《家變》部分〕　兩岸當代女性小說選讀　臺北　五南圖書出版公司　2007年9月　頁117

葉石濤　七〇年代臺灣文學的回顧〔《家變》部分〕　葉石濤全集‧隨筆卷二　臺南，高雄　國立臺灣文學館，高雄市文化局　2008年3月　頁44

李時雍　王文興《家變》的秩序內外　第十五屆全國中文研究所研究生論文研討會　桃園　中央大學中國文學系主辦　2008年10月25日

周麗卿　裂變中的傳承——重探王文興《家變》的父子關係與自我認同　東吳中文線上學術論文　第4期　2008年12月　頁73—88

賴靜毓，陳岫蘭，段岱玲　反叛vs.傳統：試論王文興的《家變》和白先勇的《孽子》二書中的雙重性　嶺東學報　第24期　2008年12月　頁233—248

Jane Parish Yang（白珍）　Leaving Home：Foreshadowing,Echo,and Sideshadowing in Wan Wenxing's（Wang Wen hsing's）*Jia bian*　Art of Chinese Narrative Language: International Workshop on Wang Wen-hsing's Life and work（中文敘事語言的藝術：王文興國際研討會）Canada　Department of Germanic, Slavic and East Asian Studies University of Calgary　2009年2月19—21日

San-hui Hung（洪珊慧）The Pursuit of Reality in Family Catastrophe and Crystal Boys　Art of Chinese Narrative Language: International Workshop on Wang Wen-hsing's Life and work（中文敘事語言的藝術：王文興國際研討會）　Canada　Department of Germanic, Slavic and East Asian Studies University of Calgary　2009年2月19—21日

Peng Yi（易鵬）　惡之華：《家變》之日常顯象　Art of Chinese Narrative Language: International Workshop on Wang Wen-hsing's Life and work（中文敘事語言的藝術：王文興國際研討會）Canada　Department of Germanic, Slavic and East Asian Studies University of Calgary　2009年2月19—21日

易　鵬　惡之華：《家變》之日常顯象　嘲諷與逆變——《家變》專論　臺北　臺灣大學出版中心　2013年12月　頁90—106

Wei Cai（蔡薇）The Use of Liheci in Family Catasrophe　Art of Chinese Narrative Language: International Workshop on Wang Wen-hsing's Life and work（中文敘事語言的藝術：王文興國際研討會）　Canada　Department of Germanic, Slavic and East Asian Studies University of Calgary　2009年2月19—21日

蔡　薇　《家變》中離合詞的使用　嘲諷與逆變──《家變》專論　臺北　臺灣大學出版中心　2013年12月　頁 278─288

應鳳凰　尤里西斯在臺北──王文興的「家變」與「文字變」　文訊雜誌　第285期　2009年7月　頁10─12

應鳳凰　西化以後，「家」怎麼「變」？──王文興小說《家變》書香兩岸　第9期　2009年7月　103

楊　照　讓新身體貼近老靈魂　聯合報　2009年8月26日　A4版

劉建基　「家」似乎「變」了──論王文興小說《家變》英譯本中的文化翻譯與經典文學大眾化議題　2009翻譯與跨文化國際學術研討會　臺北　政治大學外語學院翻譯中心，政治大學外語學院跨文化研究中心主辦　2009年9月26日

金良守　60年代臺灣社會與「父親缺席」的寓言──以王文興的《家變》與楊德昌的《牯嶺街少年殺人事件》為中心　第六屆臺灣文化國際學術研討會──臺灣文學的大河：歷史、土地與新文化　臺北，臺南　臺灣師範大學臺灣文化及語言文學研究所、長榮大學臺灣研究所主辦　2009年9月4─6日

金良守　解讀六十年代的臺灣社會與「父親缺席」的寓言：以王文興的《家變》與楊德昌的《牯嶺街少年殺人事件》為中心　臺灣文學的大河：歷史、土地與新文化──第六屆臺灣文化國際學術研討會論文集　高雄　春暉出版社　2009年12月　頁366─386

劉建基　翻譯、番易、褪色的現代主義：以王文興《家變》英譯本為例　廣譯：語言、文學與文化翻譯　第3期　2010年1月　頁43─54

陳芳明　《秋葉》與《家變》的意義　文訊雜誌　第292期　2010年2月　頁10─13

陳芳明　臺灣鄉土文學運動中的論戰與批判──新詩論戰的延續：《秋葉》與《家變》受到批判　臺灣新文學史　臺北　聯經出版社　2011年10月　頁535─540

陳芳明　臺灣鄉土文學運動中的論戰與批判──新詩論戰的延續：《秋葉》與《家變》受到批判　臺灣新文學史（下）十週年紀念新版　臺北　聯經出版公司　2021年12月　頁542─548

彭明偉　論《家變》的真實感與歷史感　演繹現代主義：王文興國際研討會　桃園　中央大學人文研究中心　2010年6月4─5日

彭明偉　論《家變》的真實感與現實感　嘲諷與逆變──《家變》專論　臺北　臺灣大學出版中心　2013年12月　頁107─130

游惠英　家屋──終其一生的尋覓（下）〔《家變》部分〕　人間福報　2010年8月4日　15版

白依璇　學院現代主義的文藝批評體制與典律化：以王文興《家變》為中心的探討　移動、交界與第三空間──第七屆全國臺灣文學研究生學術論文研討會　嘉義　國立臺灣文學館主辦，中正大學臺文所承辦　2010年10月2─3日

白依璇　學院現代主義的文藝批評體制與典律化──以王文興《家變》為中心的探討　第七屆全國臺灣文學研究生學術論文研討會論文集　臺南　國立臺灣文學館　2010年11月　頁3─43

馬衛華　現代派小說及其作家群的崛起〔《家變》部分〕　20世紀臺灣文學史略　北京　民族出版社　2010年10月　頁169─171

馮鐵著；黃桂瑩譯　《家變》裡的變寫不為文變──關於未來《家變》編訂本之思考　臺灣現當代作家研究資料彙編48‧王文興　臺南　國立臺灣文學館　2013年12月　頁293─316

馮鐵著（Raoul David Findeisen）；黃桂瑩譯　《家變》裡的變寫不為文變──關於未來《家變》編訂本之思考　開始的開始　臺北　臺灣大學圖書館，臺灣大學出版中心，行人文化實驗室　2010年11月　頁121─151

易鵬著；蕭瑞莆譯　易義，書──王文興《家變》手稿　開始的開始　臺北　臺灣大學圖書館，臺灣大學出版中心，行人文化實驗室　2010年11月　頁153─178

林品軒　論王文興的文學道德──以《家變》父親的遭遇為例　第五屆國北教大暨臺師大研究生論文發表會　臺

北 臺北教育大學臺灣文化所主辦；臺灣師範大學臺灣文化及語言文學所協辦 2011年1月8日

周慧珠 經典朗讀，細品文字之美──王文興慢讀《家變》 人間福報 2011年2月20日 B5版

應鳳凰，傅月庵 王文興──《家變》 冊頁流轉──臺灣文學書入門108 臺北 印刻文學生活雜誌出版公司 2011年3月 頁90─91

應鳳凰，傅月庵 王文興《家變》 人間福報 2011年5月15日 B5版

洪珊慧 《家變》與《孽子》中的父子關係與對「真實」世界的追求 臺灣文學研究學報 第12期 2011年4月 頁187─204

洪珊慧 《家變》與《孽子》中的父子關係與對「真實」世界的追求 嘲諷與逆變──《家變》專論 臺北 臺灣大學出版中心 2013年12月 頁322─350

尉天聰講，廖任彰記錄 七○年代尉老師曾對歐陽子、王文興、張愛玲的作品提出批判，四十年過去了，如今您怎麼看待這些作家的作品？ 尉天聰與臺灣現代主義文學運動 政治大學國文教學碩士在職專班 碩士論文 陳芳明教授指導 2011年6月 頁259─260

小野，陳傳興 臺灣的作家們──從「他們在島與寫作」談起──《尋找背海的人》·接近於導演的創作〔《家變》部分〕 聯合報 2011年7月8日 D3版

吳瑾瑋 從語言風格角度試析王文興《家變》中的長句 2011敘事文學與文化國際學術研討會 臺北 臺灣師範大學國文學系主辦 2011年10月15─16日

謝冬冰 臺灣現代派小說──「橫的移植」──嫁接於臺灣島上的西方現代派〔《家變》部分〕 多元文化與臺灣當代文學 北京 文化藝術出版社 2011年12月 頁183─187

白依璇 從美學品味到政經觀點的差異敘事：論七○年代鄉土文學論戰與王文興《家變》 臺灣文學論叢（四） 新竹 清華大學臺灣文學研究所 2012年3月 頁73─103

朱宥勳 是「我」在說話嗎？──王文興《家變》 幼獅文藝 第702期 2012年6月 頁28─30

朱宥勳 是「我」在說話嗎？──王文興《家變》 學校不敢教的小說 臺北 寶瓶文化公司 2014年4月 頁136─141

黃華庸 運鏡《家變》 人間福報 2012年8月3日 15版

王喆 《家變》之「變」與「不變」──從《家變》看王文興小說的創作特色 第六屆臺大、政大臺灣文學研究所研究生學術研討會 臺北 政治大學臺灣文學所主辦 2012年12月1日

鍾文榛 臺灣現代小說後階段所透顯得孤獨與疏離──心理疏離與社會疏離的紛繁展演──家庭功能改變而產生的疏離〔《家變》部分〕 孤獨與疏離：從臺灣現代小說透視時代心靈的變遷 臺北 秀威資訊科技公司 2012年12月 頁200─201

薛曉磊 論《家變》的思想內涵 浙江萬里學院學報 第26卷第6期 2013年11月 頁92─96

溫淑寧（Susan Dolling）講；陳竺筠譯 Susan Dolling的英語發言 無休止的戰爭──王文興作品綜論（下） 臺北 臺灣大學出版中心 2013年12月 頁304─312

何新梅 王文興《家變》與舞鶴〈拾骨〉的比較 國文天地 第343期 2013年12月 頁23─27

古遠清 引發臺灣文壇「地震」的《家變》 名作欣賞 2013年第16期 2013年 頁24─26

金暉 現代家族小說的異端──論《家變》反傳統的創作追求 文教資料 2013年第32期 2013年 頁65─67

方忠 論《家變》的文學史意義 中國現代文學研究叢刊 2013年第6期 2013年 頁86─97

方忠 論《家變》的文學史意義 雅俗匯流──方忠選集 廣州 花城出版社 2014年11月 頁206─222

古遠清 臺灣文壇六十年來文學爭論提要──苦讀細品《家變》 新地文學（2007年9月） 第27期 2014年3月 頁178

蕭義玲　朝向現代性的幽暗心靈——王文興《家變》的雙重象徵與意義　文學新鑰　第19期　2014年6月　頁85—117

董慧，鄭麗霞　恨父厭己的悲劇——論范曄的分裂人格　山東理工大學學報（社會科學版）　第30卷第5期　2014年9月　頁63—67

劉　俊　「家」的顛覆與重建——以「父子關係」為視角看20世紀中國文學的歷史變遷——逐父：王文興的《家變》複合互滲的世界華文文學——劉俊選集　廣州　花城出版社　2014年11月　頁29—30

黎湘萍　細讀的煩惱——從《家變》評論看海峽兩岸臺灣小說之研究　從邊緣返回中心——黎湘萍選集　廣州　花城出版社　2014年11月　頁114—130

蔡玫姿　家庭結構變遷下融入通識文學課程的情感教育研究〔《家變》部分〕　高醫通識教育學報　第9期　2014年12月　頁6—7

梅家玲　「家」，變不變？——論《家變》中的新舊文化轉型與語言實踐　文學經典與現代意識國際學術研習營　臺北　中央研究院中國文哲研究所，臺灣大學中國文學系主辦；臺灣大學文學院，臺大文學院「跨國界的文化傳釋：東亞各國間的文化交流跨學科研究計畫」研究計畫，麥田出版社協辦　2014年12月22—23日

梅家玲　「家」，變不變？——論《家變》中的新舊文化轉型與語言實踐　從摩羅到諾貝爾——文學‧經典‧現代意識　臺北　麥田出版　2015年1月　頁175—189

張誦聖　臻於成熟的現代派作家——文化批判與文本策略——《家變》　現代主義‧當代臺灣：文學典範的軌跡　臺北　聯經出版公司　2015年4月　頁156—172

易　鵬　《家變》：竊函，夢或發微之處　文本與現代手稿研究　臺北　書林出版公司　2019年12月　頁17—55

易　鵬　附屬異義：王文興《家變》手稿　文本與現代手稿研究　臺北　書林出版公司　2019年12月　頁87—109

葉怡君　微歐化：王文興之《家變》　臺灣小說中的歐化中文　輔仁大學跨文化研究所翻譯學碩士在職專班　碩士論文　李奭學教授指導　2018年6月　頁14—60

張改麗　論《家變》中父子衝突的現代意義　北方文學　2018年第6期　2018年　頁52

游勝冠　論王文興文學的現世性——以《家變》的族群書寫為考察中心　臺灣文學研究集刊　第25期　2021年2月　頁1—24

何海峰　顛覆中的承傳——重探王文興《家變》中的父子衝突　河北北方學院學報（社會科學版）　第37卷第5期　2021年10月　頁10—13，32

陳　穎　《家變》與《孽子》中的父子關係再解讀　鴨綠江　2021年第36期　2021年　頁134—135

《十五篇小說》
鄭雅云　談王文興早期的《十五篇小說》　文壇　第249期　1981年3月　頁61—69

安　立　孤絕的人生——評介《十五篇小說》　自立晚報　1986年6月23日　12版

安　立　孤絕的人生——評介《十五篇小說》　洪範雜誌　第28期　1986年9月5日　3版

安　立　孤絕的人生——評介《十五篇小說》　王文興的心靈世界　臺北　雅歌出版社　1990年5月　頁77—78

吳再興　論王文興《十五篇小說》的人生觀照　臺南師院學生學刊　第17期　1996年1月　頁72—82

吳品誼　上帝遺棄的英雄——論王文興《十五篇小說》的命運觀　國文天地　第257期　2006年10月　頁61—66

I-chih Chen（陳義芝）　存在的探勘者：王文興小說人物的符碼　Art of Chinese Narrative Language: International Workshop on Wang Wen-hsing's Life and work（中文敘事語言的藝術：王文興國際研討會）　Canada　Department of Germanic, Slavic and East Asian Studies University of Calgary　2009年2月19—21日

陳義芝　借象徵的方式：王文興短篇小說人物分析　淡江中文學報　第21期　2009年12月　頁153—176

陳義芝　借象徵的方式——王文興短篇小說人物分析　無休止的戰爭——王文興作品綜論（下）　臺北　臺灣大學出版中心　2013年12月　頁123—147

蔡季娟　生命的迷惘與感悟——王文興《十五篇小說》中的成長書寫主題探析　第一屆臺灣師範大學國文學系在職進修研究生學術論文研討會　臺北　臺灣師範大學國文學系主辦　2009年3月7日

李時雍　《十五篇小說》的悲劇內外　臺灣文學論叢（二）　新竹　清華大學臺灣文學研究所　2010年3月　頁1—39

《背海的人（上）》

反　正　王文興如是說　臺灣日報　1979年11月23日　8版

周芬伶　憾見《背海的人》，請還我信心！一個關心現代小說前途讀者的心聲　臺灣日報　1980年11月8日　8版

之　明　難解的王文興的內心世界——《背海的人》精華讀後　臺灣日報　1980年11月14日　8版

仲　涵　王文興先生，請你尊重我們的文字！——讀所謂「現代小說」——《背海的人》有感　臺灣日報　1980年11月17日　8版

施啟朋　「小說」「現代」；——對王文興的「現代小說」「沒有信心」，絕不表示對「現代小說」沒有信心　臺灣日報　1980年11月23日　8版

鍾不世　攸力西斯在臺北——苦讀《背海的人》　新書月刊　第1期　1983年10月　頁25

Gunn, Edward（蓋納·艾德瓦）　The process of WangWen-hsing's art（王文興《背海的人》的藝術手法）　Modern Chinese Literature　第1卷第1期　1984年　頁29—41

鄭恆雄　文體的語言的基礎——論王文興的《背海的人》的　慶祝國立臺灣大學四十週年校慶——文學批評研討會論文集　臺北　臺灣大學外國語文學系　1986年6月　頁295—327

鄭恆雄　文體的語言的基礎——論王文興的《背海的人》的　中外文學　第15卷第1期　1986年6月　頁128—157

鄭恆雄　文體的語言的基礎——論王文興的《背海的人》　當代臺灣文學評論大系·小說批評卷　臺北　正中書局　1993年6月　頁473—517

鄭恆雄　王文興《背海的人》的文體及宗教觀　聯合文學　第32期　1987年6月　頁199—206

鄭恆雄　從記號學的觀點看王文興《背海的人》的宗教觀　文學與宗教——第一屆國際文學與宗教會議論文集　臺北　時報文化出版公司　1987年9月　頁393—420

張漢良著；蔣淑貞譯　王文興《背海的人》的語言信仰　文學與宗教——第一屆國際文學與宗教會議論文集　臺北　時報文化出版公司　1987年9月　頁438—460

張漢良著；蔣淑貞譯　王文興《背海的人》的語言信仰　當代臺灣文學評論大系·小說批評卷　臺北　正中書局　1993年6月　頁519—546

張漢良著；蔣淑貞譯　王文興《背海的人》的語言信仰　臺灣現當代作家研究資料彙編48·王文興　臺南　國立臺灣文學館　2013年12月　頁235—253

張漢良著；蔣淑貞譯　王文興《背海的人》的語言信仰　喧囂與憤怒——《背海的人》專論　臺北　臺灣大學出版中心　2013年12月　頁252—274

何　欣　在暢銷書排榜外的王文興　中央日報　1989年11月1日　16版

鄭恆雄　《背海的人》的宗教觀　王文興的心靈世界　臺北　雅歌出版社　1990年5月　頁87—96

舒　坦　不說人話的《背海的人》　對比與象徵　臺中　臺中市立文化中心　1993年6月　頁44—50

沈靜嵐　《臺北人》白先勇V.S《背海的人》王文興　當西風走過——60年代《現代文學》派的論述與考察　成功大學歷史語言研究所　碩士論文　林瑞明教授指導　1994年6月　頁33—41

荻　宜　王文興《背海的人》——1980年最具顛覆性的小說　文訊雜誌　第146期　1997年12月　頁34—35

陳麗芬　當中心變成邊緣——《背海的人》與現代文學的宿命困境　現代文學與文化想像：從臺灣到香港　臺北

書林出版公司　2000年5月　頁55—75

季　進　小說‧語碼‧宗教——《背海的人》宗教觀剖析　中國文學新思維（上）　嘉義　南華大學　2000年7月　頁330—339

耿德華（Edward Gunn）著；李延輝譯　《背海的人》以及翻譯準則　中外文學　第30卷第6期　2001年11月　頁115—134

耿德華著；李延輝譯　《背海的人》以及翻譯準則　臺灣現當代作家研究資料彙編48‧王文興　臺南　國立臺灣文學館　2013年12月　頁271—291

《背海的人（下）》

陳文芬　《背海的人》下集，王文興文字校對工程驚人　中國時報　1999年1月5日　11版

江中明　《背海的人》，王文興寫了18年　聯合報　1999年1月5日　19版

張誦聖著；葉美瑤譯　解讀王文興現代主義新作——《背海的人》續集　聯合文學　第177期　1999年7月　頁144—148

張誦聖著；葉美瑤譯　解讀王文興現代主義新作——《背海的人》續集　文學場域的變遷　臺北　聯合文學出版社　2001年6月　頁225—234

陳文芬　王文興《背海的人（下）》　中國時報　1999年9月20日　11版

楊　照　「緩慢有理」的美學偏執——《背海的人》（下）　聯合報　1999年11月1日　48版

楊　照　「緩慢有理」的美學偏執——評《背海的人（下）》洪範雜誌　第63期　2000年11月　3版

黃錦珠　王文興《背海的人（下）》　文訊雜誌　第180期　2000年10月　頁30—31

黃錦珠　王文興《背海的人（下）》1999臺灣文學年鑑　臺北　行政院文建會　2000年10月　頁299—300

廖炳惠　臺灣文學中的四種現代性——以《背海的人》下集爲例　中外文學　第30卷第6期　2001年11月　頁75—92

廖炳惠　臺灣文學中的四種現代性——以《背海的人》下集爲例　臺灣與世界文學的匯流　臺北　聯合文學出版社　2006年5月　頁50—72

范銘如　文壇挑夫，志在千里　中國時報　2002年9月8日　22版

范銘如　文壇挑夫，志在千里　像一盒巧克力：當代文學文化評論　臺北　印刻出版公司　2005年10月　頁170—174

《背海的人（上、下）》

鄭恆雄　從記號學的觀點看王文興《背海的人》上冊的宗教觀　喧囂與憤怒——《背海的人》專論　臺北　臺灣大學出版中心　2013年12月　頁223—251

張誦聖著；葉美瑤譯　解讀王文興現代主義新作——《背海的人》續集　喧囂與憤怒——《背海的人》專論　臺北　臺灣大學出版中心　2013年12月　頁48—57

江寶釵　是誰在那裡「背海」？　中央日報　1999年10月25日　22版

王安琪　以子之矛攻子之盾——王文興《背海的人》中的曼氏諷刺　中外文學　第30卷第6期　2001年11月　頁187—212

王安琪　以子之矛攻子之盾——王文興《背海的人》中的曼氏諷刺　臺灣現當代作家研究資料彙編48‧王文興　臺南　國立臺灣文學館　2013年12月　頁97—122

耿德華（Edward Gunn）著；李延輝譯　《背海的人》以及翻譯準則　喧囂與憤怒——《背海的人》專論　臺北　臺灣大學出版中心　2013年12月　頁275—301

易　鵬　背向完美語言——《背海的人》芻論　中外文學　第30卷第6期　2001年11月　頁138—160

易　鵬　背向完美語言：《背海的人》芻論　文本與現代手稿研究　臺北　書林出版公司　2019年12月　頁57—86

朱立立　臺灣知識分子的精神私史——王文興現代主義力作《背海的人》中的「爺」　中外文學　第30卷第6期　2001年11月　頁213—226

朱立立　臺灣知識分子的精神私史——王文興現代主義力作《背海的人》中的「爺」　新文學　第2輯　2004年6月　頁133—142

朱立立　臺灣知識分子的精神私史——王文興現代主義力作《背海的人》中的「爺」　臺灣現當代作家研究資料彙編48．王文興　臺南　國立臺灣文學館　2013年12月　頁219—233

朱立立　臺灣知識分子的精神私史——王文興現代主義力作《背海的人》中的「爺」　喧囂與憤怒——《背海的人》專論　臺北　臺灣大學出版中心　2013年12月　頁123—140

吳達芸　一個知識分子敗類之死——《背海的人》閱讀手記　中外文學　第30卷第6期　2001年11月　頁227—243

吳達芸　一個知識分子敗類之死——《背海的人》閱讀手記　喧囂與憤怒——《背海的人》專論　臺北　臺灣大學出版中心　2013年12月　頁101—122

江寶釵　一位陌生讀者的來信——致王文興（上、下）　中央日報　2003年9月23—24日　17版

黃啟峰　試論《背海的人》隱含之宗教意涵　輔大中研所學刊　第17期　2007年4月　頁173—190

Hsiu-ling Lin（林秀玲）　Wang Wen-hsing and Nanfang'ao: Taiwan Post-Modernity and Locality　Art of Chinese Narrative Language: International Workshop on Wang Wen-hsing's Life and work（中文敘事語言的藝術：王文興國際研討會）　Canada　Department of Germanic, Slavic and East Asian Studies University of Calgary　2009年2月19—21日

林秀玲　王文興《背海的人》與南方澳：臺灣的後現代性與在地性　演繹現代主義：王文興國際研討會　桃園　中央大學人文研究中心　2010年6月4—5日

林秀玲　王文興《背海的人》與南方澳——臺灣的後／現代性與在地性　喧囂與憤怒——《背海的人》專論　臺北　臺灣大學出版中心　2013年12月　頁3—32

Chi-feng Huang（黃啟峰）　存在與荒謬：淺談《背海的人》的核心命題　Art of Chinese Narrative Language: International Workshop on Wang Wen-hsing's Life and work（中文敘事語言的藝術：王文興國際研討會）　Canada　Department of Germanic, Slavic and East Asian Studies University of Calgary　2009年2月19—21日

黃啟峰　存在與荒謬——試論《背海的人》的核心命題　喧囂與憤怒——《背海的人》專論　臺北　臺灣大學出版中心　2013年12月　頁75—97

洪珊慧　深坑澳舞臺上的「單口相聲」——王文興《背海的人》之小說語言探討　演繹現代主義：王文興國際研討會　桃園　中央大學人文研究中心　2010年6月4—5日

廖炳惠　《背海的人》中的陌生、離散與偏執主題　演繹現代主義：王文興國際研討會　桃園　中央大學人文研究中心　2010年6月4—5日

王淑華　《背海的人》的憤怒與喧囂　演繹現代主義：王文興國際研討會　桃園　中央大學人文研究中心　2010年6月4—5日

王淑華　《背海的人》的喧囂與憤怒　喧囂與憤怒——《背海的人》專論　臺北　臺灣大學出版中心　2013年12月　頁58—74

曾珍珍　那個人，那一張臉：讀《背海的人》體識王文興的「面相術」　演繹現代主義：王文興國際研討會　桃園　中央大學人文研究中心　2010年6月4—5日

曾珍珍　那個人，那一張臉——讀《背海的人》體識王文興的「面相術」　喧囂與憤怒——《背海的人》專論　臺北　臺灣大學出版中心　2013年12月　頁152—182

鄭恆雄　《背海的人》上下冊中的和聲、對位和變奏　演繹現代主義：王文興國際研討會　桃園　中央大學人文

研究中心　2010年6月4—5日

鄭恆雄　《背海的人》中的和聲、對位與變奏　喧囂與憤怒——《背海的人》專論　臺北　臺灣大學出版中心　2013年12月　頁302—350

朱立立，劉小新　王文興的長篇力作與臺灣現代主義的再出發　近20年臺灣文學創作與文藝思潮　鎮江　江蘇大學出版社　2012年8月　頁3—14

鍾文榛　臺灣現代小說後階段所透顯得孤獨與疏離——正向型孤獨與高處不勝寒型孤獨的相衍體現——反映八〇年代適應狀況的孤獨〔《背海的人》部分〕　孤獨與疏離：從臺灣現代小說透視時代心靈的變遷　臺北　秀威資訊科技公司　2012年12月　頁179—181

洪珊慧　一個人的獨白——王文興《背海的人》「爺」的語言探析　臺灣文學研究學報　第16期　2013年4月　頁85—110

洪珊慧　一個人的獨白——王文興《背海的人》「爺」的語言探析　喧囂與憤怒——《背海的人》專論　臺北　臺灣大學出版中心　2013年12月　頁351—383

徐禎苓　東洋與西方——跨文化的想像——神聖解構——八〇年代以降學院典範的傳承與移轉——顛覆權威的力道：一種浪蕩頹廢的基型〔《背海的人》部分〕　現代臺灣文學媽祖的編寫與解讀　臺北　大安出版社　2013年12月　頁89—97

張漢良著；蔡松甫譯　字形學和小說詮釋——以王文興為例　無休止的戰爭——王文興作品綜論（下）　臺北　臺灣大學出版中心　2013年12月　頁22—54

林秀玲　談《背海的人》　喧囂與憤怒——《背海的人》專論　臺北　臺灣大學出版中心　2013年12月　頁35—47

廖炳惠　王文興與他的漂泊世代——爺的夥伴　喧囂與憤怒——《背海的人》專論　臺北　臺灣大學出版中心　2013年12月　頁141—151

吳瑾瑋　從語言風格角度試析王文興《背海的人》中的長句結構　第三屆語文教育暨第九屆辭章章法學學術研討會　臺北　臺灣師範大學國文系，中國語文學會，中華民國章法學會主辦　2014年10月25日

吳瑾瑋　從語言風格角度試析王文興《背海的人》中的長句結構　章法論叢（九）　臺北　萬卷樓圖書公司　2015年11月　頁39—66

張誦聖　臻於成熟的現代派作家——文化批判與文本策略——《背海的人》　現代主義·當代臺灣：文學典範的軌跡　臺北　聯經出版公司　2015年4月　頁173—205

李欣池　復合的異色——論王文興《背海的人》的小說藝術　華北水利水電大學學報（社會科學版）　第32卷第1期　2016年2月　頁133—137

侯作珍　從深坑澳到海東：論王文興《背海的人》和李永平《海東青》的後殖民國族寓言　嘉大中文學報　第12期　2017年11月　頁121—150

吳瑾瑋　王文興《背海的人》之句式風格探析　成大中文學報　第59期　2017年12月　頁181—215

倪玲穎　文字煉金術：論王文興的小說語言實驗——以《背海的人》為例　勵耘學刊　2017年第1期　2017年　頁284—296

楊增宏，陳英　拒絕消費至上的文學語言建構——析王文興意識流小說《背海的人》　北華大學學報（社會科學版）　第19卷第2期　2018年3月　頁141—146

《王文興手稿集》

林欣誼　慢筆王文興·原始手稿看《家變》　中國時報　2010年11月18日　A19版

陳宛茜　王文興手稿書·初版筆紙節奏　聯合報　2010年11月18日　A8版

易　鵬　導讀：問之初　白的灰階：手稿集導讀小冊（王興手稿集）　臺北　臺灣大學圖書館，臺灣大學出版

中心，行人文化實驗室　2010年11月　頁5—12

《剪翼史》

陳宛茜　王文興《剪翼史》‧逼讀者慢讀　聯合報　2016年8月7日　A5版
甘炤文　現代主義者的信仰告白：評《剪翼史》　全國新書資訊月刊　第223期　2017年7月　頁33—35
易　鵬　「序」，或結束之開始：《剪翼史》手稿再探　文本與現代手稿研究　臺北　書林出版公司　2019年12月
　　　　頁199—239
張孝慧　書評：王文興，《剪翼史》　漢語基督教學術論評　第25期　2018年6月　頁197—201
張誦聖　我如何看「情動理論」與當代臺灣小說研究之間的關係：以《剪翼史》、《永別書》、《暗影》為例　「情動
　　　　與批判：現代文學／文化中的語言、身體與政治」學術研討會　臺北　中研院中國文哲所主辦　2019年12
　　　　月12—13日

《新舊十二文》

潘怡帆　王文興新舊文的十二翻摺　文訊雜誌　第413期　2020年3月　頁127—129

合集

《書和影》

葉子啟　新書快評——王文興的《書和影》　聯合報　1988年5月10日　21版
廖咸浩　評王文興《書和影》　文訊雜誌　第40期　1989年2月　頁89—92
廖咸浩　評王文興《書和影》　時代之書：《文訊》40本年選書評1983—2022年　臺北　文訊雜誌社　2023年7月
　　　　頁69—76

《小說墨餘》

陳文芬　郭松棻、王文興、周夢蝶——文壇潔癖作家‧新作誕生　中國時報　2002年8月15日　14版
江寶釵　評點「文興體」——閱讀王文興的《小說墨餘》　中央日報　2002年8月19日　15版
江寶釵　評點「文興體」——閱讀王文興的《小說墨餘》　洪範雜誌　第68期　2002年12月31日　2—3版
林秀玲　文學的講究——《小說墨餘》　聯合報　2002年9月8日　23版
廖宏文　黃菊深栽盛得秋——讀王文興的《小說墨餘》　青年日報　2002年9月29日　8版
廖宏文　黃菊深栽盛得秋——讀王興文的《小說墨餘》　洪範雜誌　第68期　2002年12月31日　2—3版

多部作品

《家變》、《龍天樓》

隱　地　《家變》與《龍天樓》　書評書目　第6期　1973年7月　頁87—93

《龍天樓》、〈玩具手槍〉

蘇孟志　談王文興的早期作品《龍天樓》、〈玩具手槍〉　東吳青年　第62期　1975年1月　頁31—33

《背海的人》、《家變》

白　馬　文學和語文〔《背海的人》、《家變》部分〕　臺灣日報　1980年12月1日　8版

金　戈　被扭曲的「現代小說」──對王文興的現代小說，我們唯一的方法是：拒讀！　臺灣日報　1980年12月1日　8版

陳若曦　《家變》與《背海的人》　洪範雜誌　第13期　1983年7月　4版

陳若曦　無聊才讀書──王文興《家變》、《背海的人》　草原行　臺北　時報文化出版公司　1988年7月　頁83─88

Chang, Sung-Sheng（張誦聖）　Language, narrator, and stream-of-consciousness: the two novels of Wang Wen-hsing　Modern Chinese Literature　第1卷第1期　1984年　頁43─55

王保生　兩岸文體風貌〔《家變》、《背海的人》部分〕　揚子江與阿里山的對話──海峽兩岸文學比較　上海　上海文藝出版社　1995年12月　頁353─355，329─360，373

葉石濤　代表六○年思潮的《現代文學》〔《家變》、《背海的人》部分〕　臺灣新聞報　1996年4月11日　19版

曾麗玲　現代性的空白──《家變》、《背海的人》前後上下之間　中外文學　第30卷第6期　2001年11月　頁161─174

廖淑芳，包雅文　臺灣現代主義小說的突進發展及其文學現代性〔《家變》、《背海的人》部分〕　探索的年代──戰後臺灣現代主義小說及其發展　臺南　國立臺灣文學館　2013年12月　頁94─95

《家變》、《十五篇小說》

蔡英俊　試論王文興小說中的挫敗主題──范曄是怎麼長大的？　文星　第102期　1986年12月　頁118─124

蔡英俊　試論王文興小說中的挫敗主題──范曄是怎麼長大的？　無休止的戰爭──王文興作品綜論（上）　臺北　臺灣大學出版中心　2013年12月　頁83─100

徐文娟　王文興的小說藝術──以《家變》、《十五篇小說》為例　臺灣當代小說論評　高雄　春暉出版社　1999年1月　頁1─30

《龍天樓》、〈命運的迹線〉、〈海濱聖母節〉、〈最快樂的事〉

楊全瑛　死亡因素及主題〔《龍天樓》、〈命運的跡線〉、〈海濱聖母節〉、〈最快樂的事〉部分〕　六○年代臺灣小說死亡主題研究　南華大學文學研究所　碩士論文　陳啟佑教授指導　2002年12月　頁122─152，159

單篇作品

Ta-yun Wu（吳達芸），Yi-hsin Lu（呂毅新）　探索王文興〈M和W〉的荒謬本質與宗教意識　Art of Chinese Narrative Language: International Workshop on Wang Wen-hsing's Life and work（中文敘事語言的藝術：王文興國際研討會）　Canada　Department of Germanic, Slavic and East Asian Studies University of Calgary　2009年2月19─21日

吳達芸，呂毅新　探索王文興荒謬劇〈M和W〉的角色象徵及宗教意識　無休止的戰爭──王文興作品綜論（上）　臺北　臺灣大學出版中心　2013年12月　頁130─148

李時雍　無路可出──王文興劇作〈M和W〉試論　演繹現代主義：王文興國際研討會　桃園　中央大學人文研究中心　2010年6月4─5日

李時雍　無路可出──王文興劇作〈M和W〉試探　無休止的戰爭──王文興作品綜論（下）　臺北　臺灣大學出版中心　2013年12月　頁260─281

Barry Yzereef　〈M和W〉導演Barry Yzereef致詞　無休止的戰爭──王文興作品綜論（下）　臺北　臺灣大學出版中心　2013年12月　頁350─351

何懷碩　電影還該是電影〔〈文學就是電影〉〕　聯合報　1984年5月22日　8版

歐陽子　王文興〈欠缺〉現代文學小說選集（一）　臺北　爾雅出版社　1977年6月　頁129

張靜二　論啟蒙的故事〔〈欠缺〉部分〕　文學史學哲學——施友忠先生八十壽辰紀念論文集　臺北　時報文化　出版公司　1982年2月　頁240—241

夏湘人　王文興的〈欠缺〉誕生的可能　臺北　宇宙科學公司　1987年11月　頁116—127

梅家玲，郝譽翔　〈欠缺〉作者簡介與評析　臺灣現代文學教程：小說讀本　臺北　二魚文化公司　2002年8月　頁236—237

石曉楓　〈欠缺〉導讀　二十世紀臺灣文學金典：小說卷（戰後時期‧第一部）　臺北　聯合文學出版社　2006年　1月　頁326—327

郭玉雯　《現代文學小說選集》的現代主義特色〔〈欠缺〉部分〕　臺灣文學研究集刊　第6期　2009年8月　頁　104—105

郭玉雯　《現代文學小說選集》的現代主義特色〔〈欠缺〉部分〕　聚焦臺灣：作家、媒介與文學史的連結　臺北　臺灣大學出版中心　2014年6月　頁337—338

廖咸浩等　死亡的滋味——王文興〈命運的迹線〉　幼獅文藝　第496期　1995年4月　頁55—58

楊佳嫻　序論〔〈命運的跡線〉部分〕　臺灣成長小說選　臺北　二魚文化公司　2004年11月　頁10—11

張素貞導讀　王文興——〈命運的跡線〉　小說教室（導讀新版）　臺北　九歌出版社　2007年5月　頁461

邱冠霖　存在主義在小說裡的運用——以〈命運的跡線〉中主角的選擇爲例　國文天地　第370期　2016年3月　頁77—81

康來新，楊雅儒　演算「數學」：由日曆而神話的〈明月夜〉　演繹現代主義：王文興國際研討會　桃園　中央大學人文研究中心　2010年6月4—5日

康來新　演算數學——由日曆而神話的〈明月夜〉　無休止的戰爭——王文興作品綜論（上）　臺北　臺灣大學出版中心　2013年12月　頁172—216

楊雅儒　「中國情結」之歧異性——志怪筆記之新編：王文興〈明月夜〉及其他　身世認知與宗教修辭：新世紀臺灣小說的終極關懷　中央大學中國文學系　博士論文　康來新教授指導　2013年6月　頁117—124

楊雅儒　空間與儀典：「鬼國／天國」之寓言——「孤獨園／伊甸園」之隱喻：王文興〈明月夜〉及其他　人之初‧國之史：二十一世紀臺灣小說之宗教修辭與終極關懷　臺北　翰蘆圖書公司　2016年7月　頁145—158

吳飛鵬　王文興對古典文本的重構——以《聊齋志異》和〈明月夜〉爲例　閩江學院學報　第42卷第3期　2021年　頁29—36

吳達芸　簡析〈玩具手槍〉　中國現代短篇小說選析1　臺北　長安出版社　1984年2月　頁374—375

馬　敏　王文興小說的多重主題探析——以〈玩具手槍〉爲例　電影評介　2008年第12期　2008年6月　頁100—101

廖淑芳，包雅文　存在的疏離與焦慮〔〈玩具手槍〉部分〕　探索的年代——戰後臺灣現代主義小說及其發展　臺南　國立臺灣文學館　2013年12月　頁125—128

陳秀玲　慢讀，解讀王文興〈玩具手槍〉　長庚科技學刊　第25期　2016年12月　頁43—62

周鑫薇　邊緣人的掙扎與失落——王文興小說〈玩具手槍〉的主題探析　華文文學評論（六）　成都　四川大學出版社　2019年10月　頁223—230

王陳若禺　從語言、描寫和結構看王文興小說「需要慢讀」的特色——以〈玩具手槍〉爲例　作家天地　2022年第9期　2022年　頁1—3

陳幸蕙　〈思維詩的來臨——評介葉維廉《憂鬱的鐵路》〉編者按語　七十五年文學批評選　臺北　爾雅出版社　1987年3月　頁18—19

徐禎苓　東洋與西方——跨文化的想像——橫的移植——六〇年代知識青年的西潮接受與影響〔〈海濱聖母

　　節〉部分〕 現代臺灣文學媽祖的編寫與解讀 臺北 大安出版社 2013年12月 頁71—75，81—83

徐禎苓 現代‧儀典‧在地感——鄉土敍事之轉變：以王文興〈海濱聖母節〉與吳明益〈虎爺〉爲例 世新中文
　　研究集刊 第7期 2011年7月 頁29—48

康來新 王文興〈海濱聖母節〉 臺灣宗教文選 臺北 二魚文化公司 2005年5月 頁104

蕭　蕭 〈神話集〉編者註 七十六年散文選 臺北 九歌出版社 1988年2月 頁272

王品涵 命運的主旋律之下：重讀〈草原底盛夏〉 臺日近現代研究生研討會 日本 臺灣大學臺文所，日本東
　　京大學文學部人文社會系研究科主辦 2012年7月31—8月1日

吳達芸 簡析〈寒流〉 中國現代短篇小說選析1 臺北 長安出版社 1984年2月 頁398—399

封祖盛 〈寒流〉評析 臺灣現代派小說評析 福州 海峽文藝出版社 1986年5月 頁269—275

洪永春，李永求 解讀王文興的短篇小說〈寒流〉 文學教育 2010年7A卷 2010年7月 頁126—127

劉紹銘 現代中國小說之時間與現實觀念〔〈最快樂的事〉部分〕 中外文學 第2卷第2期 1973年7月 頁
　　68—69

劉紹銘 現代中國小說之時間與現實觀念〔〈最快樂的事〉部分〕 中華現代文學大系（臺灣1970—1989）評
　　論卷（壹） 臺北 九歌出版社 1989年5月 頁233—234

黎湘萍 失敗的反叛：「圍城」母題〔〈最快樂的事〉部分〕 文學臺灣——臺灣知識者的文化敍事與理論想像
　　北京 人民文學出版社 2003年3月 頁62

王　拓 評王文興教授的〈鄉土文學的功與過〉 夏潮 第4卷第3期 1978年3月 頁71—73

王　拓 評王文興教授的〈鄉土文學的功與過〉 這樣的教授王文興 高雄 敦理出版社 1978年5月 頁83—92

水　晶 神話、初型和象徵——兼分析兩則短篇小說〔〈黑衣〉部分〕 拋磚記 臺北 三民書局 1970年12月
　　頁79—91

佟志革 〈黑衣〉作品鑒賞 臺港小說鑒賞辭典 北京 中央民族學院出版社 1994年1月 頁436—437

鍾世欣 導言一〔〈黑衣〉部分〕 臺灣與馬來西亞短篇小說選 臺北 中華民國筆會 2014年4月 頁X—XI

蘇敏逸 王文興〈黑衣〉賞析 臺灣文學讀本 臺北 現代中國小說之時間與現實觀念 2005年2月 頁302—306

何懷碩 和而不同——再答王文興先生〔〈電影還是文學〉〕 聯合報 1984年6月16日 8版

隱　地 讀王文興的〈龍天樓〉 自由青年 第35卷第7期 1966年4月1日 頁25—27

隱　地 王文興〈龍天樓〉 隱地看小說 臺北 大江出版社 1967年9月 頁149—157

隱　地 王文興〈龍天樓〉 隱地看小說 臺北 爾雅出版社 1981年6月 頁145—152

李文彬 〈龍天樓〉中的象徵技巧 中華文藝 第71期 1977年1月 頁75—89

李文彬 〈龍天樓〉中的象徵技巧 中國現代文學評論集 臺北 中華文藝月刊社 1977年2月 頁72—86

秦慧珠 六〇年代之反共小說——王文興〔〈龍天樓〉〕 臺灣反共小說研究（一九四九年至一九八九年） 中
　　國文化大學中國文學系 博士論文 金榮華教授指導 2000年4月 頁173—177

饒博榮（StevenL, Riep）著；李延輝譯 〈龍天樓〉情文兼茂，不是敗筆——王文興對官方歷史與反共文學
　　的批判（節譯） 中外文學 第30卷第6期 2001年11月 頁93—114

饒博榮（Steven L. Riep）著；李延輝譯 〈龍天樓〉情文兼茂，不是敗筆——王文興對官方反共文學的批判
　　（節譯） 無休止的戰爭——王文興作品綜論（上） 臺北 臺灣大學出版中心 2013年12月 頁101—127

錢弘捷 批判的歷史觀——兼論王文興與陳映眞的老兵書寫〔〈龍天樓〉〕 戰後臺灣小說中老兵書寫的離散
　　思維 成功大學臺灣文學研究所 碩士論文 應鳳凰教授指導 2004年6月 頁99—108

柯慶明 臺灣「現代主義」小說序論〔〈龍天樓〉部分〕 臺灣現代文學的視野 臺北 麥田‧城邦文化公司 2006
　　年12月 頁143—194

陳榮彬 戰後臺灣小說中「將軍書寫」初探——沉淪於歷史中的英雄：論〈梁父吟〉、〈國葬〉與〈龍天樓〉 臺灣

文學研究集刊 第11期 2012年2月 頁66—71

李文彬 〈龍天樓〉中的象徵技巧 無休止的戰爭——王文興作品綜論（下） 臺北 臺灣大學出版中心 2013年12月 頁108—122

黃啟峰 主觀的真實——論臺灣現代主義世代小說家的國共內戰書寫——人間煉獄：論王文興的〈龍天樓〉 臺灣文學研究學報 第19期 2014年10月 頁27—36

廖堅均 儒家倫理與文化懷鄉：論王文興〈龍天樓〉 雲漢學刊 第31期 2015年9月 頁118—130

廖堅均 儒家倫理與文化懷鄉——論王文興〈龍天樓〉 國文天地 第431期 2021年4月 頁40—42

黃啟峰 齊克果式的「主觀真理」：現代主義世代的戰爭想像與恐怖書寫——戰爭想像：死亡之前的人物內心剖析〔〈龍天樓〉部分〕 戰爭‧存在‧世代精神——臺灣現代主義小說的境遇書寫研究 臺北 秀威資訊科技公司 2016年4月 頁264—274

吳明宗 框的延伸與修正：論臺灣現代主義與中國文革戰爭小說——父輩記憶的重建與省思：《臺北人》與〈龍天樓〉 戰爭之框：兩岸當代戰爭小說的演變 臺灣師範大學臺灣語文學系 博士論文 林芳玫，許俊雅教授指導 2018年12月 頁144—163

多篇作品

葉維廉 水綠的年齡之冥想——論王文興《龍天樓》以前的作品〔〈母親〉、〈殘菊〉、〈下午〉、〈大風〉、〈海濱聖母節〉、〈寒流〉、〈欠缺〉〕 中國現代小說的風貌 臺北 晨鐘出版社 1977年7月 頁39—50

葉維廉 水綠的年齡之冥想——論王文興《龍天樓》以前的作品〔〈母親〉、〈殘菊〉、〈下午〉、〈大風〉、〈海濱聖母節〉、〈寒流〉、〈欠缺〉〕 中國現代小說的風貌 臺北 四季出版公司 1977年9月 頁31—54

葉維廉 水綠的年齡之冥想——論王文興《龍天樓》以前的作品〔〈母親〉、〈殘菊〉、〈下午〉、〈大風〉、〈海濱聖母節〉、〈寒流〉、〈欠缺〉〕 從現象到表現：葉維廉早期文集 臺北 東大圖書公司 1994年6月 頁497—518

葉維廉 水綠的年齡之冥想——論王文興《龍天樓》以前的作品〔〈母親〉、〈殘菊〉、〈下午〉、〈大風〉、〈海濱聖母節〉、〈寒流〉、〈欠缺〉〕 葉維廉文集（一） 合肥 安徽教育出版社 2002年8月 頁241—259

葉維廉 水綠的年齡之冥想——論王文興《龍天樓》以前的作品〔〈母親〉、〈殘菊〉、〈下午〉、〈大風〉、〈海濱聖母節〉、〈寒流〉、〈欠缺〉〕 新文學 第2輯 2004年6月 頁99—108

葉維廉 水綠的年齡之冥想——論王文興《龍天樓》以前的作品〔〈母親〉、〈殘菊〉、〈下午〉〕 中國現代小說的風貌 臺北 臺灣大學出版中心出版 2010年3月 頁51—75

葉維廉 水綠的年齡之冥想——論王文興《龍天樓》以前的作品〔〈母親〉、〈殘菊〉、〈下午〉、〈大風〉、〈海濱聖母節〉、〈寒流〉、〈欠缺〉〕 無休止的戰爭——王文興作品綜論（下） 臺北 臺灣大學出版中心 2013年12月 頁3—21

吉 也 男性之荒謬與莊嚴及異性之棲息——我看〈草原的盛夏〉、〈母親〉 臺灣文藝 第104期 1987年1月 頁82—86

吳達芸 〈玩具手槍〉和〈寒流〉的簡析 王文興的心靈世界 臺北 雅歌出版社 1990年5月 頁79—81

鄭明娳 從懷鄉道返鄉——臺灣現代散文中的大陸意識〔〈五省印象〉、〈山河掠影〉、〈西北東南〉部分〕 中華文學的現在和未來——兩岸暨港澳文學交流研討會論文集 香港 鑪峰學會 1994年6月 頁161—162

李豐楙 命與罪：六十年代臺灣小說中的宗教意識〔〈命運的跡線〉、〈龍天樓〉、〈海濱聖母節〉部分〕 臺灣文學中的社會：五十年來臺灣文學研討會論文集（一） 臺北 行政院文建會 1996年6月 頁250—275

李豐楙 命與罪：六十年代臺灣小說中的宗教意識〔〈命運的跡線〉、〈龍天樓〉、〈海濱聖母節〉部分〕 認

同、情慾與語言　臺北　中研院文哲所　2004年12月　頁87—121

鍾怡雯　故土與古土——論臺灣返「鄉」散文〔〈五省印象〉、〈山河掠影〉、〈西北東南〉部分〕　解嚴以來臺灣
　　文學國際學術研討會論文集　臺北　萬卷樓圖書公司　2000年10月　頁503—511

林積萍　文學創作表現出的幾個特色——追求藝術形式的創新〔〈母親〉、〈下午〉、〈欠缺〉部分〕　《現代文
　　學》新視界　臺北　讀冊文化公司　2005年5月　頁108—115

作品評論目錄、索引

吳達芸　重要評論　中國現代短篇小說選析1　臺北　長安出版社　1984年2月　頁400

陳東榮，陳美金　王文興參考資料　王文興的心靈世界　臺北　雅歌出版社　1990年5月　頁180—187

臺灣大學圖書館特藏組編輯　相關評論書目——傳記與訪談（按日期順序）　中外文學　第30卷第6期　2001
　　年11月　頁428—432

臺灣大學圖書館特藏組編輯　相關評論書目——著作評論（按日期順序）　中外文學　第30卷第6期　2001年
　　11月　頁433—447

〔封德屏主編〕　王文興　臺灣現當代作家評論資料目錄（一）　臺南　國立臺灣文學館　2010年11月　頁
　　144—172

白依璇　王文興《家變》評論資料彙編　場域、論戰、接受：王文興小說《家變》的典律化過程研究　清華大學臺
　　灣文學研究所　碩士論文　陳建忠教授指導　2011年1月　頁122—125

陳欣怡編　研究評論資料目錄　臺灣現當代作家研究資料彙編48・王文興　臺南　國立臺灣文學館　2013年
　　12月　頁329—398

洪珊慧，黃恕寧　作品研究文獻目錄　西北東南——王文興研究資料彙編　臺北　臺灣大學出版中心　2013年
　　12月　頁25—89

洪珊慧，黃恕寧　訪談與座談、傳記及報導資料彙編　西北東南——王文興研究資料彙編　臺北　臺灣大學出
　　版中心　2013年12月　頁91—133

洪珊慧　附錄——王文興作品評論書目索引　西北東南——王文興研究資料彙編　臺北　臺灣大學出版中心
　　2013年12月　頁173—222

其他

陳慧樺　校園文學、小刊物、文壇——以《星座》和《大地》為例〔《現代文學》部分〕　從影響研究到中國文學
　　臺北　書林出版公司　1992年1月　頁69—70

推石的人

王文興追思紀念會暨文學展特刊

指導單位————文化部
主辦單位————台大文學院・台大外文系・台大中文系
　　　　　　　洪範書店・文訊雜誌社
協辦單位————中華民國筆會・目宿媒體

總　編　輯————封德屏
企畫統籌————徐嘉君
執行編輯————杜秀卿・高　唯・吳櫂暄・王　婕
工作小組————吳穎萍・洪啟軒・孫秀玲・高玉龍
　　　　　　　黃基銓・張益堂・游文宓・駱芷萱
封面設計————翁　翁
美術設計————不倒翁視覺創意
印　　　刷————鴻柏印刷事業股份有限公司
總　經　銷————創新書報股份有限公司 02-29178022

出　版　者————文訊雜誌社
地　　　址————100012 臺北市中山南路 11 號 B2
電　　　話————02-23433142
初　　　版————2023 年 12 月 9 日

定　　　價————NT300 元整
ＩＳＢＮ————978-986-6102-88-2